读千卷书，志解三农惑，

行万里路，情结老区缘。

于秋姐

2019.2.

懂农业、爱农村、爱农民

农村，我们来了！

农村，我们来了

中国农业大学党委研究生工作部　组编

为有源头活水来：我们的农村行记

中国农业大学2018年研究生暑期社会实践报告集

内容简介

在大力实施乡村振兴战略的进程中，青年力量不可或缺。为贯彻落实十九大精神，落实“乡村振兴”战略，发挥农林院校在社会主义新农村建设中的作用，自2005年开始，每年由中国农业大学联合全国多所农林高校共同发起的“百名博士老区行”科技服务活动深入农村、服务农村，参与研究生共撰写了2 000余篇调研报告，获得了社会各界广泛好评。本书主要介绍了在2018年全国“百名博士老区行”活动中，中国农业大学50余名研究生组成6支调研团队对内蒙古赤峰市、广西防城港市、云南勐腊县河边村、云南临沧镇康县、海南琼中黎族苗族自治县及江苏宿迁泗洪县开展科技服务活动，并针对调研地区的具体情况提出了建议及对策。

图书在版编目(CIP)数据

农村，我们来了/中国农业大学党委研究生工作部组编. —北京：中国农业大学出版社，2019.4

ISBN 978-7-5655-2194-2

Ⅰ.①农… Ⅱ.①中… Ⅲ.①农业技术-科技服务-中国-文集 Ⅳ.①F324.3-53

中国版本图书馆CIP数据核字(2019)第062875号

书　　名　农村，我们来了
作　　者　中国农业大学党委研究生工作部　组编

策划编辑　赵　中　　**责任编辑**　张秀环
封面设计　郑　川
出版发行　中国农业大学出版社
社　　址　北京市海淀区学清路甲38号　　**邮政编码**　100083
电　　话　发行部 010-62818525，8625　　读者服务部 010-62732336
编辑部 010-62732617，2618　　出　版　部 010-62733440
网　　址　http://www.caupress.cn　　**E-mail**　cbsszs@cau.edu.cn
经　　销　新华书店
印　　刷　涿州市星河印刷有限公司
版　　次　2019年4月第1版　2019年4月第1次印刷
规　　格　787×980　16开本　20.75印张　380千字
定　　价　88.00元

编委会名单

前　　言

建设社会主义新农村是我国现代化建设进程中的重大历史任务，高等农林院校的研究生教育在新农村建设中肩负着重要的使命。如何应对农业和农村发展，在理论与实践并重、学生与工农结合、学校与社会同步的实践中为新农村建设提供人才、教育和科技保障，提升研究生教育在新农村建设中的贡献，成为高等农林院校推进研究生培养模式改革与创新，促进研究生在实践中成长成才的重要内容。

为积极响应党中央建设社会主义新农村的号召，深入贯彻落实《中共中央国务院关于积极发展现代农业扎实推进社会主义新农村建设的若干意见》等文件精神，发挥农林院校在社会主义新农村建设中的作用，2005 年，中国农业大学联合南京农业大学、江西农业大学共同发起了首届“百名博士老区行”科技服务活动，这是全国农林高校首次联合开展研究生科技服务活动。截至 2018 年，活动足迹已遍布江西、山东、陕西、湖南、安徽、重庆、广西、内蒙古、云南、海南、江苏的 92 个区(县)，全国 19 所农林院校的 2 000 多名研究生参与其中，共撰写各类调研报告 2 000 余篇，举办各类科技讲座和指导活动 1 200 余场，服务指导的各级干部、农技人员和普通群众达到5万余人。“百名博士老区行”活动获2011年教育部“全国高校校园文化建设优秀成果奖特等奖”。

2018年，为落实全国高校思想政治工作会议精神和立德树人根本任务，紧扣国家精准扶贫和乡村振兴战略部署，加强高校人才和智力服务经济社会发展力度，进一步深化第十三届“百名博士老区行”活动效果，中国农业大学、北京林业大学、南京农业大学、华中农业大学、华南农业大学、海南大学、江西农业大学、湖南农业大学、沈阳农业大学等农业院校将联合内蒙古赤峰市、广西防城港市、海南琼中黎族苗族自治县、江苏宿迁泗洪县及云南临沧镇康县、勐腊县河边村开展“百名博士老区行”活动。中国农业大学共有59名研究生、3名专职辅导员、7名带队老师和11位教授专家参与其中。

在参与活动的过程中，同学们深入基层，了解农民，服务农村。基层艰苦的环境和农民殷切的期盼让他们感觉到了肩上“解民生之多艰”的重任。这本践行集集结了研究生同学们的57篇调研报告，也记录了他们活动过程中的点滴感悟，希望能为实践地的农业产业发展提供帮助。也希望实践集的出版能激励同学们在今后的学习工作中以更饱满的热情迎接我国现代农业发展中面临的诸多挑战，号召更多的青年学子投入到祖国最需要我们的地方去。

SINCE 2005
百名博士老区行

中国农业大学党委研究生工作部
“百名博士老区行”活动办公室
2018年11月14日

尊敬的各位领导、老师，亲爱的同学们：

大家好！

我是中国农业大学2017级的博士研究生吴乐，今天非常荣幸作为“百名博士海南琼中行”科技服务活动的学生代表在此发言。首先请允许我代表参加本次活动的全体同学，向组织协调本次活动的各位领导、老师和新闻媒体致以最真诚的谢意！感谢你们为在校的研究生同学们提供了这次宝贵的实践机会，让我们走进我国改革开放的前沿阵地海南，将课堂拓展到田间地头，服务于农业生产，成为学以致用的践行者！更要感谢你们在炎炎夏日细心周到的准备和统筹，为本次活动的顺利开展保驾护航。

“百名博士老区行”一直是深受同学们喜爱的社会实践品牌活动，曾被教育部评为“全国高校校园文化建设优秀成果奖特等奖”。自2005年以来，“老区行”活动已经连续举办了十三届，足迹已遍布11个省92个市区县，来自19所高校不同学科领域的2 000多名研究生参与其中。

今年，时值我国脱贫攻坚的关键时期、全面建成小康社会的决胜阶段、实施乡村振兴战略的开局之年。为紧跟国家精准扶贫和乡村振兴战略部署，加强高校人才和智力服务经济社会发展力度，中国农业大学再次联合海南大学、海南师范大学、华中农业大学、华南农业大学、北京林业大学、南京农业大学等高校，在广西防城港市、内蒙古赤峰市、海南琼中黎族苗族自治县、江苏泗洪县及云南临沧镇康县、勐腊县河边村开展“百名博士老区行”暑期科技服务活动，为广大农业学子们提供了直接助力国家脱贫攻坚战略和乡村振兴战略发展的机会。

“纸上得来终觉浅，绝知此事要躬行”。社会实践是我们青年学生受教育、长才干、做贡献的主要渠道，是理论联系实际、技术指导生产的重要纽带，更是运用知识施展才华、磨炼意志的大课堂。我们深入基层，同基层群众和领导谈心交流，思想碰撞出了新的火花；我们走进农村，让自己浑身的本领有用武之地，发挥我们农大人涉农学科的专业技能；我们贴近群众，会更加理解“从群众中来，到群众中去”的真正含义。“艰辛知人生，实践长才干”，七月，我们走进社会大熔炉，用汗水和泪水谱写一曲壮丽的青春之歌，这是爱的奉献，这是我们的无悔选择。

在这里，我谨代表全体团员向各位领导、老师保证：在本次实践服务期间，我们一定努力用所学知识发挥所长，深入实践、认真调研、广泛宣传、虚心求教，以实际行动在琼中大地上展现锐意进取、健康向上的精神风貌！

最后，请允许我代表参加本次实践的全体同学，再次对精心组织和部署本次活动的各位领导和老师致以最崇高的敬意。希望我们所做的工作可以为地方发展尽绵薄之力。

谢谢大家！

* 2018年7月4日，中国农业大学人文与发展学院博士研究生吴乐作为“2018年百名博士老区行——走进琼中”活动研究生代表在启动仪式上的发言。

走进农村，奏响乡村振兴的奋进之歌

农业、农村、农民问题是关系国计民生的根本性问题，必须始终把解决好“三农”问题作为全党工作重中之重。要坚持农业、农村优先发展，按照产业兴旺、生态宜居、乡风文明、治理有效、生活富裕的总要求，建立健全城乡融合发展体制机制和政策体系，加快推进农业农村现代化。巩固和完善农村基本经营制度，深化农村土地制度改革，完善承包地“三权”分置制度。保持土地承包关系稳定并长久不变，第二轮土地承包到期后再延长三十年。深化农村集体产权制度改革，保障农民财产权益，壮大集体经济。确保国家粮食安全，把中国人的饭碗牢牢端在自己手中。构建现代农业产业体系、生产体系、经营体系，完善农业支持保护制度，发展多种形式适度规模经营，培育新型农业经营主体，健全农业社会化服务体系，实现小农户和现代农业发展有机衔接。促进农村一、二、三产业融合发展，支持和鼓励农民就业创业，拓宽增收渠道。加强农村基层基础工作，健全自治、法治、德治相结合的乡村治理体系。培养造就一支懂农业、爱农村、爱农民的“三农”工作队伍。

——十九大报告提出“乡村振兴战略”

目　　录

第一篇　内蒙古赤峰元宝山区

2018 年 7 月 13 日,“百名博士老区行——走进元宝山”活动启动

加快种植业调整需要融合本地特色

——元宝山区种植业发展建议

庞肖杰　中国农业大学农学院

一、元宝山区种植业发展现状

当前,元宝山区主粮一年一季主要以玉米为主。杂粮主要以谷子,高粱,绿豆等为主,元宝山区设施农业的区域主要以日光温室和塑料大棚为主。日光温室主要有土打墙、双二四墙夹土等类型,温室主要以种植绿色果蔬为主。

西红柿、青椒、圆茄等耐寒的蔬菜作为元宝山区设施蔬菜的主要种植种类。设施蔬菜的种类具有多茬次、高栽培的优势,所以在当地被大面积推广。但是当地的设施蔬菜品种单一,一直使用的是本地品种,没有引进新的蔬菜品种,所以也造成了当地设施蔬菜的一些病虫害以及产量品质不高的现象。

主粮作物主要以玉米为主,但是近几年玉米的产量及价格都有所下降,导致农民种植玉米的积极性不高。而发展的一些小粮作物主要以农户个人,农户承包等方式种植,种植的面积并不多,种植结构比较单一,不能很好地发挥当地的农业优势。

元宝山区具有很好的林木资源,我们深入到赤峰市新世家林木有限责任公司调研。该公司承包了 1 100 多亩土地来做林木的苗圃,主要种植一些观赏性的林木,包括海棠、红叶李、丁香等,种植林木数量达到了 20 万株。这些林木已种植三年，但还没有实际出售。在林木遗传育种上存在着不能正确引种的问题。该公司在丹东引进了一批观赏性的枫树，但是这些枫树出现了倒伏、生长缓慢等一些不适的现象。随着社会对生态建设发展的重视，林业在引种育苗中的工作尤其重要。正确的林业引种可以为林业的大发展提供广阔的空间和远景。

二、存在的主要问题

（1）大棚管理不规范，病虫害现象比较严重。我们深入到当地的农业大棚进行调研，发现了大棚病虫害比较严重。我们到大北海农业科技园区进行调研，发现梨树大棚果树的梨黑斑病较为严重，主要发生在叶片上，叶面大面积恶化，并且梨树叶片背部的叶螨比较严重，进一步恶化会严重危害梨树的生长发育。调研中发现当地的果蔬大棚普遍存在管理不规范。正常的大棚薄膜需要每年更换，但是农户通常两三年换一次，采光效果大大降低，不利于果蔬的光合作用。西红柿大棚因为光照以及施肥的原因普遍存在着青斑病，和一些土传病害。

（2）农业产业结构单一。一直以来全区种植玉米面积最多，而杂粮占的百分比却很少。玉米是农业改革的重点品种，2016 年玉米临储政策的取消，导致近两年玉米价格相对较低，给农户带来了一定的经济损失。风水沟镇种植甜菜，主要用于制糖业的发展，由于受可耕面积的限制，甜菜只是小面积推广，极大地限制了制糖业等一些农副产品的加工与销售，直接影响农产品的产量和经济效益。

（3）农产品销售渠道单一。我们对哈拉木头村的花生以及兴隆坡的西瓜进行了深入的调研。由于当地得天独厚的气候条件、土壤条件、昼夜温差，因此当地的西瓜品质非常好。他们种植西瓜主要采用农户自己承包土地，及自产自销的方式。当地的西瓜缺乏品牌效应，虽然产品不愁卖，但瓜农控制市场能力比较差。瓜农对西瓜收获后的接茬问题比较迷茫，无法提高土地的综合效率，收益结构比较单一，年收入不稳定。目前的电商物流等一些基础设施跟不上发展，直接影响了农产品的流通。

（4）缺乏先进的技术。赤峰市新世家林木有限责任公司从丹东引进了一批观赏性的枫树，但是这些枫树却不适应当地的气候。丹东的气候属于温带季风性气候，年降雨量比较大，昼夜温差不大。内蒙古的气候属于中温带半干旱大陆性季风气候区，春季干旱且多风。该枫树品种不能适应本地干旱且多风的气候问题。当地多彩苗木产业发展速度快，市场前景也比较好，但是存在着品种的盲目引进问题。缺乏相关的科技人才以及先进的技术做支撑。

(5)农业产业化进程慢。该区具有一些得天独厚的地理资源以及地理优势,农产品的生产加工销售却规模不大,大多以农户自产自销为主,没有形成自己的独特品牌,没有形成规模的农业产业化,整体进程较慢。

三、对元宝山区种植业的建议

(1)完善大棚的建设以及大棚的管理方案,降低病虫害的损失。在大棚的果蔬种植管理中,应该加强栽培管理,清除大棚内的残枝落叶并集中销毁,提高棚内的卫生标准。对于大棚内的病虫害,及时摘除病害,一定要坚持预防大于治疗的基本理念,采用化学防治提前喷洒农药,减少病虫害的治疗成本。还可以利用生物防治,打造绿色蔬菜,保护环境。采用因地制宜的设计,改造大棚的设施,以达到设施农业最大经济效益。

(2)打造元宝山区独立的农产品品牌,让农产品走出去。元宝山区风水沟镇的葡萄园区管理比较好,而且基本没有病虫害的发生,政府与农户合作,将风水沟镇的葡萄冠以农产品品牌,形成品牌意识,让农产品走出去。同时引进电商和物流企业,保证农产品的及时销售,加快促进农业产业一体化,打造现代农业的发展模式。

(3)与高校科研院所合作,将先进技术应用于农业生产中。当地农民具有丰富的种植经验,但是缺乏科学的技术指导。对于林木引种问题,对于不能适应本地气候的品种,我们不能采取一刀切的方式,直接否认该品种带给我们的经济效益。我们应该将相关的科研院校或者企业先进的技术,运用到我们当前的林木遗传育种上。采用转基因技术或者传统的杂交技术来筛选出适合当地气候的品种。高校科研院所具有丰富的人才资源,先进的技术,当地政府应积极地与这些高校合作,真正做到科研来源于农业,使之受惠于农业。对于改造农业种植结构比较单一的问题,我们一定要做好前期的调研,对当地的土壤、气候以及农业特色开展深入研究。规划该镇的特色农业。与企业高校合作,将高校、企业、农村联合起来,规划设计适合当地的特色农作物,发挥当地的特色。

(4)积极发展当地的农业龙头企业,推进产业化的进程。我们深入当地的龙头企业和润农业以及赤峰宇丰科技种业农业科研所等龙头企业进行调研。当地政府应该对农业龙头企业进行重点培养与帮扶,龙头企业带动当地的农业发展。按照农业的需求,因地制宜种植多种农作物,使农产品多样化。企业和政府应该及时有效地沟通,打造新型的生态农业。

青储玉米种植调研

加强种植管理模式，提高生物防控意识
——助力元宝山发展绿色农业

戍印洁　中国农业大学植物保护学院

一、元宝山区种植业发展现状

元宝山区矿产资源丰富，其主导产业是围绕矿产资源开发而建立的采掘业和初级加工业，对该地区的经济和社会发展发挥带动和辐射作用。但矿物资源的日益枯竭和环境的严重污染使传统产业面临生存危机，近年来元宝山区逐步推进以绿色发展引领工业经济转型，大力推进养殖业、种植业和旅游业的发展。目前种植业主要以种苗、水果和蔬菜三大主导产业为重点的农业产业化体系，依托龙头企业带动作用，借力乡村振兴发展战略，开展土地入股、托管、合作社和家庭农场多种经营模式，加快构建休闲旅游线路，不断优化产业结构，大力推进种植业向更高层次迈进。

二、各地种植业生产中存在的问题及建议

由于地理环境和技术等多方面因素的限制，在实地调研过程中发现诸多问题，现将各地种植业上存在的主要问题整理如下，根据自已所学专业知识并查询相关文献，提出以下建议。

(1)风水沟镇。

①大北海现代农业科技有限责任公司。我们实地调研发现梨树大棚内管理混乱，大量枯枝落叶、病叶、病果没有及时清理，病虫害发生严重，结果率较低，果品差等问题。病害以梨黑斑病为主，主要发生在叶片上，叶面大面积病化，甚至落叶，同时降低果实品质。害虫以梨二叉蚜为主，可导致梨树嫩梢卷曲，其分泌的蜜露覆盖在叶片上，严重影响其光合作用，这也是导致产量降低的原因之一。与此同时，叶片背部的叶螨也严重危害梨树的生长发育。针对当地的种植管理模式提出以下建议：加强栽培管理，及时摘除病果，清除棚内残枝落叶，集中销毁，大大提高棚内卫生，有效降低病虫害的传播；一定要在病虫害发生前喷施适当的药剂进行预防，降低损失；可利用蚜虫天敌对其进行防控，如异色瓢虫，叶螨可通过释放捕食螨进行防治智利小植绥螨，大大降低化学农药的使用，同时可提高水果品质。

②葡萄产业园。我们调研发现葡萄植株种在沙土中，加上园区管理较好，基本无病虫害的发生。调研时葡萄正处于转色初期，转色程度不一。与种植户沟通后了解到本地的葡萄甜度较高，但种植户迫切希望在葡萄品质上有所提升。针对这一问题，建议使用我校生物学院研发的新型植物激活蛋白——大丽花轮枝孢激活蛋白(VdAL)。该蛋白属于新型植物活性蛋白，由发酵工艺生产，不含任何添加剂，为纯生物干粉制剂。该蛋白通过调节叶绿体光和蛋白、淀粉与糖代谢、调控8种植物激素信号通路和激活植物先天免疫防线，可促进果实转色，提高果实维生素C含量等功能。由于地域和品种的不同，维大利的作用效果可能有所差异，建议葡萄园区可进行小面积试验，若效果较好，可进行大面积示范。该蛋白不仅可提升水果品质、提前转色、转色均匀和提高果蔬耐贮运性，还可提高多种作物的产量，也可在其他果树和作物上进行应用。类似的植物生长调节剂还有郑州绿业元农业科技有限公司生产的芸苔素内酯系列产品、北京中保绿农科技集团有限公司的阿泰灵(主要成分氨基寡糖)和海南正业中农高科股份有限公司的海岛素(主要成分氨基寡糖)等。

(2)元宝山镇。博士团对元宝山镇种植业的调研主要以参观和润农业高新科技产业开发有限公司为主，该公司主要以提供优质种子、种苗，在北方寒冷地区的设施蔬菜安全高效生产领域建立了较为完善的技术创新、生产管理和科技服务体系。公司在大力发展现代农业的同时，还将农业生产与休闲、观光、科普、娱乐多种功能相结合，大力打造“北方现代农业生态休闲综合体”，促进三产融合发展。我们还参观了“第二届和润农业嘉年华既北方冬季蔬菜博览会”，无不为其场地之大和富有创意的景观而感震撼。

此外，我们还参观了利之加食用菌种植专业合作社，目前主要加工黑木耳菌棒，后期会增加食用菌种类及建设菌棚，实行自产自销。通过此次调研，我们大体了解了食用菌菌棒的加工流程，在调研中我们发现厂房的卫生条件较差，建议该合作社应加强对厂房的卫生管理，便于生产品质更好地食用菌菌棒。

(3)美丽河镇。我们对后美丽河村新朝阳设施农业项目进行深入调研发现当地种植户种植管理技术水平不一，有些种植户种植管理经验不足导致蔬菜病虫害发生严重、品质低。目前国家大力提倡减肥减药，大众越来越青睐绿色食品，而当地种植户目前仍然以化学防治为主，暂无向绿色防控转变的观念。针对不同种植户种植管理水平不一的问题，政府部门人员可组织当地种植户进行技术培训，或者组织种植户开展座谈会分享自己在种植管理上的小窍门，在政府的推动下，逐步提高当地种植户的种植水平，增加村民的经济收入。对于提高种植户绿色防控意识，本人建议政府人员首先需要向种植户介绍绿色防控是农业发展的必然趋势，鼓励大家尝试利用生物农药和自然天敌对病虫害进行防控，尽量减少化学农药的使用，可根据政府财政情况给予适当补贴以鼓励农户使用绿色植保新技术。

(4)平庄镇。博士团在番茄大棚内调研中发现番茄正处于初花期，暂无病虫害发生，但社员提出番茄后期的病害难以控制，主要是疫病。我们在调研过程中发现该温室大棚处于低洼地，棚外杂草丛生，难以通风，棚顶无任何遮阳设施，上述一系列问题导致棚内温湿度较高。此外，农户讲述发病严重的植株会拔掉直接扔到棚外面，对发病不严重的植株置之不理，高温高湿的环境促进疫病的传播，这也是疫病难以控制的直接原因。

对此给出以下建议：若条件允许，选择通风良好的地段修建大棚，尽量避免低洼地；蔬菜定植前，尽量对棚内进行消毒或者实行 3 年以上轮作，切断病虫害的传播途径；增加遮阳网或在薄膜上泼泥浆，在光照较强的夏天进行遮光，降低棚内温度，同时合理浇水，杜绝漫灌，以降低棚内湿度。若经济条件允许，可采用滴灌，既减少用水量还可降低棚内湿度。与此同时，及时清除棚外杂草，改善通风，在空气湿度较大时可使用生石灰或草木灰，大概每平方米使用 0.5 千克生石灰，这样可有效吸收温室内的水汽降低棚内湿度。在发病初期可喷施叶面肥壮苗，降低发病率。

(5)五家镇。我们对房身村盛源农业科技有限责任公司的蔬菜大棚进行调研发现本地番茄、长茄和青椒等蔬菜大棚中的害虫主要为蚜虫、粉虱和蓟马，另外红蜘蛛的危害特别严重。害虫及红蜘蛛的防治一定要尽早，在发生初期进行防治，成本低，防效好。由于该公司以生产绿色食品为主，本人建议利用生物防治对害虫(螨)进行防控，如寄生蜂丽蚜小蜂(寄生粉虱类害虫)、异色瓢虫(捕食蚜虫)或捕食螨(目前已商品化的捕食螨有智利小智钝绥螨、巴氏钝绥螨和胡瓜钝绥螨)。捕食螨不仅可捕食害螨，还可捕食蚜虫、蓟马、粉虱和蚧壳虫等小型昆虫，达到以螨治螨、以螨治虫的效果。目前全国有多家生产害虫天敌的公司，如北京中捷四方生物科技有限公司、北京阔野田园生物技术有限公司、福建艳旋生物防治技术有限公司、潮州中天农业科技有限公司等，农户可自行购买。另外青椒叶片正面有大量斑潜蝇幼虫取食叶片留下的驻道，由于斑潜蝇已对阿维菌素等多种药剂产生抗药性，因此可结合其他的防治措施进行防治斑潜蝇。如定植前对棚内土壤进行严格消毒，杀死前茬虫蛹；及时烧毁受害叶片；棚内种植一些有异味的经济作物，如大蒜、香菜或苦瓜等；另外利用斑潜蝇的趋黄性，使用黄板进行物理防控。

(6)小五家乡。种植小组博士团在对小五家村的苹果果园进行调研时发现有些果树上的挂果率不是很高。据种植户介绍这是因为4月底至5月初发生过倒春寒，导致大量苹果花凋落。尽管我们不能阻止倒春寒的发生，但是我们可采取相应的措施尽量降低损失。在此期间农户要时刻关注天气情况，如果天气预报预报的最高温度和最低温度相差较大时，便可能发生倒春寒。除了关注天气预报，本人建议在萌芽期对果树进行营养补给，叶面喷施、树干涂干肥或植物生长调节剂以增强果树的抗寒性，促进其健康生长；开花前及时刮除苹果腐烂病病疤，预防冻害后苹果腐烂病的发生和流行。一旦遭遇倒春寒，水果的产量和品质都会受到影响，因此需要在倒春寒经常发生的那段期间提前做好预防工作。

三、结语

一周的时间，博士团考察和参观了几十个地方，在这有限的时间里我们承载着当地政府和农户对我们的期冀，留下的思考和记忆足够陪伴以后的漫长岁月。我校师生始终以“解民生之多艰”作为我们的初心和使命，尽所能贡献我们的绵薄之力。在此感谢接待我们的元宝山区工作人员对此次科技服务的鼎力配合。祝愿元宝山区的明天越来越美好！

“百名博士老区行”，我们一直在路上！

元宝山区现代农业示范园考察

“以羊兴牧”，促“牧业兴旺”
——元宝山区肉羊产业发展研究

韩丽敏　中国农业大学经济管理学院

近年来，元宝山区加快推进工农产业现代化和城乡一体化发展，初步形成了以能源、化工、绿色食品加工、装备制造四大产业主导的工业体系和以农牧产业化龙头企业为依托，“菜、乳、肉”农产品深加工和产业基地建设为重点的农牧产业化体系。

肉羊产业是农业产业的重要组成部分，对促进农业产业结构转型升级和消费者饮食结构改善具有重要意义。近年来，随着消费者消费水平提高及其健康消费意识的增强，羊肉作为一种营养丰富且绿色健康的肉类食品，日益受到消费者青睐。2016 年，我国人均羊肉消费量为 1.5 千克，比 1980 年增长了 5.4 倍①，我国羊肉消费市场发展迅速且前景广阔。2018 年上半年，我国羊肉价格一改前几年同期低迷情况，延续了 2017 年下半年的上升趋势，肉羊产业发展迎来了新的“春天”。并且肉羊产业可以充分利用农作物秸秆、果树叶等农副产品，饲料成本低，养殖占

① 数据来源：《中国统计年鉴(1981—2018)》，获取数据包括城乡人均户内羊肉消费量，我国城乡人口数及人口总数。计算方法：全国人均户内羊肉消费量＝(城市人均户内羊肉消费量×城市人口数＋农村人均户内羊肉消费量×农村人口数)/全国人口总数。注：2013 年之前，《中国统计年检》并未统计全国人均户内羊肉消费量数据，只能通过计算的方式获得。2013—2017 年计算所得数据与《中国统计年检》数据基本一致

用空间小，行业进入门槛相对较低，适合“老龄化”的农村劳动力现状。因此，受羊肉产品需求和价格上升、饲料价格上涨、行业进入门槛低等因素的影响，目前肉羊养殖者的积极性较高。

一、我国肉羊产业发展概况

(1)生产概况。

①羊存栏量是影响肉羊产业生产能力、恢复能力以及市场行情的关键。1978—2016 年，我国羊出栏量从 2 621.9 万只上升至 31 218.4 万只，增长了 10.91 倍。羊存栏量（此处包含毛用羊）从 16 993.7 万只上升到 29 903.7 万只，增长了 75.97%[①]。1978—2015 年，羊存栏量一直大于出栏量。2016 年，羊出栏量反超存栏量。2017 年，我国羊出栏量为 31 218.4 万只，羊存栏量为 29 903.7 万只，羊存栏量不足以及消费旺季等是 2017 年下半年羊价上涨原因。

②规模化结构不断优化，但规模经营整体水平仍需进一步提高。2003—2016 年，我国羊场总数从 2 860.38 万只下降到 1 557.15 万只，下降了 45.56%；2003—2016 年，100 只以上羊场占全国羊场总数的比例从 0.60%上升至 3.15%[②]。

③羊肉生产能力不断提高。1980—2017 年，羊肉产量从 44.48 万吨增长至 467.5 万吨，增长了 9.51 倍；其中 2007—2015 年，仅增长了 22.19%，增速放缓。1980—2007 年，羊肉在肉类总产量中的比重由 3.69%增至峰值 5.57%，增长了 1.88%；2007—2013 年则从 5.57%下降至 4.78%[③]，2013 年之后比重开始上升，从 4.78%上升为 2017 年的 5.44%，增加了 0.66%。

④羊肉价格回升。2013 年 1 月至 2014 年 2 月，羊肉价格从 59.45 元/千克上涨到 67.43 元/千克，上涨了 13.42%，月均增长 0.90%。而从 2014 年 2 月至 2017 年 6 月，羊肉价格整体呈波动下降的趋势，从 67.43 元/千克下降到 54.3 元/千克，下降了 24.18%；2016 年 10 月羊肉价格为 54.23 元/千克，是 2013 年以来的最低价格。但从 2017 年 7 月开始，羊肉价格快速上升。2018 年 1～6 月羊肉价格明显高于 2013 年、2016 年、2017 年同期的羊肉价格水平，且 6 月 60.65 元/千克的价格超过了 2015 年同期 60.54 元/千克[④]。

⑤对比其他肉类价格，羊肉价格下降幅度小，同比增幅大。2018 年上半年，羊

---

① 数据来源：国家统计局，http://data.stats.gov.cn

② 数据来源：《中国畜牧业年鉴(2004—2017)》

③ 数据来源：国家统计局，http://data.stats.gov.cn

④ 数据来源：农业农村部畜牧业司，http://www.xmys.moa.gov.cn/xxjc/农业部官网

肉价格仍低于牛肉价格，高于猪肉和鸡肉价格；1～6 月，四种主要肉类价格总体下降，其中羊肉价格下降幅度为 1.00%，猪肉、牛肉和鸡肉价格的下降幅度分别为 22.11%、1.45%和 4.63%，羊肉价格下降幅度远小于其他三种肉类(表 1)。随着下半年羊肉消费旺季来临，我国羊肉价格继续增长的潜力大，肉羊产业发展势头充足。

表 1　2018 年上半年羊肉和其他肉类月度价格　　元/千克

月份	羊肉	猪肉	牛肉	鸡肉
1	61.27	25.46	64.83	19.31
2	62.85	24.98	66.05	19.64
3	61.70	22.63	64.79	19.00
4	61.05	20.78	64.19	18.59
5	60.68	19.52	63.93	18.40
6	60.65	19.83	63.89	18.42

数据来源：农业农村部畜牧业司

(2)消费概况。消费动力足，消费市场发展前景广阔。1980—2016 年，城镇羊肉消费总量增长了 13.70 倍，农村羊肉消费总量增长了 1.52 倍，全国羊肉消费总量增长了 4.86 倍，三者均呈现增长趋势。2016 年，我国羊肉消费总量为 207.61 万吨的峰值，但受下半年羊肉价格上涨的影响，2017 年我国羊肉消费总量下降为 187.82 万吨，下降了 9.53%(图 1)。

(3)贸易发展概况。贸易逆差增长势头明显，应重视进口冲击。2001—2017 年，我国羊肉产品贸易逆差整体呈“W”形波动，波动幅度较大。2004 年开始，我国的羊肉产品进口额增速超过了出口额，贸易逆差同比下降了 95.3%，2005 年和 2006 年则进一步发展为顺差状态，且 2006 年的贸易顺差高达 1 658 万美元。2014 年，我国的羊肉产品贸易逆差达到峰值 10.9 亿美元，增长了 43.6 倍，2016 年，出现 50.6%的大幅下降。2017 年，尽管我国的贸易逆差增长至 8.3 亿美元，同比增长了 54.6%，但仍未恢复到 2014 年的峰值状态(图 2)。

可见，我国肉羊产业发展动力足、前景良好，但仍存在规模化程度低、羊肉价格波动大、国际进口冲击大等问题，提高我国羊肉产品供给的数量安全和质量安全，应重视发挥区域比较优势，培育区域特色产品，提高我国肉羊产业综合竞争力。

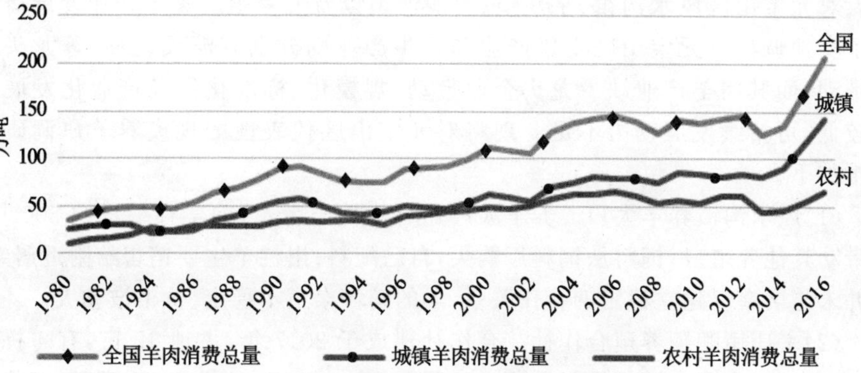

图 1　1980—2016 年中国羊肉消费总量变动情况

数据来源：《中国统计年鉴(1981—2018)》，数据包括城乡居民人均户内羊肉消费量，我国人口总数

计算：城市户内羊肉消费总量＝城市人均户内羊肉消费量×城市人口数

农村户内羊肉消费总量＝农村人均户内羊肉消费量×农村人口数

全国户内羊肉消费量＝城市羊肉户内消费总量＋农村羊肉户内消费总量

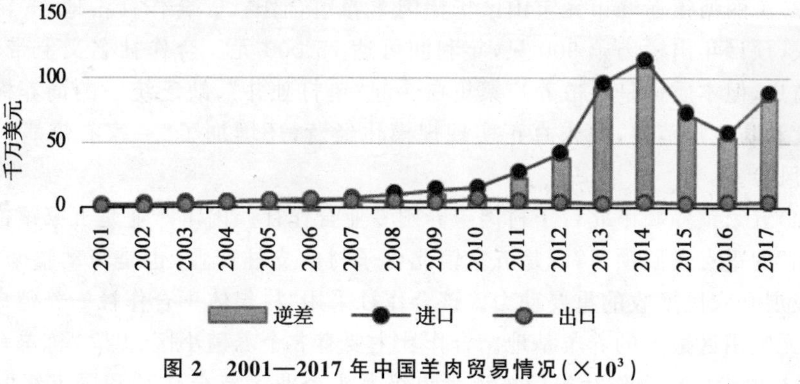

图 2　2001—2017 年中国羊肉贸易情况(×10^3)

数据来源：Trademap，https：//trademap. org

二、元宝山区肉羊产业发展概况

为深入了解元宝山区肉羊产业发展概况和存在问题，推动其肉羊产业发展，助力元宝山区农业产业兴旺和乡村振兴，2018 年 7 月 12～16 日，中国农业大学国家肉羊产业技术体系产业经济研究室成员积极参与“百名博士老区行”活动，

先后对元宝山区风水沟镇、平庄镇、美丽河镇以及五家镇等肉羊产业发展概况进行了实地调研。元宝山区生猪产业和奶牛产业则分别有温氏、伊犁等龙头企业的带动，而其肉羊产业缺少龙头企业带动，规模化、标准化以及产业化发展程度均较低，可持续发展动力不足。现将对元宝山区代表性的规模养羊户调研情况汇报如下。

(1)风水沟镇养羊大户。养羊大户建有 3 栋羊舍，目前羊存栏量约 500 只，并未带动其他养殖户；饲料从饲料厂购买，自己配料；出栏羊主要销售给附近屠宰厂，但并未与屠宰厂建立稳定的合作关系，羊的销售渠道不稳定、价格波动大。

(2)平庄镇鹏翔养殖合作社。合作社建成于 2017 年，占地 15 亩，有 4 栋羊舍(母羊 2 棚＋育肥 1 棚＋草料 1 棚)，注册资金 60 万元，已投资 75 万元，获得了国家风沙源治理项目扶持资金 40 万元。目前，合作社主要养殖育肥羊，2018 年购入小尾寒羊 500 只，拟再购入 500 只，预计年出栏 800 只，可获利 30 万元。虽然合作社有 5 名社员，但实质只由 1 户经营，该农户还种植了 100 亩玉米(40 亩自有地，60 亩流转地)作为羊的补充饲料，该合作社并未带动其他农户发展养羊。合作社主要采用自繁自养的方式，其疫病防疫管理相对较好，病弱羊分隔管理，并有政府专业人员发放疫苗等，羊群病害较少。

(3)美丽河镇赤峰市元宝山区华伟肉羊养殖合作社。合作社占地 25 亩，有社员 5 人，预计年出栏肉羊 500 只，年利润可达 75 000 元。合作社名义上带动了其他养殖户，但本质仍是各散养户聚集在一起“单打独斗”，缺乏统一的饲养标准、管理制度和防疫规范等，并未真正实现规模化经营，还增加了“一家有疫病，全区遭殃”的风险。

(4)五家镇赤峰市北台子村肉羊养殖专业合作社。肉羊产业是五家镇推动“一村一品”的重点发展项目，既是五家镇北台子村的支柱产业，也是带动整个村集体经济发展和农民增收的重要动力。该合作社采用“村集体＋合作社＋养殖户”的模式，是元宝山区最大的养羊基地。合作社主要有 3 个养殖小区、共 73 栋羊舍，其中 3 区还在建设中。合作社先后被评为市级龙头企业示范合作社和国家级“一村一品”示范社，具有发展养羊业的优势，例如：养殖小区地域宽阔、地理位置优越、空气流通条件好；水电设施配置齐全，硬件完善；可依托五家镇优越的交通运输条件，拓展市场、打通销路；最重要的是该合作社有养羊传统，各养殖户养殖经验丰富。在村集体的支持和带动下，养殖户的积极性高、信心足，合作社不断壮大，极大地带动了村民和村内经济发展。

但该合作社也存在与美丽河镇华伟肉羊养殖合作社相同的问题，并未真正实现标准化和规模化养殖，众多散户聚集在同一小区“各自饲养”，缺乏统一的标准化管理。合作社肉羊产业发展凝聚力不足,生产效率低等问题亟须解决。

三、元宝山区肉羊产业发展经验

(1)养羊大户、合作社等新型经营主体有利于促进养殖规模化程度的提高。尽管元宝山区养羊大户、养羊合作社等对周围养殖户的带动作用有限,但为元宝山区肉羊产业标准化发展、防疫水平提高奠定了基础,可以成为带动当地肉羊产业化发展的先行力量。

(2)地方政府部门的重视,是推动肉羊产业规模化发展的关键。由于肉羊产业具有进入门槛低、养殖管理难度相对较小等特点,散户进入的容易。但规模化养殖的启动和运营资金需求量大,农户难以承担。因此,我国肉羊产业的规模化程度提高缓慢,2003—2016 年,100 只以上羊场占我国羊场总数的比例从 0.6%上升到 3.15%,上升幅度小且速度慢。但五家镇北台子村的村集体高度重视肉羊产业发展,对肉羊产业发展前景看好,村集体合作社积极为养羊户提供免费羊舍,直接降低了养殖户的养殖成本,极大地调动了村民参与养羊的积极性,奠定了北台子村肉羊产业基地的发展地位。

四、元宝山区肉羊产业发展存在的问题

(1)合作社的利益链接机制和奖惩机制有待完善,进入门槛低,带动能力有限。美丽河镇和五家镇养羊合作社的情况类似,虽然名义上是合作社,但养殖户只是"形式上"聚集在一起,相互之间并不存在利益共享关系,却存在疫病风险共担的风险,利益激励机制不健全、对不规范防疫的惩罚机制不完善。平庄镇鹏翔养殖合作社实质只由一家养殖户经营,并未真正发挥带动农户的作用,且带动能力受养殖规模的限制。因此,目前元宝山农区的养羊合作社仍存在疫病风险高、生产效率低、抵御市场风险能力弱等问题亟待解决。

(2)养殖户防疫意识薄弱、防疫能力有限。尽管 4 镇养羊规模不同,但普遍存在养殖环境有待优化、养殖户防疫意识薄弱的现象。例如,4 镇的养羊场均缺乏对外来人员和车辆进场等最基本的消毒环节,无法切断病原的传播途径,一旦有疫情流入,极易引起大的流行性传染病,给养殖户造成极大损失;养殖户清理粪便不及时,增大了疫病通过粪便传播的风险,也不利于保障羊圈周围的空气清新;有的养殖户有串门、互相借用未经消毒的养殖工具或将用过的兽药等垃圾随意丢弃在羊舍内等习惯,增加了疫病传播的风险。

尽管很多养羊户也经历过 2014 年的特大疫情,但仍存在以上防疫不规范行为

的原因，其可能的解释：①养殖户对正确的防疫规范与措施认知不足，不知道如何做好每一环节的防疫；②养殖户存在侥幸心理，认为大的疫病刚刚过去，短期内不会再复发，而且自家羊目前的生长状况较好，得疫病的概率小；③有关部门监管不严，对合作社或养殖小区应具备的防疫设施及流程缺乏明确的规定；④合作社或大户等的养殖规模化、标准化程度低，分担防疫成本的能力低，为了降低防疫成本，宁愿冒风险。

(3)标准化程度低，养殖户产业链纵向拓展能力不足。风水沟镇、美丽河镇、平庄镇的养羊户的产业链条短，产品附加值、养殖户盈利能力和抵御市场风险的能力低，延长产业链成为养殖户抵御风险、提高产业链综合利润的重要发展方向。例如，五家镇北台子村的养羊合作社已经建立屠宰加工的厂房，也准备引进屠宰加工设备，延长产业链，努力实现“产加销”一体化，但其养殖、屠宰标准化水平有待提高，产业链上疫病传播的风险高，且销售渠道还未确定，将存在一定的滞销风险，因此延长产业链应谨慎。

(4)缺乏区域品牌，产业发展的区域凝聚力不足。整个元宝山区的肉羊产业发展力量分散，难以集中区域资源优势和文化特色等发展地区特色品牌，仅靠某一企业或养殖户自己的力量，难以在激烈的市场竞争中“崭露头角”。虽然五家镇的养殖规模较大，也在努力打造“产加销一体化”的肉羊产业链条，但据合作社介绍，其目标产品的种类大约有10种。我们认为目前合作社的养殖和屠宰能力并不能保障产品生产同时实现“种类多”且“质量优”，应考虑集中优势发展“精品”，否则容易导致产品竞争优势不足。

(5)专业人才短缺，肉羊产业发展缺乏竞争优势。元宝山区肉羊养殖、防疫等基本养殖环节的专业人才十分短缺，养殖效率不高、疫病风险大且发展动力不足；屠宰加工、销售人才短缺，产品附加值提升幅度小、市场竞争力弱、产品销售半径短，最终导致肉羊产业综合利润低。

五、促进元宝山区肉羊产业发展的对策建议

(1)改善羊舍的养殖环境。养羊户应加强羊舍的卫生管理，及时清除粪便，保持羊舍清洁，改善羊的生存环境，既降低疫病传播风险，也能提高动物福利水平，有利于改善生产效率和产品质量。

(2)重视提高养羊户的防疫意识。提高养殖户防疫意识既要靠宣传和公共设施完善，也要靠监督检查。①养殖户应改善畜舍的卫生环境，提高粪便清理频率，加强全面疫苗接种的推行、病原检测、建立病畜隔离舍等；②养殖小区或合作社应完善公共消毒防疫设备；③加强监督检查，适当设定奖励和惩罚标准，激励农户从

意识到行为地重视防疫。

(3)重视发挥合作社、龙头企业等的带动作用，扩大产业横向规模；保障养殖场(户)标准化和生产能力，提高产业链纵向拓展能力。规模化包括横向规模化和纵向规模化，合作社、养殖大户、龙头企业是提高肉羊产业规模化和标准化的可行方式，但企业带动是快速提高产业规模化程度、标准化程度和技术水平的最有效途径。同时，还要注意养殖户拓展产业链应保障自身具备链条式发展的条件和能力，应谨慎生产以减低资金风险和疫病风险。

(4)打造区域名优品牌，提高肉羊产业的区域竞争优势。由于羊肉消费的区域差异，养羊大户或合作社应根据自身生产能力和销售半径，合理定位产品、精准定位目标市场和目标消费者。同时，还应积极整合区域资源，增强区域肉羊产业发展凝聚力，努力打造区域名优名牌，提高肉羊产业的区域竞争优势。

(5)人才"引进来"与"本地培养"两手都要抓。人才积累既要靠"引进来"，也要鼓励本地人才"走出去"。由于外地人才引进的难度较大、进程缓慢。因此，也应重视本地人才的培养，为学习能力强的村里"能人"多提供出去学习的机会，让其把技术带回来。例如，五家镇北台子村的养羊户均具有较丰富的养殖经验，可塑性强，经过科学培训后，可以成为实践经验和理论知识兼具的专业人才。

元宝山区美丽河镇羊场调研

对产业兴旺促乡村振兴的一些思考

——内蒙古赤峰元宝山区农业产业调研

黄　星　中国农业大学经济管理学院

农业部部长韩长赋(2018)指出产业兴旺是乡村振兴的首位,产业兴旺要始终坚持“质量兴农、效益优先、绿色导向”三原则。原中国农业大学校长柯炳生(2018)认为应从多维角度衡量产业兴旺,“藏粮于地,藏粮于技”,通过地力和科技从单产、品质、效率、多功能性的角度综合发挥作用,并根据纵向比己、横向比人来衡量是否达到产业兴旺。

刘彦随(2018)从城乡融合的角度分析乡村振兴的对象是一个乡村地域多体系统——由外到内主要包含城乡融合体、乡村综合体、村镇有机体、居业协同体“四体”系统,城乡融合系统应包含地域、市域、县域“三域”层次,未来需要城乡一体化协同发展。

叶兴庆(2018)认为真正做到乡村振兴,必须坚持农业农村优先发展和城乡融合发展两大原则,切实在内涵上深化升级,抓好“人、地、钱”三个关键,而且要特别关注边远村落和贫困群体。

一、总体状况

元宝山区辖5镇1乡6街,总人口32.6万人,其中非农业人口17.9万人。

风水沟镇资源丰富,葡萄产业有一定规模和特色,且已经举办过五届葡萄节;

待开发的灵山蕴旅游区，需要根据资源状况积极打造自身特色，如可依托滑草滑雪场进行开发，注重“针对性”。

元宝山镇面积最大，有较为成熟的产业，如“和润集团”（和润农业高新科技产业开发有限公司）、食用菌生产（利之加）等，在农业高新技术方面有良好的基础，可以利用成熟产业带动其他产业。

美丽河镇有产业园区，还有热水资源。可以进一步推进园区企业的发展与活力，如赤峰吉太生物科技有限公司、内蒙古草原汇香食品科技有限公司、赤峰元宝山区温氏农牧有限公司、赤峰大北农农牧科技有限公司等，根据各企业实际情况给予政策、资源方面的支持，积极开发利用热水资源的使用及附加价值，形成资源、产业联动效应。

平庄镇人口最多，人口密度最大，在“菜、乳、肉”三大绿色产业化发展方面有一定基础，经济条件较好，有大型企业如伊利集团2003年投资建设的赤峰伊利工业园区、河套酒业等，可以探索适合的经营主体模式，如“公司＋合作社”、“公司＋家庭农场”等进行农业农村现代化生产和管理。

五家镇有强大的集体经济基础，整合了各村土地，由村委会＋公司进行管理；联合高校党建，具备智力及技术后盾。可根据规划，形成有特色有竞争力的农业产业，并发挥集体整合力量和公司市场化运作的优势，延伸产业链条，丰富产业内涵，实现一、二、三产融合发展。如蔬菜成熟后由集体组织或公司统一收购，进行分级整合管理；同时及时注册商标，专人管理，加强品牌化运营，将可追溯系统尽早实施。

小五家乡人口最少，人口密度最小，资源相对丰富，森林覆盖率53%，主要发展休闲旅游，建设有内蒙古水木原农业科技园，已举办过一届“乡村旅游节”，具备一定的文化、寺庙等旅游资源，农产品为定制式销售模式，可进一步发挥生产和旅游的影响力，加强宣传，丰富品种，扩大规模，提高收益。

赤峰市元宝山区各乡镇相关农业对比分析如表1所示。

二、调研情况

元宝山区相关农业产业发展情况，以奶牛产业为例，分析现状、问题及对策。共调研三家奶牛场，其中两家与公司合作，一家以农户经营为主，具体情况如下。

（1）小艳奶牛养殖合作社（美丽河镇）。该养殖场位于公格营子村，场地占地面积100亩，总投资2 000万元，其中奶牛圈舍占地15 000米^2，养殖奶牛1 200头，装配自动化奶站1处，日处理鲜奶15吨。现有奶牛近800头，日产鲜奶4吨。无专业驻场兽医，奶牛疾病状况严重。

表 1　元宝山区各乡镇农业对比分析表

名称	面积(千米²)	人口(人)	人均可支配收入(元)	耕地面积(万亩)	林地面积(万亩)	主导产业	龙头企业	园区	特色	建议
风水沟镇	129	19 344	15 600	4.2	6.57	葡萄肉羊生猪	大北海、温氏猪场	风水沟灵山生态园、大北海高端苗木观赏基地	葡萄	1. 强：如葡萄、种苗等，进行品牌运营，由政府开展“文化节”“种苗节”，实现一、二、三产融合发展，开发一些深加工产品，如葡萄汁、葡萄酒，从品种、市场、价格实现——“综合提升” 2. 弱：如目前关停状态的采摘园、祥和大院、待开发的风水沟灵山蕴，一方面要实现市场转型，根据市场需求和资源状况开发有特色的产业和服务，如“祥和大院”可考虑会务服务、婚庆、拓展基地等结合打造，“木兰山庄”考虑发展周末游、亲子游等；积极打造自身特色，如灵山蕴可依托滑草滑雪场进行开发，注重——“针对性” 3. 常规：如温氏羊舍，对中间环节精细化、标准化，且加强风险防控，如进行价格预判，相关保险等，实现——“稳健发展”
元宝山镇	319	440 000	18 815	11.2	—	果蔬种苗肉乳粮饲	和润农业	资源型城市经济转型试验区、云杉路铜产业加工园区	种苗	
美丽河镇	84	23 041	16 730(2016)	5.7	1.76	林果花卉蔬菜生猪肉羊肉牛肉鸡	温氏草原汇香大北农	美丽河健康产业园区	温泉疗养	
平庄镇	236	720 000	17 134	9.5	—	菜乳肉	伊利河套酒业	新景东山生态观光园、前进锦绣山农业观光园、山嘴子村循环经济产业园	知名企业	

续表 1

名称	面积（千米²）	人口（人）	人均可支配收入（元）	耕地面积（万亩）	林地面积（万亩）	主导产业	龙头企业	园区	特色	建议
五家镇	44	21 352		3.2	1.34	东羊西猪南粮北牛中间菜	房身盛源农业	新南山生态休闲观光产业园	集体经济联合党建	蔬菜成熟后由集体组织或者公司统一收购，进行分级整合管理，提高议价能力和市场影响力。及时注册商标，加强品牌化运营，将可追溯系统尽早实施
小五家乡	141	6 075		5.0	15.1	设施农业种养殖业休闲旅游	水木原	内蒙古水木原农业科技园	辽文化、寺庙	多渠道融资：向龙头企业寻求合作，政府与农信社/农商行合作设立扶持型普惠金融项目，长期也可以考虑发展合作社金融互助模式（社员将余钱存在合作社，优先贷给有需求的社员，收益分红）

（2）三和牧场（平庄镇）。“合作社＋公司”模式，基础设施投资 2 000 万元，养殖奶牛 430 头，其中 360 头产奶牛，为伊利供奶场。伊利集团对相应设备、奶牛等进行标准化和远程实时监控。前身为 2006 年养殖小区，2013 年成立合作社，以牛入股，发展到现在以牛折价为资产入股。社员从 70 户缩减为 30 户，到现在五六户。奶牛场管理严格，设备先进，非工作人员不得入内，参观人员需穿着头套、腿套、口罩，消毒 30 秒后进入。2017 年投资 140 万元购入以色列阿菲金设备，每头奶牛装有智能化脚环，并与全自动化挤奶设备相连，可对挤奶情况、奶牛生产性能、健康状况进行科学检测。共有 4 栋高标准、大容量、通风、喷雾牛棚，现有工作人员 23 人，其中驻场兽医 1 人，全自动挤奶实现自动脱杯，夏季日产奶量 8.6 吨。有草库及搅料加工区，有 2 000 亩玉米地订单，提供青贮饲料。

（3）德仁牧场（小五家乡）。合作社＋公司模式，2017 年 8 月开工，目前在建。

基础设施投资1 500万元，养殖奶牛251头，其中70头产奶牛，为伊利供奶场。伊利集团对相应设备、奶牛等进行标准化和远程实时监控。选址合理，半封闭状况，参观人员需超声波消毒1分钟后进入。共有4栋高标准、大容量、通风、喷雾牛棚，现有工作人员15人，其中驻场兽医2人，全自动挤奶实现自动脱杯，夏季日产奶量1.8吨。有草库及搅料加工区，有1 000亩玉米地订单，提供青贮饲料。

三、情况分析

合作社模式，以主导农户具体经营，雇佣人数少，规模较大，但每头奶牛的单位产奶量并不高，且疾病多发，经营者关注自动化挤奶设备高于改善环境卫生条件及设施。

“合作社＋公司”模式，伊利集团标准化及远程实时监控，技术、设备先进，投入人力多，科学化管理运营，单位产奶量远高于合作社运营模式，生产效率高。具体对比如表2所示。

表2　奶牛模式对比分析表

模式	奶场名称	奶牛（头）	产奶牛（头）	占地（亩）	投资（万元）	雇工数量（人）	日产鲜奶（吨）	单位产奶（千克/头）	自动化	环境卫生	驻场兽医（位）	疾病状况	饲料来源
合作社	小艳奶牛	800	300	100	2 000	5	4	13.33	仅挤奶器	污染疾病	0	严重	购买
合作社＋公司	三和牧场	430	360	160	2 000	23	8.6	23.89	标准化、智能化（拌料、监测、挤奶）	封闭化消毒日常监测	1	较少	订单2 000亩＋购买
	德仁牧场	251	70	102	1 500	15	1.8	25.71	标准化、智能化（拌料、挤奶）	半封闭通风消毒	2	较少	订单1 000亩＋购买

(1)存在问题

①养殖业周转资金周期长。农户初始投资大，回收周期长，市场成本、产品价

格和销售量存在波动风险。

②家庭农场小农化。农户单打独斗模式容易造成信息不畅、技术落后、设施设备缺乏、生产方式传统守旧。发展家庭田园经济模式，虽然在封闭的群落里能实现理想的自给自足状态，粗放式增长易于实现，但对先进技术和设备的引进动力不足，生产力的提升、智能化管理方面需要升级。

③合作社单一化。养殖合作社发展不成熟，日常管理以农户为主，且运营时间短暂，对风险的认识和综合发展方面的准备不足。

④“公司＋合作社”“公司＋家庭农场”探索中。分别以温氏集团、伊利集团合作带动的合作社、家庭农场虽然在技术和市场方面能够得到标准化、精细化的指导，收益有一定保障，但收益的大小取决于各合作社、各家庭农场自身的经营管理水平，需要在意识和能力方面加以增强。

(2)对策建议

①扶持扶助＋“抱团”发展。政府设置专项扶持资金，帮助农户渡过难关；政府联合农商行/农信社设置农业普惠金融项目，减息免息，合理设置还款时限；加入专业合作社能改变单打独斗、信息不畅的现状，合作社的统一管理在一定程度上能帮助社员降低成本、减少风险，提高社员对市场波动的抵御能力，同时合作社的互助金融模式对社员能够降低成本、助农增收；以“公司＋合作社”的形式寻求发展，在公司的支持下主动改造升级饲养圈舍条件，依靠公司雄厚的资金及广泛的资源，顺利实现产销经营，养殖户还能以这种形式获得一定的技术指导，从而规避市场风险找到出路。

②技术＋设备常抓不懈。尤其是家庭农场式的农户经营方式，易于满足现状、固步不前。需要及时学习先进技术和生产方式，对设施设备加以改良优化，避免囿于传统方式的樊笼中，实现继承中发展。

③综合发展与风险意识。养殖过程中随着周期的增加会遭遇各种疫病、技术、市场风险，避免过于单一造成重大损失，可考虑产业链一体化、多元化综合发展。

④管理专业化、智能化、网络化。对于主要负责人提高日常管理的精细程度，进行专业学习，引进相应智能化设备、人员，提高运营能力，积极吸收利用互联网技术，国际化视野，充分利用资金资源，专业高效。

四、结语

总的来说，内蒙古赤峰元宝山区的发展状况较好，当地农民并没有大面积外出务工的情况，多在周边劳动，在调研过程中也没有遇见整体困难的贫困村，仅有零星几户贫困户。由于之前有煤矿产业，部分老板有资金资源，需要寻找合适的产业投资转型；特色养殖种植业如猪、牛、羊、蔬菜、种苗、花卉、林果等都有一定的基础；在对合作社和家庭农场调研中发现，相关经营者都有很强的求知愿望、但多数未找到很好的渠道和解决问题的途径；而知名企业如温氏、伊利集团更多是从企业自身追逐利益的角度对农户生产和产品加以监督和购买；政府的引导、规范和整合作用显得尤为重要。当前现实情况是有意愿、有能力但还缺乏发展实力与成熟度，各乡镇需要在打造好自身特色产业的基础上，对资源资金提供有吸引力的项目，对农户给予先进技术、专业化管理和优惠政策等的支持，对企业提供好的软硬件环境，同时也要加强监督监管，通过产业兴旺的核心动力最终实现乡村振兴的伟大战略目标。

同学们和老师在小艳牧场前合影

养殖场"臭名远扬"问题怎么破

——元宝山区畜禽场环境调控管理研究

李宗洋　中国农业大学水利与土木工程学院

一、调研背景

随着多年的矿产开发，元宝山区煤炭资源逐渐减少，近些年来政府也在逐步关停产能低下、设施落后的小煤矿。因此煤矿关闭后带来的剩余劳动力以及剩余资本需要转向传统的第一产业，但是由于之前元宝山区发展重点主要放在煤炭资源开发上，对种植业和养殖业的重视程度不足，因而基础比较薄弱，大多以农户自发种植、养殖或结成养殖合作社的方式进行生产，缺乏科学的管理技术指导，难以形成产业规模，行业内竞争力不足。因此，元宝山区区域经济转型势在必行，而农牧产业现代化成为元宝山区"农牧产业兴旺"的重要方向。

二、畜禽养殖场现状分析

元宝山区的养殖产业布局主要以生猪、肉羊、肉牛、奶牛为主，同时还有少量的蛋鸡养殖户。其中，生猪生产基本都与温氏公司合作，同时还有一部分奶牛场与伊利合作，生产工艺模式成熟，管理的技术和理念较为先进。而肉羊产业规模较大，但生产工艺较为简陋，该产业还有很大的提升空间。肉牛适应性较强，因而管理比较粗放，但应注意环境保护问题。蛋鸡产业发展较为滞后，就参观的情况来看，仅有少量个体经营户生产,不仅管理不够科学,应对市场风险的能力也无法和大企业相比。

(1)畜禽舍气体排放。在与养殖户的走访过程中,养殖户们普遍反映猪舍排放的空气发臭,会对周边村民及环境产生一定影响,而我们也走到猪舍尾端的排风口感受了一下,未经处理并直接排放的猪舍气体味道十分浓烈。经研究发现,猪场产生的挥发性有机物和恶臭气体多达 331 种,其中由动物粪尿所产生的恶臭物质有 168 种。NH_3 和 H_2S 是畜禽养殖业排放的空气中主要的恶臭物质,它们会刺激人畜的眼睛及鼻腔、口腔黏膜,还会影响畜禽舍工人的工作效率。氨气会危害畜禽的眼睛及呼吸系统,严重可导致气管炎、肺水肿等疾病。氨气被畜禽吸入体内时,少量氨气会转变为尿素排出体外,如果吸入氨气的量过多,血液里会产生碱性高铁血红素,影响动物的血液输氧能力,进而造成贫血、缺氧等症状,从而影响畜禽的疾病抵抗能力,降低畜禽的生产性能。硫化氢除了对畜禽的呼吸系统及血液循环系统有危害,还对神经系统产生影响,在含量较高时,会引起心脏衰弱、肠胃炎等疾病。

养殖场将未处理的污浊气体排到周围大气中去,其中的有害物质和臭气会严重影响周围居民区的空气环境质量,对居民的健康产生危害。

(2)畜禽舍粪污处理。随着国家对环境问题的重视程度越来越高,一系列环保法律条例比如“大气十条”“水十条”“土十条”相继出台,用法律手段来实施畜禽舍污染物的减排与防治,这使得我国对畜禽养殖过程中污染物管理的要求也越来越高。然而在调研过程中发现,元宝山区的肉牛舍、肉羊舍缺乏专业整体性的规划设计,没有完整的生产工艺来处理牛、羊舍的垫料、粪便等废弃物。如果任由农户自然堆放或者直接排放粪污废水,这对元宝山区的土壤、地表和地下水、大气都会有不同程度的污染。而一旦发生污染事故,很有可能对元宝山区的养殖产业产生很大的打击,连带导致区域内所有养殖场进行整改甚至停止生产,产生大量不必要的维护成本。

(3)奶牛多病。据一些个体经营的牛场工人反映,这些牛场的奶牛患病比较普遍,犊牛大部分患有喘息、咳嗽症状,成乳牛乳腺炎、牛蹄红肿现象也很常见。通常农户们遇到畜禽患病的情况时一般都会先考虑应该给动物吃什么药、打什么针,但这些手段往往只是治标不治本,忽视了引发这些疾病的来源。除了用药、消毒的方法来解决这类问题之外,还要从根源上改善奶牛的生活环境,为奶牛提供相对干净卫生的场所,减少微生物的滋生以及疾病传播的可能性,才能减少治病用药成本,以及疾病反复发生的问题。

以调研中参观的小艳牧场为例进行分析,该牛场牛舍建设不是一次性建成,所以最早建成的奶牛舍建筑形式是全开放式带运动场的牛舍,奶牛直接在堆放着粪便的运动场上躺卧休息，且开放式牛舍冬季无保温，虽然奶牛是耐寒动物，但是冬季低温还是会影响奶牛的生产性能。而该场后期新建的牛舍采用的是舍饲散养的工艺，冬季会将侧墙的窗户关闭进行保温，但是新牛舍仍保留了运动场的设计，奶牛舍内以及运动场中的粪便不及时清理、饲料随意堆放在饲喂通道中，生产管理上的不规范导致奶牛生活在细菌容易滋生的环境中，奶牛也因此容易感染上各种疾病。同时，现有牛舍运动场的建设也不规范，土地未经砖瓦铺装或沙土平整，地面低洼处存积尿液，不仅是微生物滋生的温床，还容易污染土壤和地下水。

三、存在问题建议和对策

(1)猪舍气体除臭排放。畜禽舍空气过滤技术按原理主要分为物理法、化学法以及生物法，物理法主要包括吸附法(活性炭、沸石)、喷雾或洗涤法和通风等；化学法主要包括光催化氧化法、臭氧氧化法、中和法、电净化技术等；生物法主要包括生物过滤法、生物洗涤法、生物滴滤法、生物吸收法、膜生物反应器技术和厌氧生物过滤技术等。为了达到最佳的处理效果，建议采用三种原理结合的方法，将畜禽舍臭气对外界环境的影响降到最低。具体的实施方法如下：

在猪舍尾端的风机后部加装空气洗涤器装置，空气洗涤器的工作原理如图 1 所示。猪舍尾气进入空气洗涤器，首先通过 0.9 米厚的塑料蜂窝填充床，并通过喷水喷嘴连续湿润，填充床必须湿润均匀，以避免未洗涤的废气溢出。废气与水接触的过程中使得水溶性污染物从气相变为液相，通常将硫酸加到洗涤池中以保持 pH 1.5～4，将平衡转移到铵盐，从而增加吸收能力。为防止硫酸铵沉积，洗涤液中的硫酸铵含量不得超过 2.1 摩尔/升，或氮素 58.8 克/升。洗涤水储存在洗涤缓冲池中，为了减少耗水量，洗涤水可循环使用，当洗涤液中积聚的污染物浓度过高时，则需要排出洗涤水。为保持系统的稳定运行，可在缓冲池或再循环管线中使用 pH 电极进行液体酸碱度的连续测量，来控制酸的用量适时地排出和增添洗涤水。洗涤之后的液体主要成分为硫酸铵，经过净化将杂质去除后可以作为化肥施用于周边的农田，从而达到废物资源化利用的目的。

在空气洗涤器的最顶部填充木屑，并用金属网进行支撑，相当于一层生物过滤器。经过除氨处理后的气体在通过木屑填料后减少了酸性水汽的含量，附着在填料表面上的微生物还可将尾气中的吲哚、丁酸等有机恶臭物质吸附并进行生物降解，为其自身的新陈代谢和生长提供养分，同时还能有效地去除臭味。

但是在畜禽舍安装尾气处理装置成本一般较高，农户可以先尝试选择一栋猪舍安装这套设备，测试该系统的效果并进行成本估算，最后根据效益再决定是否值得进一步大规模推广。

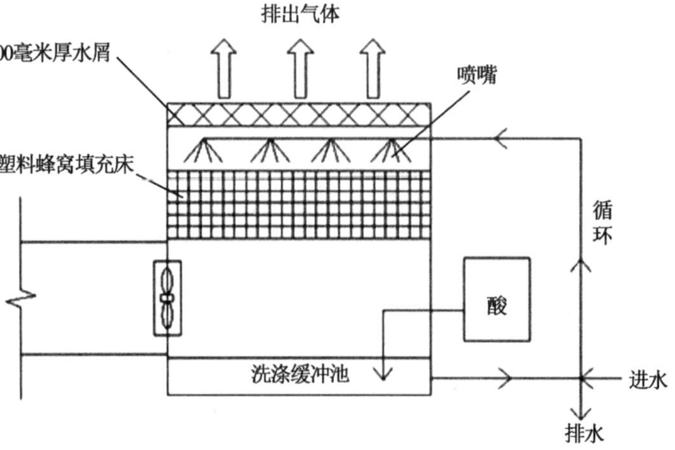

图 1　猪舍尾气洗涤器工作原理图

(2)畜禽粪污资源化处理。增加废弃物处理设备会增加养殖户的生产成本，大多数养殖户对于农业废弃物资源化利用的积极性不高，这就需要元宝山区以及各镇政府进行观念引导和政策支持，应该给养殖户提供补助。牛舍可以引进固液分离设备，建设沼气站，废弃物固液分离后固体做有机肥、牛床垫料，液体用来沼气发酵或者还田；也可以与元宝山温氏猪场合作，为元宝山辖区内养殖场废弃物提供消纳的场所，将养殖场对环境的影响程度降到最低。

(3)奶牛场生产设施及管理方法优化改造。许多人认为在奶牛舍设置运动场能使奶牛不停地在做逍遥运动，借以增加奶牛的运动量和光照，从而增强体质、增加体内维生素 D 含量和产奶量。但是有研究发现，有的奶牛舍不设运动场也没有发现奶牛有异常现象，发病率、发情率和妊娠率都与设置运动场时无显著差异，奶牛甚至还保持高产的状态。据观察，奶牛走进运动场绝大部分都在躺卧休息反刍，舍饲散养、不设运动场的生产工艺已经为奶牛提供了足够的活动空间，实际上专门设立运动场并未达到增加奶牛运动的目的，只是为奶牛提供了休息的另一个场所而已。而使用运动场还容易造成土壤、水体污染，堆放的牛粪不及时清理还会排放温室气体，成为奶牛场粪便管理过程中温室气体的重要排放源。

新建的奶牛舍可以考虑取消运动场的设计，而舍内地面的清粪应该更加频繁，可以购置自走式刮粪板，每天两次进行刮粪，奶牛卧床垫料要注意采用新鲜干燥的材料，为奶牛营造干净舒适的生活环境，这样奶牛患乳腺炎等疾病概率也就会大大降低。已建成的奶牛舍运动场应当重新平整，有条件的情况下采用三合土、泥土、沙土或红砖/废旧石板及组合的地面，同时运动场内粪污定期及时清理，减少疾病传播的机会。

另外，奶牛蹄部疾病的问题可以采用蹄部药浴的方法解决。在挤奶厅入口处放置(1 米×2.5 米)大小的蹄浴池，药液可以采用微酸性电解水进行蹄浴。中国农业大学水利与土木工程学院在畜禽舍应用微酸性电解水消毒领域做了很多研究，微酸性电解水在鸡舍除菌降尘、畜禽舍防疫消毒、奶牛蹄病防治等方面都有良好的效果。微酸性电解水相较于市面上的消毒剂不仅生产方便，仅需水和盐以及一台电解水机即可制备电解水；同时电解水对环境影响很小，极易降解无污染，是十分理想的消毒剂，非常适合养殖户使用。

四、总结

在畜禽养殖规模化生产越来越普遍的背景下，配备现代化的生产设备以及科学的管理方式是未来养殖的趋势。在 7 天的走访调研中可以明显地感受到，除了生猪产业和部分奶牛产业由于是和温氏、伊利等企业合作，会有配套的设施与技术指导，生产比较规范，但是个体经营或者小规模的生产合作社的设备与管理模式均有缺陷，导致生产过程中产生很多问题。许多养殖户在看到效益好的规模化畜禽场采用了先进的设备后也花大价钱购置同样的设备，但是实际生产效果却无法达到那些畜禽场的水平，究其原因就是配套的管理措施没有跟上，这需要政府培养养殖户的意识，引导他们的预防关注点。因为管理措施、饲养环境控制带来的影响往往不是立竿见影的，养殖户们意识不到这些问题的重要性，靠打针吃药只能治好单体动物的问题，但整个群体的互相影响却无法消除。综上所述，我认为解决畜禽患病的问题不应该只关注该给畜禽吃什么药打什么针，更重要的是要改善畜禽的生活环境，这样才是促使元宝山区养殖行业健康发展的长久之计。

畜牧“牛”起来，农民富起来

——元宝山区养殖业发展现状研究

马晓康　中国农业大学动物科技学院

一、风水沟镇调研

(1)风水沟镇养殖业发展存在的问题

①肉牛养殖户的精料替代品选择。2018 年 7 月 6 日起，我国对美国大豆加征 25％的关税，美国大豆进口量受到严重影响，国内大豆需求缺口将再次拉大，“供不应求”必然导致国内市场大豆价格上涨。大豆价格上涨能增加农民种植大豆的收入，但却不利于养殖业的农民。对于养牛户来说，豆粕是肉牛精料中必不可少的成分，大豆价格上涨将导致农民的养殖成本会升高。

风水沟镇的兴隆坡养牛合作社占地面积 500 亩，目前牛存栏 800 头，年出栏 750 头，平均盈利 675 万元/年。建立了两栋标准化牛舍，但标准化程度仍有待提高，生产方式仍比较粗放。合作社负责人介绍，对于可能面临的豆粕价格上升问题，暂时想以紫花苜蓿作为替代品。

②肉牛场、羊场疫病防疫不规范，缺乏防疫技术专业人才。调研组了解到，风水沟镇养牛业和养羊业的疫病防疫程序十分不规范，缺乏对外来人员和车辆进场等最基本的消毒环节，给养殖户造成极大损失。防疫措施存在很大不确定性，既无

法保证疫苗质量，也无法保证防疫工作落实到位。

③养殖能力有很大发展空间，养殖废弃物处理需要合理化。风水沟镇目前只有一个温氏集团正在投建的养猪场，养猪规模计划为 9000 头母猪，但对促进风水沟镇畜牧经济发展的带动能力不足，风水沟镇拥有优越的资源条件，且随着消费者消费能力提高，我国居民饮食结构不断完善，畜产品市场发展潜力大。并且通过调研发现，当地肉牛、肉羊畜禽舍直接将粪便堆肥发酵还田，没有考虑温室气体排放控制以及废弃物对风水沟镇土壤、地表和地下水等不同程度的污染，一旦发生污染事故，很有可能对风水沟镇的养殖产业产生很大的打击。

(2)促进风水沟镇养殖业发展的对策建议

鉴于豆粕价格近期不断上涨，推荐精饲料配方。

①养殖场(户)应遵循严格的疫病防控程序，加强精细化管理。由于散户的疫病防疫意识薄弱，且分散隔离、消毒的成本相对较高，建议村镇考虑推行村集体或合作社式养殖模式，既有利于做好疫病监控和防控，又能方便新养殖技术的推广与传播。另外，鼓励引进龙头企业，发挥如温氏对养猪户的带动作用，有利于提高产业的转型升级的速度。

②加大对废弃物的补贴力度，降低养殖户处理废弃物的成本。小规模养殖户承担废弃物处理设备高昂成本的能力低，再加上环境污染检查的标准不高、惩罚给养殖户带来的损失低于预期的成本投入，养殖户对养殖废弃物资源化利用的积极性不高。因此，需要区、镇政府加大扶持和帮助养殖户引进固液分离设备或建设沼气站，废弃物固液分离后固体可做有机肥、牛床垫料。

二、元宝山镇调研

(1)调研项目

①温氏农牧有限公司木头沟猪场。2018 年 7 月 13 日 9 点 20 分我们调研小组在工作人员的带领下通过猪舍的监控画面了解生猪的养殖情况。该猪场分两期建设完成，目前一期项目建设已完成，建筑规模 5 万米^2，分为三条生产线及隔离舍、保育舍、生活区、粪污处理区，总投资 1.2 亿元。

②南荒村生猪养殖项目。2018 年 7 月 13 日 11 点 20 分我们的调研小组又参观了南荒村生猪养殖项目，该项目是南荒村村民王先生与温氏农牧有限公司合作，经村代表大会表决在原昌盛煤矿废弃地上建 13 栋高标准温氏生猪养殖示范小区，养殖户都是贷款经营。

采用“公司＋家庭农场”的封闭式委托养殖模式，实行“四统一保”，即统一猪舍规划，统一供应饲料，统一供应种苗，统一养殖技术，确保合同价格回收。

(2)存在问题

目前南荒村生猪养殖项目存在问题：其一，由于建标准化养殖猪舍资金需求量较大，前期投入成本考虑不周全；其二，猪舍排放的空气发臭，对周边村民及环境产生一定的影响。

(3)对策建议

①资金周转不畅。针对由于扩大规模导致资金链流通不畅的问题可采用多渠道融资，比如加深与温氏集团的合作，寻求温氏集团的资金支持。

②猪舍排放的空气发臭。在排风口加装空气洗涤器装置，猪舍的空气进入空气洗涤器，通过 0.9 米厚的塑料蜂窝填充床，并通过喷嘴喷水保持湿润，对空气进行除氨处理。

三、美丽河镇调研

(1)调研项目

①小艳奶牛养殖合作社。该养殖场坐落在美丽河镇公格营子村，目前占地 100 亩，其中奶牛圈舍占地 15 000 米^2，配有 1 处自动化奶站，每天达到 15 吨鲜奶的处理量。基础设施投资达到 2 000 万元，现有雇工 5 人，养殖奶牛 800 余头，产奶牛有 300 余头。

②温氏家庭猪场。该养殖场是以“公司＋家庭农场”的养殖模式，采用统一圈舍、统一提供饲料、统一防疫等的全程链条管理，带动了“经济空壳村”的转化，壮大了村集体经济，在引领现代农业的同时，带动贫困人口脱贫增收。

③华伟肉羊养殖合作社。该养殖场位于赤峰市元宝山区，合作社依托当地传统养羊的优势，将养殖业和当地优势资源结合，建设占地 25 亩，年利润可达 75 000 元的肉羊养殖场。

(2)存在问题

①忽视养殖管理，卫生防控意识薄弱。当地农户对疫病防控认识不高，在进入生产区内时未进行消毒。另外养殖场未建立完备的消毒设施，为了降低成本可能只对圈舍、饲养环境、饲养用具、道路等进行简单消毒。疫病防控意识差，养殖管理过程不完善，导致病原微生物在养殖场内长期存在，这样养殖场里的疫病往往连绵不绝。同时对动物粪便的处理不及时，造成养殖场周围环境被严重污染，对牛羊的

健康养殖构成了极大的威胁,奶牛乳腺病发病难以控制。

②滥用兽药,疫病控制不合理。当地养殖场对牛羊的养殖过程中,添加兽药量和药物使用不科学,存在过量使用兽药给患病奶牛群治病的现象。兽医体系不健全,无法做到及时提供疫病控制和治疗方案,直接影响奶牛的健康和产品的质量。

(3)对策建议

①严格控制养殖清洁生产。喂养过程中要严格控制每个环节的消毒工作,要做好安全卫生防疫。目前定期消毒是控制传染源的较为有效的方式之一,消毒剂的浓度要严格把控,坚持自繁自养,有效防止疫病传入。

②加强疫病宣传力度。相关部门要做到定期对村民展开培训,加深村民对消毒和防疫的意识,要经常去规范化生产的养殖场学习交流,进行有效管理和自我约束。

四、平庄镇调研

(1)调研项目

①鹏翔养殖合作社。主要养殖育肥羊,2017 年建成,由五户农民入股,注册资金 60 万元,已投资 75 万元,获得国家风沙源治理项目扶持资金 40 万元。已购入小尾寒羊 500 只,拟再购入 500 只,预计年出栏肉羊 800 只,获利 30 万元。日常由一户农户管理,该农户还种植 100 亩玉米(40 亩自有地,60 亩流转地)作为羊饲料补充。自繁自育方式,病弱羊分隔管理,病害较少,饲料品牌为英美尔,有政府专业人员发放疫苗。

②家庭肉牛场。养殖方式采用放养+圈养模式,购入小牛半年放养,病害主要有口蹄疫、春秋肠道疾病等。该农户还有 30 亩地,主要以牛粪种植有机玉米、有机高粱(在生产中做"对比试验"——肉牛粪污做肥料对玉米生长的影响:将准备进行粪污还田的土地分成两部分,第一块土地施用的肥料是肉牛场产生的粪便,而第二块土地不施用粪肥),有机作物比未施牛粪的长势更好,有机高粱用于制烧酒,烧酒的废弃物、有机高粱和玉米的秸秆用于养牛,牛粪再还田滋养土地形成循环有机农业,有利于资源的充分利用。目前运营不错,有进一步扩大养殖和种植的意愿。

③伊利集团。赤峰分公司,300 多员工(其中一线工人 3 班×60 人/班),3 个原奶罐,全封闭自动化运行,前处理、预处理(分离、均质、杀菌)、罐装。4 个事业部:液态奶、酸奶、冷饮、冰工厂。6 条生产线,其中利乐枕 4 条,利乐砖 2 条(包装速度 2.4 万盒/小时)。全球乳业八强,连续 4 年亚洲第一。全球最值得信赖的健

康提供者——伊利即品质。

（2）存在问题

①生产周期长，资金回转慢。畜牧养殖业资金投入大，农户的资金占用时间长，同时由于畜牧养殖业不同于其他行业，其养殖受到自然环境和经济规律的影响，而且劳动时间和生产时间不对等，所以养殖业的收益存在很大的波动风险。

②家庭农场小农化。家庭农场是对传统农户单独生产自给自足模式的优化，传统的生产中存在生产设备落后、信息交流不对称、生产技术缺乏等一系列问题，在此基础上发展起来的家庭田园经济模式激发了农村现代农业的活力，但同时社会的发展也对其提出了新的要求，不可避免的，家庭农场需要更为现代先进的设备，智能化管理也亟待突破。但目前家庭农场推行也受到阻碍，生产力的提升、先进设备的引进动力不足的问题也需要解决。

③新的合作模式探索。为了带动当地经济的发展，不少地区都推行了"公司＋合作社"的模式，分别以温氏集团和伊利集团为代表，合作社基本上有统一的管理模式，技术上能得到较为完善的指导，同时拥有较为先进的生产设施设备，收益相对较有保障。但经济收益在很大程度上还是取决于合作社的经营管理水平，因此对管理人员的管理意识和能力提出了较高的要求。

（3）对策建议

①项目化扶持发展。资金政策，真金白银扶持项目，如配套服务型集体经济项目；土地政策，资源要素保障落地，重点扶持村重点创收项目用地指标；服务机制，重点跟踪全程呵护，加强对村级创收项目的跟踪服务，全力保证项目建成见效。大力践行抱团发展理念，不断夯实产业发展基础，做大做强集体经济，增强家庭农场养殖户脱贫增收的内生动力。

②改进技术和设备。农村养殖业由于问题诸多，使得技术非常落后。大多数情况都是人工饲养，机械化程度较低。欧美发达国家养殖业机械化的水平到目前为止已经相当高。其发展的主要畜牧机械化设备包括：草原建设机械化、牧草收获机械化、饲料加工机械化和畜禽养机械化，这些机械的广泛应用大大降低了农民的劳动强度，提高了劳动生产率，增加了畜牧业的收入。

③细化养殖关键点。肉牛得病传染极快、死亡率高，而且不易治愈，所以做好消毒防病措施十分重要，要定期对牛舍进行大规模的消毒，阻止病菌的产生。在决定养殖肉牛前，一定要学习专业基础知识，掌握养殖技术，这样才能将风险降到最低。在农村养殖时很多农户常常采用传统的养殖方法，为了省心省力，将奶牛不分季节拴在木桩上，限制牛的活动空间，这样很容易导致奶牛难产，发情不明显，体质

不佳等情况。在奶牛养殖时要每天给奶牛一定的运动，促进奶牛的新陈代谢，增加采食量，提高免疫力和抗病力，保持奶牛正常的繁育力。

五、五家镇调研

(1)调研项目

北台子肉羊养殖专业合作社。该合作社先后被评为市级龙头企业示范合作社和国家级“一村一品”示范社。目前，合作社主要有3个养殖小区、共73栋羊舍，其中一区最早建成，二区也已经投产，三区还在建设中。

养殖小区发展养羊业的优势较多：水电设施配置齐全，硬件完善；养殖小区地域宽阔、地理位置优越，且空气流通条件好；可以依托五家镇优越的交通运输条件，拓展市场、打通销路；最重要的是该合作社有养羊传统，各养殖户养殖经验丰富。在村集体的支持和带动下，合作社不断壮大，养殖户的积极性较高，对村民和村内经济发展的带动作用较强。

(2)存在问题

①粪便处理不科学。畜禽养殖污染已成社会热点问题，影响了畜牧业可持续发展。

②防疫消毒设施缺乏。不注意卫生消毒。在农村有串门的习惯，有的养殖户爱到别人家的羊栏去看一看，互相借用养殖工具，养羊场(户)之间关系密切，往来频繁，养殖不规范。养殖废弃物乱扔乱放。用过的医疗垃圾随手丢弃，这种现象造成的往往是一家有病，甚至全区遭殃。

③屠宰加工场标准化程度有待提高。虽然屠宰加工场还未投产，但从基础建设看，标准化程度低，屠宰场对温度、湿度和无菌环境的控制能力有待提高。

(3)对策建议

①提升养殖中环保程度“迫在眉睫”。加强兽医卫生管理，改善生存环境，及时清除和处理粪便，清洁圈舍，保持环境卫生。

②加强疾病预防，以防为主。引进的羊要在隔离舍隔离消毒，由供求双方兽医确认无传染病，身体状况良好后方可调整；对日常饲养管理要注意防疫，外来车辆和人员进入前一定要彻底消毒，尤其是经常串场的兽医和收羊的人。和高校相关实验室或其他检测单位建立病原监测机制，以便尽早发现疫情，及时防控。发现疫情及时上报，隔离扑杀染疫羊群，同时无害化处理，及时消毒。

③产需谨慎，需要完善的顶层设计。合作社的屠宰和产品加工马上就业投产，

但屠宰的标准化程度、产品品牌的设计等有待完善,否则增大了投产的风险。

六、小五家乡调研

(1)调研项目

农户奶牛养殖基地。该奶牛养殖场共有产奶奶牛70余头,每头奶牛每天产奶量大约25千克,该农户所产的牛奶供给伊利集团,然后通过伊利集团加工销售。农户养殖基地将当地农民的玉米收购后饲喂奶牛,从而保障奶牛饲料原料的需求。

(2)存在问题

整个养殖基地的消毒意识需要加强,对外来人员的消毒不够彻底,同时,养殖基地所需要的饲料原料来源单一,限制了奶牛的最高产奶量。

(3)对策建议

对基地所有员工进行培训,严格要求,做到隔绝污染源,尽最大可能避免疫情的发生,还有扩大所需原料的来源,可以从市场上购买优质的饲料原料,提高奶牛的饲料营养及产奶量。

同学们仔细观看养鸡场饲料储藏情况

走通科研和乡土的“最后一公里”

——元宝山区生猪产业发展现状和对策分析

脱添蓓　中国农业大学动物医学院

生猪产业是我国畜牧业的第一大产业，是农牧产业现代化过程中不可或缺的一环，因此在加速经济转型的当口，生猪产业现代化成为元宝山区“农牧产业兴旺”的重要组成部分。进入2018年以来，国内猪价持续低迷，越来越多散养户退出，大企业不断寻求新模式、新发展。通过元宝山区五镇一乡的走访，我们发现大部分生猪养殖采用了“公司＋家庭农场”的封闭式委托养殖模式，养殖户通过与温氏农牧有限公司合作，实行统一猪舍规划、统一饲料供应、统一仔猪供应、统一养殖技术、确保合同价格回收的“四统一保”政策，这一政策很好地为农户一定程度上规避了养殖风险，使养殖户的收益有所保障，进一步促进元宝山区农民致富，繁荣元宝山区经济。元宝山区生猪产业发展总体呈现了良好的发展态势，但也存在一些亟待解决的问题。

一、元宝山区生猪产业现状

(1)环保监督力度加大。近年来国家相继出台了一系列旨在加强环境保护力度的法律法规和方针政策，如《畜禽规模养殖污染防治条例》等；党的十八大又提出“美丽中国”政策，畜禽养殖业在环保方面面临的形势更为严峻。在政府高度重视环保，对畜禽养殖的环保力度不断加大的大形势下，元宝山区的新建猪场和老猪场为了一方面不断提高猪场建设在环保方面的投入，另一方面利用新科技改善环境污染问题。国家对畜禽养殖业的环保要求的提高，一方面改善了养殖环境，有利于畜牧业可持续发展，另一方面使养殖场的建设成本和运行成本，提高了养殖业门槛，制约了畜牧业的发展。中小农户因为资金等原因不能达到环保要求退出养猪行业。

（2）规模化养殖进程加快。中国是传统的农业大国，但养殖业历史上以散养为主，不成规模，近年来受国际贸易和国际养殖现状的影响，国内生猪养殖也明显规模化，越来越多的大型公司愿意采取“公司＋农户”模式，但是将养殖标准提高到了500头以上，规模化进程显著。规模化养猪是我国生猪养殖行业的主要趋势。元宝山区大部分生猪养殖采用“公司＋家庭农场”的封闭式委托养殖模式与温氏农牧有限公司合作，养殖户在规模化进程中受益。

（3）标准化、精细化养殖。中国传统的农牧业、养殖业规模小，资金不足，人员匮乏，养猪业管理经营都很粗放，饲养管理不科学，更不用说精细化管理了。但随着近来中小散养户的退出，大企业规模化养殖推广，养猪场养殖越来越标准化，精细化了。精细化包括人员管理的精细化、饲养管理的精细化和疫病防控的精细化。目前，标准化的养殖场基本都做到了对猪舍的精细设计，在品种优化、饲料营养配方、母猪繁育等环节的精细管控，在环境的清洁消毒、动保产品使用等疫病防控环节的精细把握，并越来越重视对专业人才的培养。元宝山区大部分生猪养殖采用“公司＋家庭农场”的封闭式委托养殖模式与温氏农牧有限公司合作，也在一定程度上改善了以往的粗放式经营模式。

二、发现的问题

（1）环境污染问题。随着元宝山区“公司＋农户”模式的推进，养猪场数量和规模迅速扩大的同时带来了一系列的环境污染问题。很多养殖户还未能认识到粪便，污水对环境的污染和可能引起动物疫病对养殖业的威胁。以及养殖户在认识到环境污染问题的严峻性和必要性之后，应当采取哪些可行的措施来改善养殖场的环境和生存问题。

（2）资金不足。养猪业具有高成本的特性，前期投入巨大，资金不足制约着元宝山区生猪产业发展。“公司＋农户”模式下的养殖户为达到公司的规模化和标准化要求，前期一次性投入高，但收益慢，周期长，给农户家庭带来沉重的经济负担。更不用说孤军奋战的中小型个体养殖户，他们往往没有足够的资金加入“公司＋农户”模式，通过缩小养殖规模，缩减建设投资等降低成本，但这种一味缩减养殖成本的方式缺乏抗风险能力，增大了养殖风险。

(3)技术人才缺乏。元宝山区在“公司＋农户”模式下诞生了越来越多中型养猪场，生猪养殖规模扩大，养殖数量不断增加，这也带来了各种疫病的风险。但与元宝山区养殖规模不匹配的是畜禽养殖的技术支持：畜牧兽医局缺乏检测设备和条件以及技术人员，缺乏专业的人员指导以及缺乏对动物疾病的预防。

(4)防疫意识薄弱。诸多研究表明，疾病的流行是制约养殖业持续发展和影响养猪场经济效益的主要因素。养猪不可能不发病，没有一个兽医可以治愈所有猪病，传统兽医重治轻防，有的猪病治愈了，却花费的代价很高，或者旧病未除，新病又来。对一个养殖场来说，疾病防疫是重点。很多养殖户认为，我的猪场基本没有流行病，或者定期打疫苗就是做好防疫了。所以，猪场防疫工作涉及猪场的方方面面，不可忽视。

三、提出的几点意见和建议

(1)多渠道协调资金。元宝山区政府应加大对当地养猪场的资金投入力度，通过争取生猪建设项目资金、积极落实地方财政配套资金等确保养猪企业的基本权益。还可以通过发动群众开展合作社的形式筹集资金，一个家庭的资金能力是有限的，多个家庭就不一样了，还能共同致富。此外积极帮助养殖者联系各级金融部门的贷款等解决这一问题，对带动当地生猪产业乃至农牧业的发展至关重要。

(2)培养和引进人才并行。对于主要负责人要提高其日常管理的精细程度，通过外出进行专业学习，引进相应智能化设备，引进专业人员等提高运营能力，利用互联网技术，了解最新科研动态，培养国际化视野，将其转化到生产实际当中去。

(3)改善猪场污染状况。规模化猪场要想做到减少污染，除了改善猪场建设，提高营养和饲养管理水平，从而提高营养物质的利用率，减少污染物的产生，还要建立养殖粪污的循环利用模式，实现养殖业的可持续发展。做好减量饲养和科学排放，鼓励生猪规模养殖场节水工艺和栏舍改造，推进生猪规模养殖干湿分离，雨污分流，实施养殖粪污减排措施。鼓励排污资源化，利用多途径。

(4)建立健全防疫制度。猪场防疫涉及很多方面：规划布局、设置隔离区、设置消毒区和完善的消毒设施，执行严格的消毒程序。疫苗方面，疫苗不会给予猪只百分百的保护，很多因素可能影响猪只的免疫力。疫苗的免疫效力如环境，猪的身体状况、应激，疫病(伪狂犬病、蓝耳病等)，疫苗的运输、贮存、使用不当都会引起效价降低进而影响免疫效果。每个猪场都应根据本场的具体情况制订免疫计划，没有一个免疫程序可以适用于所有猪场，适合猪场的免疫程序要根据猪场的实际情况不断摸索，最终制定。建立健全科学合理的动物防疫制度包括按动物防疫法规建立健全的引种申报防疫监督制度、定期清洗消毒制度、按科学合理的免疫程序制订的免疫注射制度、外来人员消毒制度、管理人员进出场消毒制度等，只有这样才能提高规模养殖场经济效益。主场管理者要有大局意识，充分认识到防疫、检疫、检测、诊断的重要性，从而加大这些设施的投入。必须充分认识到规范化、标准化养殖的必要性，严格执行各项管理制度，只有这样才能降低疫病流行给猪场带来的损失，才能实现猪场利益的最大化。

四、感想与展望

由衷感谢赤峰市元宝山区政府和各级单位，对我们此次调研的积极配合和大力支持。我们很荣幸可以参与到元宝山区经济转型的事业中来，并为此贡献我们的绵薄之力，虽然只有短短一周的时间，我们看到了元宝山区从上到下，各级政府实现经济转型、攻坚克难的决心和行动。我们坚信，在政府的正确引导和当地人民的共同努力下，元宝山区农业定能快速健康发展。

在小型肉牛场调研

加强养殖设施建设，提高基本防疫意识

——元宝山区畜牧养殖业发展现状与对策建议

周信荣　中国农业大学动物医学院

一、风水沟镇调研结果

风水沟镇目前畜禽养殖规模小，对促进风水沟镇畜牧经济发展的带动能力严重不足。然而，风水沟镇拥有优越的资源条件，且随着消费者消费能力提高，我国居民饮食结构不断完善，畜产品市场发展潜力大。并且通过调研发现，当地肉牛、肉羊畜禽舍直接将粪便堆肥发酵还田，没有考虑温室气体排放控制以及废弃物对风水沟镇土壤、地表和地下水等不同程度的污染，一旦发生污染事故，很有可能对风水沟镇的养殖产业产生很大的打击。根据上述问题提出以下建议：

(1)养殖场(户)应遵循严格的疫病防控程序，加强精细化管理。由于散户的疫病防疫意识薄弱，且分散隔离、消毒的成本相对较高，建议村镇考虑推行村集体或合作社式养殖模式，既有利于做好疫病监控和防控，又能方便新养殖技术的推广与传播。另外，鼓励引进龙头企业，发挥如温氏对养猪户的带动作用，既有利于提高产业的转型升级的速度，也有利于提升风水沟镇畜牧业向产业精细化和标准化方向发展，提高养殖户养殖效益和抵御市场风险的能力。

(2)加大对废弃物的补贴力度，降低养殖户处理废弃物的成本。小规模养殖户承担废弃物处理设备高昂成本的能力低，再加上环境污染检查的标准不高、惩罚给养殖户带来的损失低于预期的成本投入，养殖户对养殖废弃物资源化利用的积极性不高。因此，加强绿色养殖宣传力度和加大政府支持范围是解决问题的关键所在。例如，扶持和帮助养殖户引进固液分离设备或建设沼气站，废弃物固液分离后固体可做有机肥、牛床垫料，液体用来沼气发酵或者还田。

二、元宝山镇调研结果

在元宝山镇参观了南荒村生猪养殖项目，该项目是南荒村村民王先生与温氏农牧有限公司合作建立起来的13栋生猪养殖基地。该基地运营采用“公司＋家庭农场”的封闭式委托养殖模式，实行“四统一保”，即统一猪舍规划，统一供应饲料、统一供应种苗，统一养殖技术，确保合同价格回收，养殖户养殖风险大大降低。

目前南荒村生猪养殖项目存在三个问题：其一，由于在前期建设投入中没有进行合理的成本安排加上政府补贴资金未到位，导致资金短缺，周转不良；其二，养殖气体排放影响周边小区居民；其三，排泄物需无害化处理。

针对上述发现的三个问题，博士团成员发挥各自的专业知识，提出如下建议。

①资金周转不畅。寻求合作，例如与温氏集团；制定周全的资金投入计划，确保绿色运行；关注市场走向，及时调整存栏。

②猪舍排放的空气发臭。购买空气过滤设备，除臭除氨，达到无污染排放。

③粪便无公害处理。采用沼气发酵处理粪便或者使用干湿分离机处理粪便，处理后产物可用于种植和家庭用气。同时，针对粪便中未消化的饲料可以采用生物降解的方式。

三、美丽河镇调研结果

2018年7月14日，在当地政府工作人员的带领下，在赤峰市元宝山区美丽河镇展开实际调研，调研项目、存在的问题、结果方案如下。

1. 调研项目

小艳奶牛养殖合作社奶牛养殖场：该养殖场位于公格营子村，场地占地面积100亩，总投资2 000万元，奶牛圈舍占地15 000米^2，养殖奶牛1 200头，配套建设自动化奶站1处，日处理鲜奶15吨。

新安屯村温氏家庭猪场：该猪场位于美丽河镇新安屯村，占地面积40亩，为村集体经济。猪场建设5 100米^{2}的生猪规模养殖小区1个，储水池1座，粪便处理池1座。该项目的实施壮大了村集体经济，实现“经济空壳村”转化，带动了31户贫困户脱贫。

赤峰市元宝山区华伟合作社肉羊养殖：该肉羊养殖合作社占地面积 25 亩，社员 5 人，年可出栏肉羊 500 只，年利润 75 000 元。养殖基地的实施，突出发挥了新安屯村农户养羊的传统优势，推动了全镇畜牧业的发展。

2. 存在的问题

农户疫病预防观念薄弱，生产环境条件差：奶牛养殖场、肉羊养殖场没有完善的消毒措施，人员进入生产区之前未经任何消毒，导致传染源传入的风险大大增加，场主疫病预防观念较为薄弱。奶牛养殖场生产区环境条件差，粪污未及时处理，奶牛生产性能不佳，奶牛乳腺炎发病难控制。

疫病发生时未能有效处理。奶牛养殖场奶牛发病时不做隔离处理，药物使用不科学，存在药物滥用现象，兽医体系不完善，未能及时提供有效的治疗方案，因此牛群长期处于带病状态。

3. 解决方案

针对农户疫病预防观念薄弱，生产环境条件差的问题，相关部门应定期给农户传授疫病预防的重要性，通过案例的演示、及时的辅助、监督等方式增强农户的疫病预防意识，从而彻底阻断传染源的传入。还可以组织养殖户参观标准化的养殖场，学习和交流养殖经验，把好的生产环境引进自己的养殖场，解决生产环境条件差的问题，环境做到优良，牛群发病自然减少，乳腺炎的发病率将大大降低。

针对疫病发生时未能有效处理的问题，相关部门可以派出专业的技术员进驻养殖场，帮助农户做好隔离、消毒工作，制定有效的治疗方案(如牛群中常见的乳腺炎的治疗)，避免药物滥用造成的耐药性。定期检测牛群的各大病原，监测牛群的健康状态，做到及时发现及时处理。

四、五家镇调研结果

元宝山区五家镇望甘池村位于元宝山区政府所在地平庄的西南部，是一个典型的以农业为主的山区村。2007 年望甘池村开始建设社会主义新农村，确立了全村种养殖业循环经济、绿色经济发展模式，对全村经济发展进行了总体布局。其中，生猪养殖规模达到了年出栏量 5 500 头，养殖模式为个体饲养。

目前存在的问题：由于今年猪价持续处于较低水平，生猪养殖方式多为个体养殖，资金有限，政府资金补贴没到位，加上饲养管理水平和防疫观念较差，出现母猪配不上，配上的母猪产仔率较低，母猪使用年限大大减少，2～3 胎后就淘汰，大大增加了成本，降低了效益，导致这些个体养殖户承受不起养殖带来的亏损。

解决问题的方案：借鉴其他镇成功的生猪养殖模式，争取党和政府的资金支持，加入大集团合作养猪一体化项目，一是可以坚持价格低迷期带来的亏损，二是可以学习大公司成功的养殖经验，提升养殖水平。

五、小五家乡调研结果

7 月 17 日，我校调研小组在当地政府工作人员的带领下，在赤峰市元宝山区小五家乡展开实际调研，调研项目、存在的问题、结果方案如下。

1. 调研项目

奶牛养殖基地：该奶牛养殖场目前处于边建设边生产的过程中，产奶的奶牛现共有 70 头，每头奶牛日产奶量为 25 千克，预计养殖 800 头奶牛，所产的牛奶供给伊利集团加工销售。养殖场建设有青贮饲料库，青饲料主要来源于当地农民种的玉米，8 月份购入玉米秸秆进行青贮，可以很好地保障冬天奶牛对青饲料的需求。

2. 存在的问题

该奶牛养殖场消毒环节不够重视，青饲料需要依靠当地农民的供应，粪便无害化处理设施和手段不完善。

3. 解决方案

必须严格重视外来到访人员的消毒，消毒设备功能完好，切实做到传染源的隔绝，避免疫病的发生。对于青饲料可以租地自己种植，一是保证了青饲料质量，二是降低了购买青饲料的花费。粪便处理可以建立沼气池或者堆肥，将资源合理化利用，既减少了环境污染，也提高了资源的利用率。

羊场饲养情况调研

第二篇　广西防城港市

2018 年 7 月 16 日，“百名博士防城港行”活动启动

金花茶种植技术需要“新升级”

——防城港金花茶种植现状调查及建议

曹　梦　中国农业大学资源与环境学院

一、金花茶及其种植情况

(1)金花茶简介。20 世纪 60 年代初由中国研究者在广西首次发现，属于山茶科山茶属，为常绿灌木至小乔木；其花外观美轮美奂，花瓣为蜡质金黄色，故知名植物学家胡先啸教授将其称为金花茶。它拥有药用、观赏价值，并且其潜在的养生性能也使其极具科研价值，因此享誉“植物界大熊猫”“茶族皇后”等称号。近年来，金花茶的花和叶被制作成花茶、叶茶等保健饮品，市场需求量不断增加。

金花茶目前为国家一级保护植物，它的繁殖能力较弱，曾面临过濒临灭绝的情况。它的生长区域很小，一般分布于海拔 200～500 米的区域内，并且绝大多数野生金花茶集中在防城港市“十万大山”的兰山支脉。

金花茶喜好潮湿、温暖的环境，22～25℃为最适宜的生长温度；幼苗时期适宜荫凉遮蔽，花期更偏好阳光照射；生长对土壤环境质量要求不高，喜排水好的微酸性土壤；耐瘠薄，也喜肥；耐涝力强。

鉴于其喜荫蔽的生长特征，金花茶比较适宜于林下种植，多生长在常绿林中的阔叶林下，在沟谷两旁分布更多。由于金花茶在夏季(苗期)需要遮阳、冬季(花期)却需要阳光，因此上层林木最好选择落叶乔木，可确保金花茶生长期足够的荫蔽和阳光。同时，选择适宜的立地也极为重要，宜选择土地肥沃、不积水，有水源可灌溉的区域。

(2)金花茶研究现状。为系统了解金花茶的科学研究现状，通过中国知网(CNKI)进行文献梳理。检索的主题词为“金花茶”，检索时间为1979—2018年，共得到940篇文献(检索时间为2018年8月3日)。借助于信息可视化软件Citespace Ⅴ进行信息挖掘。

由分析可知，到目前为止关于金花茶的研究首先是主要集中在对新物种其属、种的鉴定，其次是对其遗传多样性的探究，对金花茶所含化学成分的分析、挖掘其潜在的保健功能成为目前科学研究的重点，开发多种产品形式推向市场成为一个迫切的市场导向。但是对于其种植及其繁殖方式的探索还多局限于嫁接、扦插等传统方式，成活率尚不令人十分满意。林下种植模式的配置，以及对水、热、气、肥的高生境要求在储量十分丰富的“十万大山”山脉都能得到满足，因此使得对金花茶的种植技术探索还处于一个起步的状态。

通过研究机构的共现分析可以看出，对金花茶进行研究的机构在地域上比较集中(广西)，但是所属单位相对分散，主要为中科院的广西植物研究所等相关科研机构，并远远领先于高校在本方面的研究，值得注意的是富新(发文量为7)和桂人堂(发文量为5)两个集团公司对金花茶的研究也颇为重视(表1)。综合来看，研究机构、高校、企业的合作是一个良好的探索途径，但是各研究机构之间的合作力度还较小，不同机构间的科研能力差距悬殊，也有可能侧面说明了对于金花茶这一珍稀物种的经费投入不均衡。从研究机构的区域分布来看，广西本地以压倒性的优势取胜，某种程度上验证了金花茶研究的地域局限性。

(3)金花茶种植现状。金花茶产业产生的经济价值具有非常大的吸引力，但其存在苗木成本不菲、鲜花销路短缺等问题，很大程度上减弱了人们的投资热度。金花茶作为林下种植树种，较适宜的种植密度为1 830～2 250株/公顷。由于金花茶种苗稀缺，致使种植成本较高，按金花茶市场价15元/株、1 830株/公顷计算，仅种苗成本就接近3万元/公顷，远高于普通树种种植成本，并且为了增加金花茶苗木的数量，诸多技术均实施于金花茶树苗的培育中，投入的差异也造成了价格的参差不齐。目前，广西金花茶大多采取“公司＋基地＋农户”的发展模式，即由公司给农户提供种植的种苗，在花期再回收鲜花、加工成产品后出售。经过多年发展，广西如今已形成“育苗、种植、产品加工及销售”为一体的完整产业链。另外，众多金花茶公司已在防城区的那梭镇、那良镇、华石、大菉镇和东兴市的马路、江平等地建立了金花茶标准化现代化育苗基地，年育苗能力超过了保护区野生金花茶的数量，但远远不能满足市场需求。

综上所述，金花茶主要的3个种植途径为野生金花茶、公司育苗基地、农户种植，但种植情况尚存在部分问题。

表1　金花茶研究机构发表论文统计(发表论文≥5)

机构	发文数量	机构	发文数量
广西壮族自治区中国科学院广西植物研究所	50	福建农林大学园艺植物生物工程研究所	7
广西防城金花茶国家级自然保护区管理处	36	广西富新科技股份有限公司	7
		大连大学药物研究所	7
广西林业科学研究院	27	广西分析测试研究中心	6
广西大学	24	广西中医学院	6
广西师范大学	22	福建省国有来舟林业试验场	6
广东海洋大学食品科技学院	13	中国林业科学研究院亚热带林业研究所	5
广西农学院林学分院	10		
南宁市金花茶公园	9	广西桂人堂金花茶产业集团股份有限公司	5

二、待解决问题

(1)病虫害。基于示范园区参观及基地调研，发现金花茶育苗基地多在山林之中，面积较大，分布较散，金花茶树苗多存在严重程度不一的病虫害情况，常见的为炭疽病、叶枯病、藻斑病等病害，虫害主要多为广食性害虫，如蚜虫、木蠹蛾等(图1)。在金花茶苗木的种植过程中，需要重点关注的是幼苗及茶树的炭疽病和蚜虫病。

(2)水肥利用欠佳。实地调研的多个金花茶培育基地只配置喷灌设备(图2)，有的还并没有配置。农业自动化设备薄弱，95%的工作依靠人工完成，机械化较低，且农业设备使用率不合理。另外一个普遍的现象：一味追求只施用有机肥来保证有机农业，并未保证金花茶苗(树)生长的水肥需求。

(3)种养尚未有效结合。在金花茶的种植过程中，并没有很好地落实种养结合。种植基地，并不仅限于桂人堂集团的几个育苗基地，隐于山林之中，面积较大，苗木分布广而散，致使人为管护不周全，并没有及时发现并诊治处理茶苗的病虫害。基于十万大山丰富的能量存量，目前尚未出现大面积的养分供给不足情况，但

图1　金花茶树病虫害

图2　金花茶育苗基地的喷灌设施

部分植株已表现出缺素病症。

(4)产品质量标准不统一。由于金花茶的品种较多，且“公司＋基地＋农户”的发展模式中的“农户”部分体量庞大,技术水平未统一,管护措施不易控制,产品也会参差不齐。另在加工时不同批次的原料、不同的加工条件等多种因素均会导致产品质量不统一。综合金花茶产品生产的整个过程,不可控因素太多,管控标准缺乏,极易造成产品质量难把关。

三、建议与对策

(1)水肥利用。针对防城金花茶种植过程中水肥利用率低的情况,基于金花茶喜湿、背阴的特性,建议在金花茶的养殖过程中应加强其养护管理,有规律地测土配方施肥,通过测定土壤养分,根据测试结果进行肥料配比,借助于“测、配、产、供、施”的环节,实现基地、农户种植金花茶过程中的缺什么补什么,确保水肥供应充足。

在夏季,高温会影响金花茶的生长。浇水要浇透,保证金花茶生长的水分需求,以防止过早枯萎。但也不能浇水过多,以防烂根。浇水量要根据影响因子的具体情况确定,例如温度、季节和时间等。金花茶在成长过程中不仅对水要求较高,它对于营养元素的要求也有讲究。在满足基本生长需要的前提下,也要适当对其进行追肥,尤其是在开花期、抽芽期。肥料的种类也应基于金花茶生长期的具体情况来决定,同时也要考虑气候等诸多因素,在基本底肥情况下追肥处理。为了使土壤和肥料能得到最大程度的利用,应首先对金花茶种植的土壤进行深耕再分时段施用底肥。

水肥配比不当的情况可以借助于科学方法解决,但是对于大多数金花茶种植中水肥一体化设施不合理的情况尚需企业和政府的协助。加大投资,在田间和园区布设水肥一体化的配套设施,形成包含水肥配比系统、储肥箱、压力补偿滴头、棚室滴灌喷灌和灌溉管网的合理灌溉施肥系统。在提高水肥利用率的情况下,还可以实现清洁生产,解放部分人力。

(2)人工管护——修枝。金花茶茶苗与幼花周围的温度也是其生长的关键因素,可依据金花茶周边植物的生长状况,修剪过高的植物,适当调整林地状况。

林下种植,既能保证金花茶在低温下成长,同时也能够避免在极端的环境中造成金花茶冻害。在金花茶的种植过程中,应保证在霜降来临之前铺设草垫,提升土体温度,同时灌注一点水来增强空气湿度。另外,应适当修剪金花茶的枝丫,包括在萌芽初期,剪除已被病虫害侵染的枝丫,既保证枝条的透风性有效防治病虫害,又保证金花茶的产量。

(3)除草。杂草是金花茶苗生长的一个极大的隐患，在茶苗种植以前要先进行除草。茶苗栽种后，也需视具体情况按期除草。杂草的另一个归宿是直接还田，这时的它可以当作绿肥来培育土壤。此外，除草还有利于松散土壤表层，降低水分流失的速度，加强土壤中空气的流通速率，促进土壤中的生物、化学过程，进而利于金花茶的生长。

(4)病虫害防治。应加强基地人员对于金花茶培育过程的科学认知，对他们进行正确的看护、操作培训。基于多学科、多领域合作平台，借助基因工程等先进手段进行抗性品种选育，并严格进行种苗检疫。当发现金花茶苗(树)有病害、虫害及残体时，需尽早依据科学方法进行消除。及时改良金花茶生境，增强其枝丫透风性，适当降低周围环境的湿度和水分，并降低孢子萌发率。降低茶园中家禽的进出频率，避免二次伤害。

(5)制定质量管控标准。通过多方合作，制定统一的可行性产品质量管控标准，选择合理的评估方式及指标体系，通过规范化管理促使质量安全体系的建立以及逐步形成科学的先进化生产，使产品质量得到更好的保障。

建立农业信息服务平台，使金花茶自育苗起至产品终，都进行信息记录、储存，不仅可以及时方便地与平台中专家的知识库进行比对，解决实际生产中的问题，还可以信息公开化，对每一个生产步骤进行技术把关与质量管控。

(6)种养结合，循环利用。有机农业不等同于不施肥，因此在实际的培育过程中应科学育苗，合理施肥，目前的状况需要农用投入品增量化，推进有机农业种植。但也需要合理推动种养废物资源化，根据水肥光热等能源有效应用的复合生物循环模式，改进创立以种养废物为基础原料的饲料、肥料和基质等多样性利用的技术体系，取得良好的生态、经济和社会效益，实现绿色农业可持续发展。

四、结语

借助于本次“百名硕博防城港行”活动，通过实地调研、参观以及访谈等形式，结合资料的大量归并，对防城金花茶的种植技术现状有了一点粗略的了解。防城港市作为国内最大的金花茶种植基地，极具天然优势，如何将生态优势转化为产业和产品优势，尚有待思考。金花茶的种植体系杂乱、庞大且尚未有先进技术的引进，存在诸多问题，应及时、适时的解决，借助于科学方法，加强人工管护，切实推进种养结合，落实资源循环利用，促进绿色农业可持续发展。

中国农业大学研究生分团参与活动合影

智能化再塑企业核心竞争力

——防城港市澳加粮油生产工艺与设备优化研究

李新武　中国农业大学工学院

防城港市澳加粮油工业有限公司目前的产油能力已经达到60万吨大豆/菜籽食用油的加工能力，同时年销售收入达30亿元人民币。港澳加粮油工业有限公司的设备智能化水平在全国同行业中比较领先，但经过实际调查与分析，在实际生产过程中依然存在设备和工艺的问题。不难看出，智能化是公司发展与创新的必然选择。

本文是根据目前防城港市澳加粮油工业有限公司的发展现状，并结合专业知识，提出目前防城港市澳加粮油工业有限公司实际生产中的问题和相关解决方案及建议。

一、企业发展现状及存在的问题

港澳加粮油工业有限公司的设备智能化水平在全国同行业中比较领先，但在实际生产过程中依然存在设备和工艺的问题。通过实际调研后发现公司依然存在一些问题需要完善和改进。

1. 企业采用的智能管理系统需进一步完善和提高

目前企业已实现机械自动化，通过执行制造系统，可视化管理等现代工具实现智能工厂管理，还达不到智慧工厂，实现无人化生产。执行制造系统需完善提高，执行制造系统往往是单一的自上而下的层层落实，缺少自下而上的反馈单元。

2. 企业的设备存在的一些问题

(1)仓储物料测量不准确。粮仓储量信息的准确采集，不仅对粮油行业有较大的生产指导意义，还对于国家粮食储备数量评估和粮价预测工作具有重要的指导意义，是国家粮食部门急需解决的一个重要问题之一。

澳加粮油使用直径 20 米，高 50 米的锥形水泥仓储藏大豆、菜籽，由于测量方法原始因此效率低下，且测量结果精确度不高，不能精确控制生产。

(2)自动化装车系统存在装车不规整。公司的仓储部门的自动袋装饲料装车机存在码垛不整齐的问题，尤其在车斗的边缘处。其原因主要是由于车斗高度，使得传输带不能根据码垛的高度调节自身的高度，袋装饲料脱离传送带后在空中停留的时间较长，其间饲料的运动状态不受任何控制，最终造成码垛不整齐。

(3)螺旋输送机轴头出现漏料。作为一种不具有挠性牵引件的连续输送设备螺旋输送机，在生产的过程中易发生堵塞，另外轴承组件与螺旋轴之间有间隙，粉状物料由于其自身的特性极易沿旋转轴渗入到轴承座内，损坏零部件，使物料泄漏产生粉尘。螺旋输送机设计不合理，导致尾部及头部出现密封不严密，物料粉尘易从缝隙中泄露。输送机物料管过长和进料的不均匀，会造成轴头的无规律摆动，最终造成密封元件磨损严重。另外，也可能是由于轴头的轴承设计不当，造成密封部件的失效。

(4)精炼车间的过滤网易受损耗。过滤网的成本一般较高，其直径大约是 0.1 微米，过滤网口径较小，易发生堵塞，装卸难度比较烦琐，过滤网强度、韧性较低，易损坏、破损等。精炼车间的粮油过滤网长时间使用，容易造成滤网网口堵塞、网口扩大以及个别网口的损坏。粮油长期过滤，一些杂质会在过滤网上形成堵塞，在清洗过程中由于人工造成的碰撞、摩擦、划痕，导致过滤网口的损耗或破坏。

3. 菜粕再利用的工艺问题

一般油菜籽含油为 43%左右，经压榨处理制油后菜饼中油含量为 10%左右，本公司的处理工艺中，少部分的菜饼会经过浸提深加工提取油，但大部分菜饼长期堆积在仓库。若菜饼不进行再处理，其中的营养成分不能被充分利用，同时降低了公司收益。

二、解决方案及建议

为了提高澳加粮油产业技术研究有限公司的设备智能化水平、生产智能化水平、管理智能化水平，本文主要结合相关专业知识对企业所存在的相应问题提出了针对性方案和建议。

1. 设备的优化

(1)采用激光式料位计对粮仓物料进行测量。激光式料位计，通过无线网络由上位机软件控制电机带动扫描仪进行一次性 360°全貌扫描，不需要进行点云数据的拼接。其采用 905 纳米波长的一级安全激光对粮食和扫描人员均无伤害。其扫描直径 100 米，每 50 米的扫描误差在 7 毫米左右，满足了大型仓储测量需求。

(2)改进码垛装置。根据生产要求，本设计带式输送机作为袋装饲料的主要运动载体，一方面输送装置接过从灌装线上运送过来的袋装饲料，并通过相关执行构件对袋装饲料进行定位、压紧；另一方面装车主机接过从带式输送机运送过来的袋装饲料后通过自身运动将袋装饲料逐步运送至车厢的相关位置码垛，从而实现了装车操作。

(3)改进螺旋输送机轴头密封的方法。动密封分为旋转密封和往复密封，尤其是旋转密封是流体密封的主要部分，其中包括毛毡密封、油封密封、机械密封、迷宫密封等。填料密封是一种比较通用和实用密封结构。主要用于机械行业中的机器和设备运动部分等动密封。

根据实际生产需求及条件目前可行的具体解决方案：一方面优化轴头设计，另一方面优化密封结构。

①优化轴头设计，增加定位面。

②改进填料箱的材质，使用聚四氟乙烯材质作为螺旋输送机头尾填料箱的材质，造价是普通聚乙烯材质的 10 倍，杜绝了头尾填料箱漏料现象的出现。

③用法兰装置代替填料箱装置，使用岩棉作为法兰和壳体之间用填充物。

(4)改变滤网清洗方法。为了节约出本和方便操作在不拆卸过滤网的情况下实现滤网的清洗，可以将高压水射流清洗过滤网的方法和化学方法的有关清洗研究相结合，向清洗液中添加合成的高分子化学降凝剂分批或连续的将沉积物溶解并携带走。采用此方法的特点：无污染、清洗效率高、避免人工拆卸和清洗过程中对过滤网的损害、提高了过滤网的寿命，减少了企业的生成成本，从而增加了企业利润。

2. 生产工艺优化

根据公司目前的生产工艺以及公司的现状，主要提出了对菜粕处理工艺进行优化。菜粕具有较高的营养价值，所以工艺选择上可将菜粕通过发酵的工艺手段将其制成有机肥料。这样，既可以提高公司的收益，又可以使用有机肥料代替化肥进而符合生态环保理念。

三、粮油企业发展展望

当下粮油加工行业竞争日益激烈，若使企业能够有更强的竞争力和可以长远发展，就必须提高企业化的智能化水平。必须坚持现代加工理念，利用现代化的先进加工技术改进传统的加工工艺，更新和研发新的加工装备，加快生产规模大型化、技术过程连续化和高度自动化的进程，提高加工效率，降低生产成本，改善产品质量，争取做到加工过程中实现零排放，提高副产品的综合利用率，增加产品的附加值，从而提高食用油脂加工行业的整体竞争能力，促进食用油脂加工业健康、快速地发展。

地方中学教师职业成就感亟待提升

——广西东兴市初高中教师情况调查研究

张思佳　中国农业大学经济管理学院

隶属广西壮族自治区防城港市的西南边陲小镇东兴，是与越南接壤的“边境”地区。2010年，由于东兴显著的“边境”特点，被确立为国家重点开发开放试验区，相比起快速发展的基础建设和社会医疗等福利事业，边境群众在教育上的步伐却显得有些沉重。本文以广西东兴市初高中8所学校、即东兴市实验学校（初中部）、东兴市北仑河中学、东兴市第二中学、东兴市江平中学、东兴市京族学校（初中部）、东兴市马路中学、东兴市松柏中学共7所初中与东兴市东兴中学唯一一所高中为例，通过针对性的问卷调查获得的第一手数据，结合当地的现实状况，描述教师教学情况，分析教师教学中存在的问题及困难，提出有针对性的具有边境特色的教学教育建议。

在东兴市教育局的大力支持下，针对以上学校，共回收问卷474份，有效问卷397份。本文数据分析均来自问卷数据。

一、东兴市9所初高中教师现状

东兴市作为防城港县级市，由于地理位置和历史原因，教育观念和教学质量落后。在国家的教师编制制度影响下，许多从业10年以上的老教师，没有职称晋升的机会，又缺乏相应的激励制度，导致教育积极性不高。同时，编制制度限制还使得“顶岗教师”数量较高。年轻的“顶岗教师”一旦通过相关考试获取其他地区教师编制，就会向其他地区流动。长此以往，优秀教师资源的外流势必会影响生源质量，从而从学生和老师两个方面影响教学质量，导致教学成绩落后，升学率低，产生恶性循环。

国家政府为了改变教育不均衡和落后问题，出台了许多相关的政策。包括薄弱教育设施改造和相关教师培训，以及绩效激励制度，但政策实施效果在教师层面并不显著。

二、教师教学中存在的问题

(1)教师外流现象严重。由于东兴市教师待遇低而市区偏高的特点，根据东兴市教育局的统计，2016—2018 年，本市共流失教师较多，共有 30 人离开。

教师的外流，让东兴市不得不选择“大学生支教团＋顶岗教师”的模式，来补充后备教师力量。但这两种类型的老师，待遇问题仍然不能被保障。因此，也具有大概率的流动性问题。这种流动会让好的教师资源向优势城市和学校集中，更大幅度地拉大本就具有差距的同类型学校教学质量，使得“强者更强，弱者更弱”。

(2)教育投入不足。总的来说，东兴市的教育投入不足，整体水平低。教师工资待遇差。根据现场走访的情况来看，有的学校距离码头几百米，又吵又臭的环境严重影响教学。有的学校存在危楼风险，学校教学环境和住宿条件较为艰苦，生活条件恶劣。

(3)教学质量差。由于教师资源紧缺，教学任务相对来说较为繁重。根据问卷调查反馈的结果，将近 500 名教师中，约有一半教师有跨学科任教经历，且大多集中在具有一定教学年限的中年教师上(图 1，图 2)。

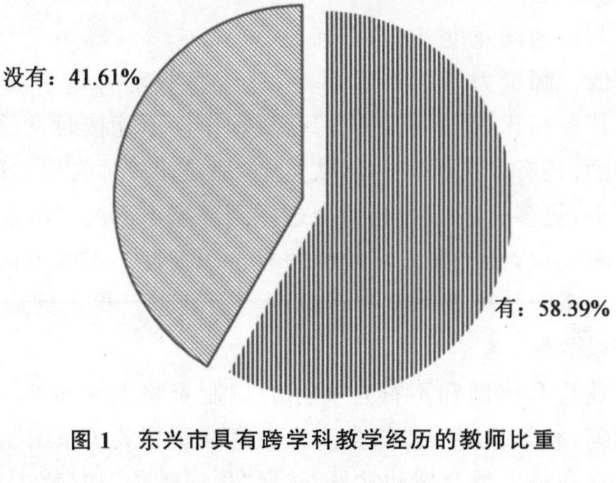

图 1 东兴市具有跨学科教学经历的教师比重

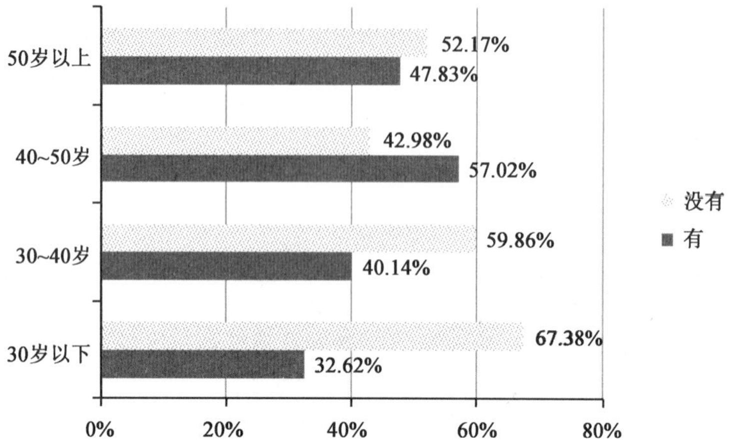

图 2　不同年龄段教师跨学科教学情况

内部交流的可行性会因为繁重的教学任务减少，甚至消失。学校内部，青年教师很少有机会通过“以老带新”的方式，向骨干教师学习教学技巧和经验，他们花费更多时间自行探索教学方式，但效果不一定更好。

三、问题的原因分析

上述东兴市教师问题，已经对当地教育产生了严重的影响，针对这种问题和现象，我们将深入分析深层次的原因。

(1)教师外流原因

①教师收入与待遇满意度差。

a. 工资待遇低。师资力量的严重不足，让大多教师背负了沉重的教学任务。但与繁重的教学任务相比，是不成正比的薪资水平。不能按时发放的基本工资，虚无飘渺地绩效奖励，还有口头承诺的津贴奖金，都是让教师失望的原因。尤其对比市区的高薪资水平，更多有能力的老师会选择到离家不远的城市任教。

薪水不能按时发放，会严重影响教师的教学积极性。不能否认，经济收入与社会地位的正相关关系会使得教师没有对应的社会地位。得不到应有的尊重，当地的教育观念更难以改变。

b. 困难的职业晋升体制和不符合实际的编制资格制定规则。根据国家对教育事业的相关规定，教师编制数量与学生人数存在正相关关系编制的有限，势必使得“顶岗教师”的存在越来越合理和常见，然而“顶岗教师”却存在太多太多的问题。

首先，“顶岗教师”资格比较容易获取，没有经过充分的考察，很难保证教学质量。由于无编制的影响，很难获得与正式教师持平的工资与保障，普遍来讲“顶岗教师”归属感差，一旦有机会考取编制，就会离开现在任教的学校，因此流动性高。

其次，具有编制的教师，对职称晋升仍感到绝望。通过访谈，我们大致可以窥探到一些根本问题，教师从教十余年，却因为职称职位已满的情况，在八年内没有任何晋升空间。

根据问卷数据统计，表1为各个年龄段，不同学历的教师对应的职称及编制情况。可以看出，无编制的情况主要出现在30岁以下的青年教师中，没有稳定的工作保障，青年教师就会积极考取其他地区教师编制，导致流动性高。

表1　不同年龄段对应职称数量情况

年龄	学历	一级	二级	三级	没有编制
50岁以上	本科	9	1	0	0
	大专	11	1	0	0
	其他	1	0	0	0
40～50岁	本科	27	0	0	0
	大专	73	4	0	0
	其他	7	1	0	0
30～40岁	本科	26	55	7	10
	大专	15	17	0	0
	其他	7	7	0	0
30岁以下	本科	1	47	5	102
	大专	0	3	0	26
	其他	0	0	0	2

c.住房条件不能满足需求。东兴市大部分教师宿舍条件差，不能满足教师需要。教师宿舍一般是2～3人一间，一般只配置床、书桌和凳子。在广西地处热带亚热带地区，夏天闷热，却没有空调、洗衣机等配套生活设施。由于居住、交通等诸方面条件不如城区，普通教师不安于现状，想调入城区，这些都制约着东兴市学校教学质量的提升。

②教师自我理想实现的诉求。

a.对学校发展前景不看好。在数据统计中，学校发展前景问题是仅次于工资待遇，最被教师看重的第二个因素。由于一所高中的限制，高中较差的生源质量比初中严重许多。由于防城港市中考后可以在全市进行择校就读，东兴市大多数有条件的家庭，都会到城市中就读，东兴中学也没有相应的招生优惠制度吸引好学生留下。俗话说“教学相长”，较差的生源不会提升老师的教学水平，导致生源与教学质量的恶性循环。同时，针对这样的现象，政府并没有相应的政策制度推进教学资源和生源的良好改变。

因此，学校的前景发展并不被老师看好，学校大多处于“不作为”状态，很难有突破性的改革。

b. 积极组织教师技能类比赛，提升教师职业成就感。东兴市教育局有关教师技能类的比赛并不多，其中较为重要的“青年教师优质课”约有 73.8％都参加了比赛，获奖情况也非常可观。约有 7.19％获得广西壮族自治区级称号，39.96％获得市级称号，26％获得校级称号。

可见，对于提高专业技能的比赛非常看重，也能够在全区获得较好的成绩，说明教师有潜质提高教学质量。

通过访谈对话，多数教师在角色评价中，普遍认为地位低下。除了教师本职工作外，还需要承担各级政府部门对教育相关的检查任务。导致教师时间大量分流，很难集中精力在提高教学水平，对此教师对此颇有微词。

同时，由于教学成绩不理想，教师工作得不到肯定，便丧失了许多精力和热情钻研业务，久而久之，情绪不高的教学、没有挑战的工作、没有实现自我价值的平台，都让工作没有成就感。

(2)教学投入不足

①不重视设备的维护与使用。2016 年，国家拨放东兴市教育局农村义务教育薄弱学校改造专项基金，东兴市共招标 2 240.84 万用于桌椅、多媒体教室及办公设备的购买。大量的设备使用却没有专门的维护机制，在走访时我们发现，许多学校都存在电脑大量报废的现象。另外，许多教学建筑老旧，多媒体设备维护延迟，不能满足教师使用要求的情况。根据调查显示，教师在教学过程中多媒体使用率已经达到 80％以上。而相关体育器材，在走访的 8 所学校中，普及率达到 100％，然而其中一些的体育器材使用情况不容乐观。其实教育投入不仅仅是财力支持，更是有意愿真正改变状况的负责人能够针对问题而做出政策改变。

②相关技能培训形式单一，不能满足需求。根据国家及东兴市教育局要求，教师每年需要参加 15 学分的集中培训和 30 学分的自主学习。由于地理原因和学生

上课问题,教育局的培训大多在广西境内,以传统授课的方式进行培训。教师们普遍认可(87.32%)培训的有效性,但对培训形式的多样化抱有很大的期待。

近年来,教育局也在向南宁中学进行互换教师的改革方法,收到了一定效果。然而由于时间、地理、经费等条件限制,不能支持绝大部分老师外出学习。这为提高教师教学质量、提高教学积极性产生了极大的障碍。

(3)教学质量较低

①教师学历及学历进修情况。根据数据反馈,大部分教师都有本科毕业的第一学历,并且通过对比最高学历可以看出,老师在自我进修方面有较高的自我要求,可以看出二者的成分中专科的比例明显下降(图3,图4)。

教师学历只能从一个方面反映教学质量状况,教学经验的积累是最为关键的部分。然而,学校缺乏相应的培养新人教师的机制,同时高质量的培训也比较受局限,因此教学水平相对较差。

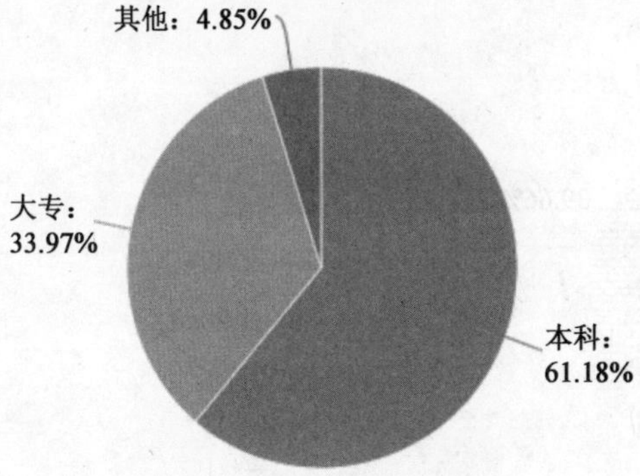

图3　教师第一学历情况

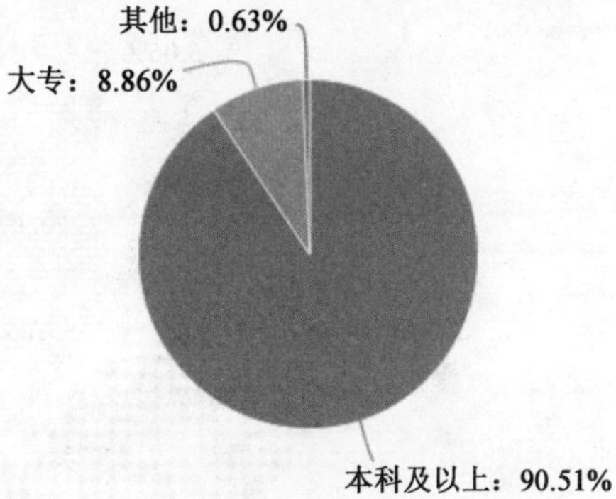

图4　教师最高学历情况

②教师教学经历少。图5,图6为教师教龄时间长短与跨学科教学的教师数量关系,我们可以看到缺乏师资力量的一个结果就是具有教学经验的老师承担了大部分的教学任务,而新人教师缺少成长机会。但是新人教师的占比又比较高,导致教学质量差。同时又由于行政材料撰写和编制问题,分散教师注意力,很难集中精力专注教学。

东兴市几乎没有专业的教师技能类比赛,缺乏一定的培养机制,那么就很难通过科学的评价标准,客观评价教师水平。

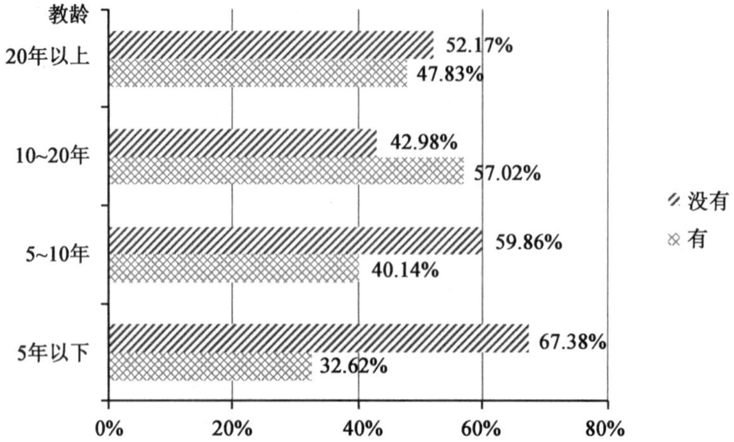

图5　教师教龄与跨学科任教情况表

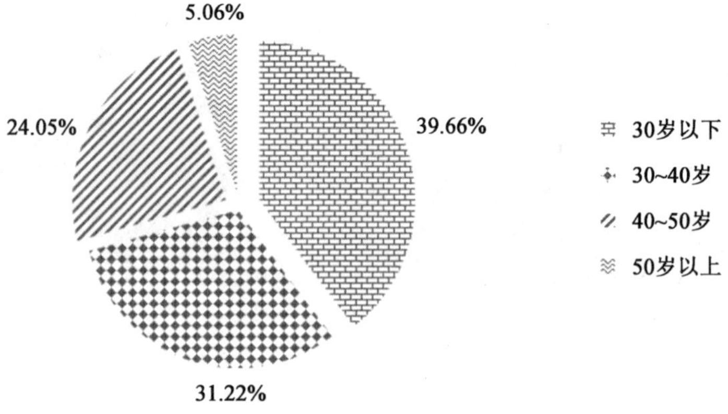

图6　各年龄段教师所占比例

四、政策建议

(1)落实教师工资福利待遇、提供社会地位

①提高社会工资福利(编制、无编制、改革职称晋升问题)。工资待遇差，是“跑教”现象发生的根本原因。只有真正意义上解决教师的经济问题，才能从根本上改变落后教学的现状，让老师安心教书。

此外，影响教师情绪的编制问题和晋升问题，希望有关部门能提出相应的政策支持。例如,认可“顶岗教师”的重要性,能够从根本上认同其工作所做的贡献。或许没有编制也能让这些年轻老师留下来。而晋升困难的问题,在绝大部分省市自治区都普遍存在,在晋升过程中能够有公开公平的选拔制度,再通过其他教学补贴,多劳多得的制度,教师的积极性也会被充分调动。

妥善安排教师住房福利。稳定的居住环境是教师工作稳定的充分条件。政府应当通过投资改善教师住房问题,更多的保留教师资源。

②提高社会地位。教师经济地位的提高才能增加社会话语权。根据马斯洛的需要层次理论,人的最高需求是实现自我价值,这一点在数据反馈中已经得到。学校管理者要“以人为本”,通过校园文化和政策制度,加强师生对学校的认同感和责任心,注重管理教师的方式方法,创造良好的教学环境,从根本上激发教师爱岗敬业的积极性,通过内在认同感留下的教师,一定会是未来教学质量的重要根基。

(2)提升和优化教育资源

①重视人才选拔(公开招聘、引进优秀教学人才)。优秀教师资源是教学质量良好的重要保障。因此,各个学校应当重视教育人才的引进选拔。通过公开招聘、引进优秀人才等方法,全面提升师资力量,通过教师标杆,培养教师系统,提供强大的教师后备军。

②由教育局统一布局,合理规划。如何进行资源配置是教育局在改革教育中应该重点考虑的问题。如果能合理地配置师生资源配置,那么起码能在可操作的防城港市内部获得最大的教学收益。

俗话说“教学相长”,互相促进是师生教学中一个显著的特点。优秀的老师总能用最合适的办法解决学生的学习问题,优秀的学生也能带给老师新的教学启发。因此,东兴市应该重视生源问题,在可操作的范围内,通过减免学杂费等方式,留下优质生源。

除了生源之外,硬件设施标准也是教学实力的体现。建筑陈旧、设备更新不及时等问题都是出现在工程结束之后,能够有专业技术人员,保持定期维修,也是保证教学正常进行的关键。

(3)全面提高教师素质

①严格遵守学校教学制度,对教师赏罚分明。在真正意义上建设校园规章制度,并能够严格执行制度,是学校以理服人管理的关键。只有在真正意义上严格规范教师的德育观念,整顿懒散,奖励优秀教育成果,才能从根本上赢得教师的信任。

减少非教学工作,集中行政任务,能够解放教师集中精力提高教学能力。真正意义上将绩效奖金措施落在实处,拒绝“大锅饭”。

②多样化教师培训机制。基于培训的重要作用。各学校应当重视培训的多

元化和灵活性。通过“以老带新”“一帮一互助”“同行交流”“校长跟岗培训”和技能的针对性培训,多角度提升教师教学技能,只有集中培训是远远不够的。多样化的培训,也可以培养专业人才,某一方面的技术专长也可以带动整体的发展和提高。

③多类型教学比武,在竞争中提升职业成就感(培养品牌教师)。举办教学比赛大比武,真正意义上奖励教师标杆性人物,对行业产生正相关激励。能够在系统中培养良好的教学氛围,从根本上提升教师教学的主观能动性。

“鸡”不可失:“光坡鸡”提纯复壮迫在眉睫

——港口区光坡镇光坡鸡品种资源的调查研究

李静云　中国农业大学动物医学院

李兴华　聂昌盛　中国农业大学动物科技学院

一、调研背景

在2018年“百名博士防城港行”活动的开展下,以及防城港市港口区科技局和防城港市郑氏绿色生态养殖有限公司(以下简称“郑氏公司”)的“光坡鸡提纯复壮”项目的实施下,实践队员对光坡鸡养殖情况进行了调研。该项目主要由中国农业大学动物科技学院曲鲁江教授、动物医学院陈耀星教授和王永强副教授提供技术指导。根据光坡鸡在当地光坡镇的养殖情况,实践队员分别走访了郑氏公司、散养农户和镇政府,系统地了解了光坡鸡的品种特点、历史来源和目前现状等,并初步完成了光坡鸡遗传资源调查报告,为后续的光坡鸡的提纯、选育、复壮项目的实施,以及申请评定光坡鸡的地方标准,建立光坡鸡基因库及原种鸡场和光坡鸡标准化养殖基地奠定基础。

1. 基本情况

光坡鸡是在当地经过长期的自然选择和闭锁繁育而形成的肉用型地方优良鸡种,具有耐粗饲和抗病力强等特点,而且其肉质鲜美,非常适合制作白切鸡,这也是大部分防城港人民烹饪鸡时的做法。光坡鸡外貌主要特点为体型略似圆,前驱较小,后驱丰满。光坡鸡(多为阉鸡)在市场上供不应求,销售价格24～35元/千克。因为当地农户在养殖光坡鸡时坚持在室外或林地间散养,鸡在树下和附近田地中可以自由觅食虫、草，傍晚鸡会主动回窝中休息。除稻谷和玉米以外，并不饲喂其他任何饲料，这种贴近于原生态的养殖过程，不仅仅让鸡在生长的过程中有了更大范围的活动空间，同时也具有更长的生长周期。据当地的养殖户介绍，光坡鸡从鸡苗到可供出售的成品鸡，饲养期 8～9 个月。在这样一种养殖环境和生长周期下，出栏的光坡鸡体重大多为 3～3.5 千克（图 1 至图 3）。

图 1　光坡母鸡

图 2　光坡公鸡

图 3　光坡阉鸡

2. 历史来源

在 1950—1969 年，活鸡是防城港主要出口产品之一，主要由食品部门按国家计划向农户派购供口岸出口，每年出口量 2 000～3 000 只。1971 年，防城区外贸局会同食品部门采取优惠措施收购活鸡，每销售一只鸡奖售化肥 1 千克，使当年收购活鸡达 38 637 只。1981 年，县外贸局帮助光坡养鸡场进行改良品种，使光坡鸡在 1983 年的广西畜禽产品肉质鉴定评比会上获得第一名，并受到港澳专家的好评。1985 年入选《广西畜禽品种志》。1987 年宋文斌、赵华伦、杨子亮、吕毅、陈开云等开展过《光坡鸡品种资源调查》，并且获自治区农牧渔业技术改进四等奖。

1995年防城港市防城区农业局的杨子亮、吕毅发表了关于光坡鸡选育的文章。但是系统性选育和保种工作没有进一步延续，目前也尚未通过国家畜禽遗传资源鉴定。

3. 目前现状

根据相关文献的统计，2015年光坡镇的光坡鸡饲养量在28万羽左右。在光坡镇产区有10个3 000羽以上光坡鸡养殖基地或公司。2017年光坡镇达到万羽以上规模的光坡鸡养殖基地（合作社）的主要有5个，其中包括郑氏公司。郑氏公司养殖的光坡鸡是2010年从祖辈家族传承养殖的1只公鸡和6只母鸡开始繁育，发展到全自动化设备孵化，完全通过自孵自养。经过持续的保种提纯繁育，基本上可以保证品种的纯正。因此“光坡鸡提纯复壮”项目的进行主要还是依托郑氏公司。

目前，光坡鸡尚未进行过系统化选育，也无品种资源标准。使得光坡鸡受外来鸡种的杂化风险增加。因此，光坡鸡亟须进行资源的挖掘、保护和标准化鉴定。

二、调研结果

中国各地丰富的地貌和气候特征使得很多地方品种在体型、羽色方面具有各自不同的特点。了解光坡鸡的体型外貌和生产性能的特点，是进行品种资源鉴定和保护的前提。为了了解当前光坡鸡的这些特点，我们对光坡镇光坡鸡原种场和当地农户进行了走访调查，对于光坡鸡的品种特点总结如下。

1. 成年禽、雏禽羽毛的重要遗传特征

公鸡：上体羽毛大部分为红色或橙黄色，梳羽和翼羽末端带有黑色条纹（在群体种占比80%），尾羽为黑色。

母鸡：上体羽毛大部分为麻羽，其黑色条纹自颈部向后辐射；部分母鸡缺少黑色条纹（在群体种占比30%）。

雏鸡：雏鸡绒毛呈黄色。

2. 肉色、胫色、喙色及肤色

公鸡：肉色为白色，肤色为黄色。胫为黄色，无胫羽。喙黄色。

母鸡：肉色为白色。皮肤、胫、喙均为黄色。

3. 外貌描述

(1)体型特征

公鸡：体型较小，体质结实而灵活，呈“元宝”形，胫部较短。

母鸡：体型小而紧凑，呈“元宝”形，腿和脖子较短，尾羽上翘。

(2)头部特征

公鸡：头部紧凑，脸部、肉垂和耳叶均呈鲜红色，单冠，冠色鲜红，冠齿5～7个。眼睛中虹彩的颜色为橙黄色，无胡须。

母鸡：头部紧凑，单冠，有5～7个冠齿，冠、肉垂和耳叶为鲜红色。眼睛中虹彩的颜色为橙黄色，无胡须。

4. 体尺和体重(表1)

表1 成年光坡鸡体重及体尺

性别	体重（千克）	体斜长（厘米）	胸深（厘米）	胸宽（厘米）	龙骨长（厘米）	骨盆宽（厘米）	胫长（厘米）
公	2.12±0.28	18.02±2.23	12.19±0.95	6.19±0.46	12.03±0.49	6.27±1.03	9.30±0.52
母	1.15±0.13	17.05±1.60	10.22±1.87	5.61±0.34	9.27±0.64	5.58±0.71	9.02±0.61

5. 生产性能

(1)产肉性能

屠宰测定：光坡鸡公鸡的平均屠宰率为90.48%，半净膛率84.05%，全净膛72.87%。母鸡的平均屠宰率92.66%，半净膛率81.28%，全净膛68.07%。

(2)蛋品质量

平均蛋重46.68克，蛋形指数1.24～1.51；蛋壳颜色为粉色。

6. 繁殖性能

光坡鸡公鸡的性成熟期在90～120日龄。母鸡的开产在142～165日龄，年产蛋110枚左右，平均蛋重约46.68 g。公母配比为1∶10左右，种蛋受精率在82%，受精蛋孵化率74%以上。

7. 饲养管理

光坡鸡抗病性强，耐粗饲，肉质风味浓郁，深受当地人民喜爱。当地农户一般在自家庭院进行散养，鸡在树下和附近田地种觅食虫、草，傍晚鸡自动回窝里栖息，村民多于傍晚饲喂玉米或稻谷。此外，有经验的养殖户发现如果使用海鱼进行饲喂，可以增加光坡鸡的肉质风味。

三、存在的问题

在近7天的调研中，实践队员根据光坡鸡在光坡镇当地的养殖情况，实践队员分别走访了郑氏公司、散养农户和镇政府，发现了散养农户和养殖企业在养殖过程中存在的一些问题。

1. 鸡性状不均一

实践队员在多次走访郑氏公司的林地放养基地、种鸡饲养舍等地后，发现虽然其光坡鸡种鸡是从祖辈世代传承养殖的1只公鸡和6只母鸡开始繁育，而且坚持自孵自养，但鸡群中还是存在体重均匀度较差和羽色表型不统一等现象。

在对光坡镇新兴村中散户养殖光坡鸡的情况调研时，实践队员发现养殖户所养殖的鸡来源不一，有直接从市场上买来的，也有属于扶贫工作由政府从郑氏公司采购赠送的。虽然散户养殖的鸡是在光坡镇养殖，都统一称为光坡鸡，但由于鸡苗的来源不一，所养殖出的鸡的外貌特征也都差别较大。

2. 不同来源鸡群混养

在走访散户养殖光坡鸡的情况时，实践队员发现养殖户所养殖的鸡来源不一，而且养殖户将不同来源的鸡群混养在一起。这就有可能使得一个鸡群所携带的病原传染给另一个鸡群，增加鸡群发病的风险，有些鸡出现了咳嗽、呼吸困难、喘息等症状甚至死亡的情况。

此外，一些养殖户鸡群养殖的地方靠近水塘边。因为水禽可携带许多病原，例如水禽携带有目前已经发现的所有亚型禽流感病毒。水禽携带了这些病原，自身可不发病，但可使与其接触的鸡群发病，增加了鸡群发病的风险(图4)。

图4　不同来源鸡群混养在水塘边

3. 防疫意识不足

实践队员在对郑氏绿色生态养殖有限公司的林地放养基地、种鸡饲养舍等地调研时发现其防疫工作没有做到位。在进入郑氏绿色生态养殖有限公司的林地放养基地时，实践队员们发现虽然在道路上设有消毒池，但池中并无消毒液。林地放养基地中的消毒室也未正常投入使用(图 5，图 6)。

图 5　消毒池中没有消毒液

图 6　消毒室未正常投入使用

4. 技术支持不足

实践队员在与郑氏绿色生态养殖有限公司郑小艳经理交谈的过程中了解到现在公司里存在年轻技术人员不稳定、大龄工作者接受新技术较慢等问题。而且一些养殖散户在鸡群发病后也缺乏正确疾病诊断及治疗指导，只能是自己到兽药店买些药来对症治疗，然而治疗效果也不明显。

四、解决方案

实践队员针对在调研过程中发现的问题进行查阅资料，提出了以下解决方案。

1. 系统选育

针对鸡群性状不均一的问题，就要进行系统选育工作。虽然人们统一称在光坡镇养殖的鸡为光坡鸡，但是其提纯复壮还是需要找到纯正的鸡种。之后的提纯工作除了郑氏种鸡场的鸡外，还可以从光坡镇一些光坡鸡养殖户里找纯正的光坡鸡来提纯。据了解，光坡镇一些光坡鸡养殖户的鸡也是自孵自养的，而且品种还较为纯正。对于初代未进行过系统化选育的品种，可以优先对羽色、冠性、体重等质量性状或高遗传力性状进行选择。经过开始的 2 ～ 3 代育种选择，便能迅速固定该品种的基本遗传特征，提高品种的纯度和整齐度。此外我们需要在选育过程中注意保持群体的遗传多样性，尤其要避免因为过度近交导致的近交衰退，如此可为未来不同的育种反向保留优良基因的遗传潜力。

2. 正确指导

对于散户养殖中将不同来源的鸡群混养及将鸡群饲养在水塘边的问题，农业、畜牧等相关部门要加强指导，建议养殖户将不同来源的鸡群分开饲养，而且避免鸡群与鸭子等水禽有接触的机会。如果是养鸡扶贫项目，建议提供简单易懂的养殖手册，向养殖户介绍最基本的养殖技术。

3. 增强防疫意识

然而随着养殖规模的逐渐扩大，疫病发生的风险也会随之增加。为长期发展考虑，进行规模化林下养殖的过程中要注意控制鸡群的饲养密度，保持鸡舍良好的通风和干燥程度，避免粪便过度堆积。此外还要做好免疫接种工作。

4. 增加技术支持

畜禽遗传资源的鉴定需要在有相关工作经验的权威专家的指导下进行。光坡鸡的提纯复壮项目需要政府、企业和高校三者协同合作，尽可能地加大光坡鸡遗传资源保护和开发力度，丰富我国的鸡种资源基因库，争取打造光坡鸡成为知名品牌，促进当地养殖业的发展。为了充分利用光坡鸡这一地方良种，需要多个领域的专家提供各种先进技术支持。除了家禽育种专家，其他领域的技术支持也非常重要。在未来有必要开发更符合现代消费习惯的下游产品，完善物流体系，开辟销售渠道。如果能打造一个完整的产业链，上游的育种工作就会有更多的动力。

五、总结展望

经过近 7 天的调研，实践队员对光坡鸡产业在防城港市的发展有了更详细的了解，初步完成了光坡鸡遗传资源调查报告，为光坡鸡的选育工作奠定了基础。光坡鸡在防城港市有非常美好的发展愿景，但是目前的光坡鸡养殖还存在着一些问题。散户的养殖还缺乏规范的指导，对于品种还没有形成概念。科学的防疫措施应该得到重视。未来还需要进一步对光坡鸡的生产性能进行测定，将育种目标进行量化，解决光坡鸡体重均匀度差等基本问题。

此外，实践队员在港口区科技局工作人员的带领下参观了港口区红沙湾海水养殖基地，由广西鑫润养殖有限公司和西江环境能源科技产业有限公司合作出资建设的渔光互补光伏发电项目，即地面工厂化渔光养殖，地上光伏高效发电，是“一地两用、集约高效”的渔光互补新模式。通过参观以上两个水产养殖基地，实践队员对于港口区的水产养殖有了进一步的了解，被水产养殖的规模化和现代化所震撼，也感受到了防城港市畜禽养殖业与水产养殖业之间的差距（图 7）。

对于光坡鸡产业，我们有必要投入更多的人才和精力，发挥政府的引导和高校的技术优势，朝着现代化养殖的发展方向迈进。

图 7　港口区郑氏肉鸡养殖场调研

智能化:粮油生产工艺提升的“助推器”

——澳加粮油料仓结拱及装备优化建议

吴亚垒　中国农业大学工学院

澳加粮油产业技术研究有限公司是一家集综合性、科技型为一体的粮油加工企业,其于2017年获得了“广西民营企业50强”等荣誉称号,其现有“民得福”和“海石花”两种品牌,正在推广“九龙桂”品牌。在调研中发现,料仓卸料过程中存在严重的物料结拱问题,为此在区政府的帮助和配合下,我们与澳加粮油产业技术研究有限公司的工作人员针对料仓结拱的现状和存在的问题进行了深入的了解,并针对具体的问题提出了一些可行性的建议与意见。在公司进行为期一星期的调研后,将撰写的调研结果反馈给政府和企业,以期为防城港的粮油加工行业提供参考,贡献我们自己的微薄之力。

一、澳加粮油料仓装备现状

1.粮油料仓装备作业概述

料仓是粮油加工行业的主要设备之一,排料口是料仓的关键部位,其构造直接影响料仓的工作性能。影响料仓排料的重要因素是料仓倾角,该因素对物料排料均匀性有极其重要的影响,为料仓结构的设计提供了依据。现在较为流行的是漏斗形料仓,该料仓的设计遍及化工和农业等相关领域。物料必须保证流畅性是下料过程中重要的研究问题，从某种设计程度来说，物料真正达到在料仓出口不发生结拱，不堆积物料现象的发生。

2. 粮油料仓装备现状分析

漏斗形料仓结构如斜面倾角的设计一般依据以前的经验，但是这样的结构设计经常出现出料不畅，堵死现象，严重影响生产的连续性，对此普遍采用大锤敲击震荡使得物料均匀滑落。除拱人员在作业过程中，时常会出现物料掩埋员工事故的发生，难以保障员工的生命安全，最终给粮油企业造成的经济损失也较为严重（图 1）。

图 1　澳加粮油料仓除拱作业

二、澳加粮油料仓装备运行存在的问题

1. 物料的物理特性造成的滞留

物料的特性是随着不同产地、不同季节的变化而变化，由于物理参数的变化容易引起物料在料仓壁的黏附。结拱及仓壁黏料等是物料在料仓内流动过程容易凸显的问题，使得物料不能均匀且顺利流出。同时物料在料仓内存储时间过长后，流动性变差问题成为料仓难以下料和料仓出口物料板结、滞留的关键问题。

2. 料仓设计不合理

方形和圆形一般为料仓上部的普遍构造，相对来讲锥形和变截面设计更适合料仓底部设计。物料发生了结拱的详细原因主要基于两者的共同作用，料仓出口过小以及料仓设计的锥体角度设计不合理导致的。

3. 物料的存储时间过长

存储料仓较大，大豆等物料在料仓内有较长的储存期，物料自身容易出现压实的问题，使得物料之间的接触更为密集，严重影响了物料的流动性，板结问题随之出现。

4. 料仓设计中存在的常见问题

料仓内长时间的堆积造成的压实以及料仓结构设计的不合理等原因，使得物料在下料的过程中出现诸多问题，漏斗流情况的出现在配料过程中（图 2），料仓内物料堆积，不能下料（图 3），料仓壁面出现严重的板结现象（图 4），料仓壁严重的黏附滞流（图 5）。

图 2　物料流动出现的漏斗流

图 3　物料难下料人工捅料

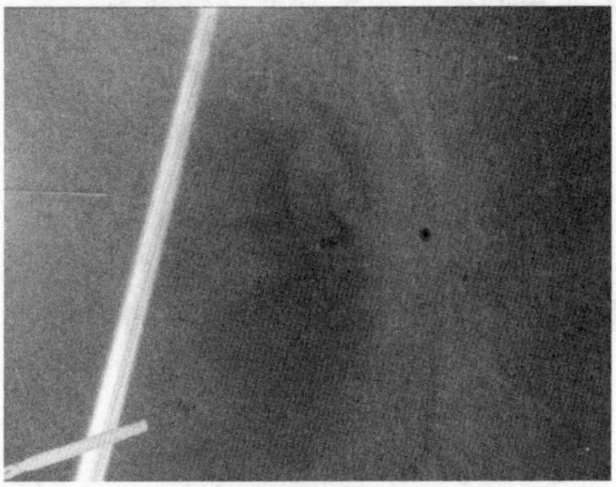

图 4　料仓壁出现严重的板结现象

图 5　料仓壁出现严重的黏附滞流

三、料仓结拱建议与对策

料仓结构的设计很难做到完美，此外，料仓出口影响到了物料的流畅性。针对该问题，博士团成员展开了讨论，有些通过上网查询文献，发现空气炮和助流气垫对料仓出口的结拱物料一方面形成震荡，另一方对料仓壁面形成保护作用，方便快捷实现除拱。

1. 空气炮

空气炮，在巨大的气流瞬间的作用力下，使得物料的结拱和黏滞区域被挤入大量的气体能量。急剧膨胀的气体所凝聚的能量使料仓内的物料恢复重力流动，瞬时能量同时使料仓底部出口继续起到输送物料的作用，保证生产的连续性，真正克服物料对料仓壁的黏结力。空气炮装置依据空气动力原理：在电动换向阀装置作用下，压力能被迫变为射流动力能，最终在极短的时间内转为巨大的能量。该装置的优点主要为结构简单、方便且安全、冲击作用大、不破坏料仓壁面等。

2. 助流气垫

助流气垫，布置较为灵活且可以进行多个不同的位置进行排布。该装置对仓壁结构没有任何的破坏作用，使得物料能够在装置的作用下急剧震荡，充分流动。它具体的实现形式是通过硅胶垫均匀排布在料仓出口的周围，然后在气流的辅助作用下，流入胶垫内部，使得胶垫与料仓壁面发生震荡，从而带动结拱物料发生间歇性震荡，有利于物料的均匀排出。

3. 结构形式改善

双曲线的料仓出口结构是相对较佳的曲面设计形式，粮仓采用圆形结构相较于方形和矩形结构要合理一些，较为圆滑，无死角问题且圆形仓流动性较好。针对物料的物理特性，尽量选择加大料仓出口的尺寸大小，针对大型料仓，也可以通过多个料仓出口等措施解决，便于物料的流出。

4. 加工工艺

在加工工艺上面，在料仓壁面进行抛光打磨等加工工艺，使得大豆等物料与料仓之间的物理摩擦系数降低，从而减小其相对作用力，便于大豆等物料的流畅性，提高加工工艺要求可以减少物料与料仓壁面地摩擦系数，避免物料的堆积以及黏滞问题的发生。

5. 合适的出口气压

在查询大量文献的基础上，结合企业料仓出口结构设计，当料仓出口位置处于负压状态,更为有利于物料均匀下落,但是该前提较适用于较小料仓结构及料仓内物料压实现像不明显的情况下。虽然该措施对于物料的均匀下落起到了一定程度的帮助,但是在实际的研究中还是会出现一系列结拱问题引发的物料堵塞等情况,这就需要有一套成体系的解决方案来实施除拱操作。

四、防城港粮油行业料仓结拱问题的对策与展望

料仓结拱仍然是一个亟须改进的大问题,不同的企业公司都有针对本设备一些俗套的除拱措施,可是对于普遍存在结拱问题适用性和实用性较差。除拱过程中,减轻劳动强度以及人身安全问题仍然是一个重要的前提,同时成本和利润问题也不容忽视。此外,这次"百名博士老区行活动"让我们受益匪浅,博士团深入生产车间和各部门员工进行交流学习,找到了生产过程中的一系列问题,如轴头漏料、料仓结拱和滤网堵塞等问题,并针对具体问题进行了具体分析,发挥专业特长,最后每位同学提出了初步的解决方案和具体措施(图 6)。澳加粮油作为民营企业,"决策快,转型快"是它成功的重要因素。与其他企业的不同在于创建之初就采用人工智能方式进行管理生产,通过实时数据来监控产品生产过程,实现工作高效以及质量稳定。通过此次调研和深入了解,相信澳加的明天越来越好。

图 6　澳加粮油料仓结拱调研团队

发挥农业资源优势　探索创新发展模式

——广西防城港市上思县农业发展调研报告

张克瑜　中国农业大学植物保护学院

2018年7月16～23日第七届“百名博士防城港行”科技服务活动如期举行，我作为“百名博士防城港行”上思县分团的一员有幸在上思县度过了几天充实而有意义的时光，从陌生到了解，从调研到学习，上思县给我留下了深刻的印象。我们上思县农业局调研小组在当地领导的陪同下3天的时间里走访了7个特色农业示范点，主要从产业结构、种植规模、病害防治、销售渠道和宣传推广等方面进行了调研。

一、上思县农业概况

有着“中国氧都”“中国老年人宜居宜游县”“全国十佳生态休闲旅游名县”等称号的上思县气候宜人，雨量充沛，资源十分丰富。上思土地广阔而肥沃，耕地面积65万亩，林业用地281万亩。上思是林业大县，十万大山名气响亮，森林覆盖率达到61%，还种有大面积的速生桉林，其年产木材达65万米^3，松脂有2万多吨，全县兴办了复合木地板、纤维板、胶合板等企业。上思是农业县，全县农业产业化初具规模，建立了水稻、甘蔗、中药材、香糯、香橙、澳洲坚果等生产基地，也建立了越来越多的生产加工企业，香糯、香菇、蜂蜜、八角、玉桂等土特产在区内外享有盛名。全县大面积种植甘蔗，由此带动制糖、制酒产业快速发展。行走在上思县，感觉满眼都是绿色，空气清新，良好的物产资源和生态环境是上思县的优势，催生着上思经济不断发展，把美丽风光变身美丽经济，创造美好生活。

二、调研行程及情况

7月17日上午，我们首先参观了广西上思壮传实业有限公司，该公司成立于2017年，是广西大食牛科技集团的子公司，主要从事粽子及其他特色食品的生产加工，其大规模的加工基地目前还处于规划建设中。我们参观了生产车间和展示的产品，还品尝了其具有专利技术的水晶粽，剥开粽叶，可见粽子外观晶莹剔透，味道Q弹可口，深受好评。

其次，我们前往上思县农业科学研究所上思香稻试验站进行调研，岑所长带我们参观了糯稻的品种试验田和育苗棚，主要介绍了“三粒寸”“金香糯”“丰糯1号”品种，研究所全年开展早晚两季水稻新品种区域试验和生产试验。在参观试验田时我们发现有部分品种倒伏严重，是由于水稻茎秆过长造成的，岑所长说实现水稻矮化而又不改变原有基因是迫在眉睫的问题。

下午，我们来到上思县怡诚农业科技开发有限公司，该公司拥有5 300亩的十万大山坚果产业(核心)示范区，建立于2015年，在种植大面积澳洲坚果树的同时也在摸索实施林下套种农作物和养殖家禽，充分发挥土地资源的最大效益，逐步建立生态农业产业园，计划实现澳洲坚果“苗木培育—种植—精深加工—产品销售—农旅观光”一体化的产村互动经营产业格局。目前存在一些土壤耕作层浅、病虫害等问题。

18日上午，我们来到了上思县那琴乡排柳村，经村支书和第一书记介绍，我们了解到当地主要以种植柳心红香橙为主，2016年成立了专业合作社，核心基地种植面积1 000亩，辐射带动周边种植面积已超过2 600亩，全村种植农户90多户，村党支部也紧抓电商发展机遇，采取“互联网＋集体经济”模式，不断拓宽销售渠道，产量高、销量好，年收入可观。目前主要问题是存在病虫害，尤其是毁灭性病害黄龙病、潜叶蛾、飞虱等，还存在一些林地坡地荒废的情况。

下午，我们来到了上思县思甜土特产贸易有限公司进行调研，该公司主要经营农产品的加工和销售，目前公司主要销售花生(黑皮、红皮花生)、蜂蜜(百花蜂蜜)、玉米(即食甜糯玉米)、香糯、艾粑、粽子、香菇、云耳、花生油、山茶油等产品，以蜂蜜和香糯的效益最大。公司采用与农户合作的模式，收购原材料进行加工，但土地资源使用不当使得原材料不够，往往供不应求，目前订单量较多，年收益可观，但宣传力度不够，且电商发展缺乏。

19日上午，我们参观调研了上思县长德现代生态农业示范区，处于十万大山森林公园和皇袍山公园中间的优越地理位置，基地历时两年多的发展规划，现已初步形成规模，生态良好，风景优美，景观多样化是我们的切实感受。致力于澳洲坚果、沃柑、凤梨、莲藕及小龙虾养殖等产业化发展，重点打造立体种养与观光旅游融合发展理念。公司目前还处于建设中，尚未有收入。

离开长德，我们便直奔皇袍山公园，下午我们在皇袍山大果山楂生产基地进行调研。时值7月，树上已挂满了青色的果实，挂果可一直持续到12月采收，增加了观赏性。大果山楂成熟时呈梨形，与普通山楂相比，味道特殊。山楂种植、管理技术较为成熟，基地拟进一步扩大大果山楂种植面积，并辅助种植火龙果和葡萄等其他水果，目前主要以采摘园与观光旅游的形式为主，同时也配有食品加工产业，制成山楂汁、蜜饯果脯等销售。

三、发展对策与建议

1. 土地资源的合理利用

(1)上思县是农业大县，然而却面临可耕作土地不够用的情况。当地政府部门应该对土地整体布局，按照需求和生产规模规划土地种植农作物，使土地效益最大化。

(2)进行土壤改良，不仅能使废弃土地利用起来，而且能有效保护现有耕作土地的质量。增施有机肥，减少化肥的使用量，有机肥是用来补充腐殖质的最主要要素。大力推广秸秆还田技术，或者将田间杂草铲除后直接覆盖于土壤表面，来增加土壤的有机质含量，改善土壤结构。推广测土配方施肥技术，优化肥料的施用结构，减少施肥盲目性，做到科学平衡施肥，提高肥料利用率，节本增效，且提高耕地的质量，使得土壤养分结构得到改善，耕地质量明显提高，从而提高产品品质，使作物的生殖生长和营养生长达到平衡。

(3)发展林下经济。林下经济是一种借助林下的土地资源和林荫空间，选择适合在林下生存的动植物和微生物种类，进行种植、养殖和休养生息等的可持续经济模式。林药、林菌、林禽、林畜等模式都是目前我国较为常见的林下经济发展模式。在本次调研中，有同学提出了可在林地坡地种植白芨、石斛、黄连、重楼、三七等中草药的建议。也可在林下养鸡等家禽，既可啄食昆虫，减少虫害，粪便也可作为肥料处理，形成良性生态循环链，可在上思县先试点再推广。

2. 增加对农业者植保知识的培训

(1)树立“预防为主，综合防治”的植保方针。比如，柑橘“癌症”黄龙病，目前对于黄龙病尚没有有效的防治药物，一旦发现病株要立即挖除焚烧，所以对于该病害的预防极其重要。柑橘黄龙病的人为传播主要是通过带病接穗的嫁接和带病苗木的调运，自然传播是通过取食病树后的带菌柑橘木虱再取食健康树来完成，所以首先要保证无病苗木，并且要对地里的木虱进行监测，一旦发现木虱要立即处理，修剪枝叶的剪刀要用酒精消毒后再使用。

(2)避免大面积种植单一品种作物，采用间作套作模式，可有效避免病虫害。在景观多样性、物种多样性、遗传多样性等不同领域的众多研究均证明，生物多样性丰富的农业生态系统可以有效地形成病虫害的“缓冲带”“隔离带”和“防火墙”，降低病虫害的发生趋势，采用间作套作的种植模式对农田生态系统进行优化布局能够提高生物多样性，将不同种类的作物或者同一作物的不同品种按照不同的组合方式进行合理的间套作，能够使病虫害的发生控制在许可的范围内。

(3)对于当地常发生的病虫害要有基本的认识，比如，柑橘潜叶蛾的防治可叶面喷雾苏云金杆菌。溃疡病可选用碧穗(40% 戊唑噻唑锌悬浮剂)600～750 倍或碧生(20% 噻唑锌悬浮剂)400 倍进行叶片喷雾。炭疽病的早期防治可喷施波尔多液进行，在发病初期可喷施 50%多菌灵可湿性粉剂 700 倍液或 80%炭疽福美可湿性粉剂 700～800 倍液，发现病叶病果要及时消除。

3.农产品生产加工的优化与发展

(1)加强农产品基地建设，充分发挥当地的农业资源优势，扩大基地的规模，提高基地的水平，形成布局合理、效益显著、特色鲜明的农产品生产基地，同时要加快基地与加工龙头企业的对接，以龙头企业为主体，按照优质、高产、高效、安全、生态的要求，建成一批标准化的农产品加工原料基地。

(2)推行农产品加工品牌战略，大力实施农业标准化生产，严格遵守产地准出、市场准入制度，保证农产品全程的质量控制和责任追溯，推动农产品 ISO 9000、GAP、HACCP 等质量安全认证，打好农产品品牌的发展基础，提升农产品品牌的内涵。还要开展农产品产地保护、地理标志、证明商标等注册，可以引导相同种类、相近品质的龙头企业或专业合作组织等使用同一品牌，进一步整合品牌资源，把品牌做大做强。定期或不定期地进行农产品认证工作，建立品牌奖励机制，对获得国家和自治区“名牌产品”称号的农产品以及“驰名商标”的农产品，给予一定的奖励，并在其项目建设上给予重点倾斜。

(3)加大宣传力度。比如，在此次调研中我们了解到上思香糯的蛋白质和微量元素含量远高于其他地方的香糯，且有“一家煮糯全村香”的传说，上思县还有许多富硒农产品，当地应当抓住一些能够吸引人的特点来加大宣传，让上思县土特产及上思品牌走出去，让更多地人们知道。同时也要拓宽销售渠道，紧抓电商发展机遇，也可在机场、车站和旅游景区等人口流动较大区域铺设分销点，也要加强与其他地区的合作，在防城港市区或其他城市设立销售点。

四、总结

在上思县调研、生活的这些天，我感受到了上思县绿水青山的美景，也感受到了上思县的蓬勃发展，不断探索和实践，充分发挥上思县的优势，祝愿上思县的明天更美好！

上思县农业局负责人介绍当地水稻种植情况

聚焦现代农业　科技助力致富

——上思县农业生产现状及发展对策

江冰冰　中国农业大学植物保护学院

近年来，防城港市上思县不断改革学习，随着一村一镇示范点的推入，不仅有效地推动现代化农业示范区的发展，为生态宜居乡村建设打下了坚实基础。同时也推动立面改造、环境整治、公共空间营造等方面为村民提供了更好的生活条件。

一、调研行程及生产现状

本次调研活动主要集中于2018年7月17～19日，深入当地主要以农产品生产、销售、加工、观光为主的企业，主要行程安排如下：

在2018年7月17日上午，我们一行7人在上思县农业局黄文彬副局长和黄稠民主任的带领下来到了当地食品龙头企业广西壮传实业有限公司。彭忠聪总经理为我们介绍了公司情况，公司以充分利用本地区域优势——上思香糯产业，发展传统美食文化为己任，目前已成为广西粽子行业的龙头企业。公司经营香糯种植、粽子生产加工和产品销售配送的产业链，由当地政府引导推广，响应国家“一县一品”的产业布局，将上思打造成世界的“粽子之都”。随后我们来到了上思县农业科学研究所广西香稻试验站，也就是对香糯生产进行选种的地方，热情的岑所长接待了我们，为我们讲解了所有的基本情况，与企业合作，推广优质的上思糯米品种是主要工作内容由于糯稻易倒伏，选出优产、短茎秆的稻种以适应当地的季风气候，如何在控制原有性状的同时进行矮化成为所里急需解决的问题(图 1)。

图 1　上思县以香糯为原材料的粽子生产车间及品种选种基地

17 日下午我们一行 7 人来到位于思阳镇明哲村的坚果示范区，以种植澳洲坚果为主，种植葡萄等高效果蔬为辅的农业示范区。经上思县怡诚农业科技开发有限公司总经理韦恒宇的介绍，实践团成员了解到坚果示范区的发展理念、发展现状及目前发展中的问题与需求。经过三年的建设，示范区已引进桂热 1 号、695、A16 等优质澳洲坚果品种并完成坚果标准化种植 5 300 亩，在此基础上多样化的发展田园综合旅游产业，通过“公司＋现代农业园区＋农户(土地入股)＋统一标准”的经营模式(图 2)。

7 月 18 日，来到上思县那琴乡排柳村柳心红香橙种植基地。红香橙一直是上思县那琴乡排柳村的主要收入来源，小组成员与村支书开展了座谈会，了解当地情况，参观了种植基地，对柳心红香橙的种植技术、病虫害防治、销售渠道提出了建议。

图 2　上思县坚果生产基地及坚果生长现状

博士团成员指出柑橘黄龙病、溃疡病、炭疽病应做好预防工作，抓紧电商发展机遇，采取“互联网＋集体经济”模式，不断拓宽销售渠道，针对上思县地区的气候及地势条件，提出可发展林下经济，种植三七、重楼、石斛等中药材，在红香橙林间养殖珍珠鸡、山鸡等禽类，减少果园林虫病害，达到了生物治虫，促进地方农业持续健康发展，实现农业增效、农村美化、农民增收、社会和谐。下午来到防城港市上思县思甜土特产贸易有限公司。本公司是当地土特产集生产、加工、销售一体化龙头企业，梁仕莹经理给我们介绍了公司生产现状以及面临的发展问题，组员对各种问题提出了自己的见解，也对公司未来的发展提出了创新性的建议。梁经理带领组员参观了展品，并品尝了包装的鲜食玉米，纷纷表示口感、风味俱佳。博士团农业局分队成员在分析了企业产业结构和产品质量后，建议企业打通电商销售渠道，突破技术瓶颈，同时加大宣传投入，力求让味美质优的上思土特产走向世界（图 3）。

图 3　上思县红香橙种植基地及农产品加工产品展示

2018 年 7 月 19 日来到上思县长德现代生态农业示范区和黄袍山大果山楂基地，上思县长德现代生态农业示范区，致力于澳洲坚果、沃柑、台湾凤梨、荷花莲藕、小龙虾养殖等产业化发展，紧扣“加快农业结构调整，大力发展特色农业”的主旋律。同时，示范区以帮扶农户脱贫致富增收为核心，以“公司＋合作社＋农户”的模式，存在土地流转增收和以小额贷款与企业牵手入股分红两大方式，帮助群众发展致富。下午，我们来到了黄袍山大果山楂基地，基地占地面积 1 000 多亩。预计 5 年将黄袍山打造成“十里山楂”旅游景区。实地考察发现，大果山楂树存在轻微叶片烧伤现象，我们鉴定认为是药害现象，建议在技术管理时要减少农药的使用，打造绿色采摘园。另外我们考察团建议在大果山楂基地可以种植植物防护带，来防止病虫害带来大面积的损失，植物防护带可以种植经济果树作物凤梨和葡萄(图 4)。

二、存在问题

上思县对于农业生产的气候环境是得天独厚的，物种丰富经济作物较多，在县政府的大力扶持下，开展了多项农业生产活动，包括香糯的选种和推广种植、柳心红香橙、大果山楂、澳洲坚果的种植等，但还不具规模，目前农业生产产业结构较为

图 4　上思县现代农业示范区及大果山楂种植基地

单一，主要以种植甘蔗为主，其他经济作物小面积种植。生产方式较为传统，以传统的耕作制度为主。农产品成品原始，对产品深度加工不够，主要以销售农产品原始产品为主。销售渠道单一，市场流通竞争力较小，具体情况如下。

1. 农业产业结构单一

上思县适宜种植甘蔗，全县种植面积大，近 50 万亩，制糖业成为当地的支撑产业，由于受可耕作地面积的限制，甘蔗的大面积种植对其他农副产品的生产形成竞争，极大限制了其他农副产品的加工、销售等，直接影响农产品的生产产量和经济效益，而市场亟须的香糯、玉米等供不应求。

2. 农业生产方式传统

上思县整个农业生产方式较为传统，目前主要是以传统的耕作制度为主，限于当地丘陵、坡地的地势地形，生产工具较为落后，尚未引进大型的播种、除草、收割器械，投入过多的人力、物力。

3. 农业产品成品原始

目前市场在售的农业产品成品较为传统，主要以销售农产品为主，对农产品的加工程度不够，对农产品附加值不明确，对目前市场上需求的新型食品缺乏了解、认识，农产品不够多元化，面对农产品的选择客户群较窄。

4. 农产品销售渠道单一

目前农产品销售渠道主要以订单生产为主，风险较小，但是又产生了一定局限性，对各地农产品流通、市场一体化竞争力不大，不能把当地的特色、品质上乘的农产品带到更具影响力的市场，电商、物流、道路等基础设施跟不上发展，直接影响农产品的流通。

5. 对新兴的生态农业缺乏认知

目前在全国其他地方兴起的生态农业在这里尚未完善，对生态农业、有机农业的认知不够，病虫害的防治手段单一，种植结构单一，休闲农业、观光农业、旅游农业尚未发展。

6. 农业产业化进程慢

农产品独特的地理优势并未体现，农产品缺乏亮点，农产品的生产、加工、销售不成规模，都以农户自营、自产、自销为主，未形成自己的独特品牌，整体进程较慢。

三、对策建议

针对上思县农业生产现状，博士团成员经过讨论，提出以下建议：

①上思县政府对于龙头企业的培育和扶持非常重视，高瞻远瞩，整体布局，按照需求和生产规模规划土地种植多种农作物，保证农业产业加工的多元化，辐射带动周边农户脱贫致富。

②因地制宜的设计、改造新型农业生产器械，减少对人力、财力的投入。

③树立“预防为主，综合防治”的植保方针，对病害的认识预防大于治疗，以少喷施农药为目标，生物防治为主多种防治手段辅助。

④企业和政府及时有效沟通，政企一心，加大投入改革单一种植模式，间套作多种观赏类、经济类作物，打造新型的观光、休闲、旅游农业。

⑤深入学习农产品深加工技术，注册商标和地理标志产品，形成品牌意识，促使加工更多元的农产品增加经济效益。

⑥引进电商、物流企业，保证农产品的及时销售，加快农业产业一体化进程，合力打造现代农业模式化产业链。

师生流失，这里的教育怎么了

——防城港东兴市边境教育滞后问题研究

王鸣　中国农业大学经济管理学院

一、东兴市教育现状

相信了解过东兴的人，对东兴的第一印象都是觉得经济发达，这个地方怎么会需要支教？但事实上，这里整体的教育水平都比较落后，就全市唯一的一所高中东兴中学来说，2016 年一本上线人数 53 人，仅仅为 9.89%，比起中国很多地区来讲，真的不高，并且被一流高校录取的学生更是少之又少。其他地区很多县级普通高中，上网率一般在 40%以上，大学生上网率可以达到 90%以上，差距非常明显。回顾东兴中学这几年的高考成绩：一本上线人数为 2012 年 2 人、2013 年 11 人、2014 年 18 人、2015 年 35 人、2016 年 53 人，本科上线人数为 2012 年 58 人、2016 年 232 人，东兴中学取得这样的高考成绩，已经是得之不易，但是却很难进一步的发展。

2016 年 8 月到 2017 年 7 月我曾经在东兴生活过一年，作为团中央西部计划志愿者深入东兴教育基层参加一年的支教活动。通过这一年的深入研究，我了解到东兴市是一个经济发展较快的县级城市，由于沿边的地理环境产生了特殊的贸易环境，流动人口与常住人口的比例近 1∶1，因此整体的社会环境较为浮躁，但同时也会带来很多外来的思想。对学生来说，开放的社会环境会给他们带来较为先进的思想，但是曾经拿起一台对讲机就可以赚钱的这种浮躁的社会环境又为他们产生“赚钱很容易”甚至“读书无用论”的思想。这就从根本上决定了东兴市教育的滞后现象。

通过本次博士行期间回收的 1 200 份有效问卷分析发现，有 10％以上的学生家长是在外省市务工，30％以上的学生需要在家里照看兄弟姐妹或者负担大部分的家务劳动，12％的学生假期有兼职或者打工，而假期中参加课外兴趣班或者辅导班的学生仅占 17％(图 1，图 2)。学生需要负担家庭劳动或者假期兼职就很大程度上影响了学生的学习积极性与专注性，家长不在本地工作也会对学生的自律自控有极高的要求，不在父母身边的小孩更容易产生厌学情绪。另外，据我了解，现在很多地区的学生几乎是没有自由的假期，在教育发达的地区，学生的周末、寒暑假几乎都被排满了辅导班课程或者兴趣班课程，而在东兴假期参加辅导班的学生仅占不到 20％，足以见得教育在这里并没有得到重视，提高教育质量首先应该是提高学生及家长的思想意识！

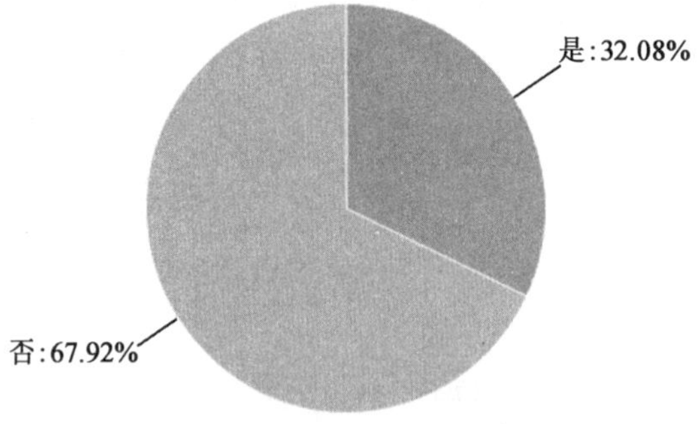

图 1　课余时间是否需要照看兄弟姐妹及承担家务比例

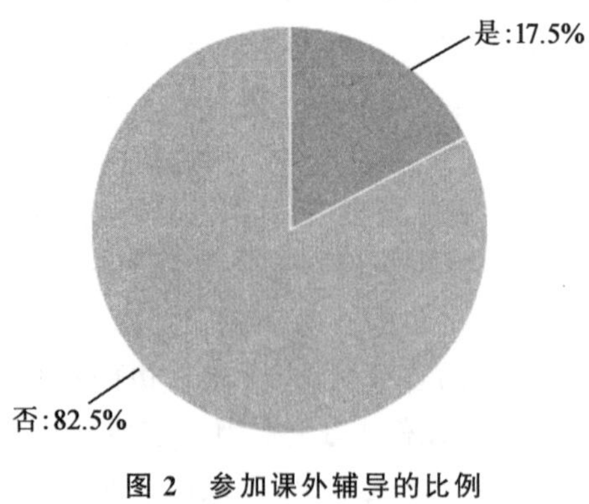

图 2　参加课外辅导的比例

另外，我们在对教师的调查问卷结果分析中发现，东兴市的教师流失现象严重，补充不足，师资力量薄弱。教师流动带来的直接影响是教育教学质量下降，从而引起学生流失。学生流失的渠道主要由城市或自治区其他区县（如钦州、南宁）的优质高中流失。

在教师外流的同时，也带动了学生的向外流动。防城港市各学校间的竞争不断加剧，据东兴市教育局领导透露，东兴市每年中考结束后，港口、防城、钦州甚至南宁的高中学校都会有人来东兴将成绩较为优秀的学生挖走，而当地学校东兴中学却不会去走访成绩优秀的学生，任由外县市学校将优质的生源挖走。学生素质的整体下降导致了城市整体教学表现的落后，这引起了社会和家长越来越多的不满。

而留在东兴的学生，许多学生在学校不爱学习，懒惰，生活没有目标，对于未来非常迷茫，还有少部分学生在课堂之外专注于做代购、微商等活动，言谈举止非常社会，甚至个别学生言行轻浮，存在极端倾向，不尊重教师。家庭和边境环境确实是造成这些现象的主要原因，许多学生的家长并不重视教育，也使得学生不重视学习。

二、东兴市学生流失原因分析

据本次调查中882份初中生的调查问卷数据显示，大约30%的东兴市初中生不愿意在本市继续接受高中教育。仅有30%的初中生有考高中的打算与决心，其他人的目的是混个初中文凭，或暂时提高初中文化素质。可见，东兴市的教育问题十分令人担忧，结合东兴市实际情况，本文分别从家庭、学校和社会三个方面对东兴市的学生流失原因进行分析。

1. 家庭方面

（1）家长择校。学校之间的差距是家长选择学校的直接原因。除了教师质量、学生资源、声誉、学校建筑、教学设施、图书馆、教师福利和奖金之外，学校之间的差异首先反映在入学率上。日本在这方面做得很好，中小学的水平基本相同。而在中国不同地区的学校，城乡学校，即使在同一个城市，同一个县，学校之间的差距也很普遍。

对孩子的期望。事实上，每个家长都有一种期望孩子成功的心态，而学习被认为是未来获得体面社会地位的一种方式。因此，许多家长希望让孩子上好学校，取得良好的学业成绩。普遍看来，大多数父母在其他事情上节省开支，而愿意投资孩子的教育，以便给他们良好的教育。

随着社会经济的变化，人们生活水平的提高和思想的更新，人们不再满足于政府的安排，而是希望自己能够参与到孩子的教育中。而且，随着社会发展，就业竞争逐渐激烈，对就业问题的远瞻使得父母希望孩子能够接受良好的教育，以在未来的就业竞争中抢占先机。

目前，东兴的许多学校教师队伍薄弱，教学成绩不明显，已经无法满足当地学生家长对优质教育资源的需要。为了获得更好的教育质量，许多家长更愿意将孩子送到其他城市的学校。城乡教育资源配置的严重不平衡导致了家长的择校热。这也是农村高中学生流失的主要原因，教育部门应该关注这一点。

(2)部分家长不重视。随着东兴市经济水平的提高，一些学生家长误解了孩子上学的问题。他们认为，孩子们上学的目的是上大学，离开农村。如果孩子不想上大学或者没有希望能考上大学，那么上学就没有意义了。因此，学校的学生家长对孩子的学习不够重视，孩子在学校的表现也不能够及时掌握，家长对孩子在学校的学习和表现情况存在严重的信息不对称。

此外，东兴市许多学生的家长普遍受教育程度低，不能及时给予学生辅导和监督。许多学生在遇到学习困难时不愿意或不方便问老师，父母也无法帮助他们解决问题。结果这部分学生的问题越来越多，学习越来越困难，最后放弃学习。由于这些原因，学生只能依靠老师来学习，而教师通常面向两个班级的100多名学生，很难切实关注到每一个学生的需求及问题，这实际上是农村中学生学习成绩和能力低于城市学生的常见原因。

2.学校方面

(1)学校教学环境。通过对东兴市几所小学、中学的走访，我们发现东兴市不同学校的基础设施差距很大，校园环境差距更为明显，虽然目前东兴市各个学校已经普及多媒体教学设备，但是作为农村学校，还有大部分教师是不习惯使用多媒体设备的，经常使用多媒体设备教学的教师只占到57.51%，多媒体设备的使用率没有普遍。另外，不同学校的校舍建设、校园环境建设的明显差距还是存在的，这也会成为学生择校的重要原因。

(2)学校教学质量。学校生存和发展的关键是学校的教学质量。影响教学质量的主要原因是学校教师的整体素质。通过对东兴市教师的随机抽样调查，我们得到473份有效问卷，发现以下问题：

①教师学历整体水平不高。目前，东兴市教师的教育学历基本达标，合格率为95.14%，第一级教师为61.31%。但是教龄整体偏少，2013年以后毕业的老师占36.36%；受过最高学历的本科教师的本科学位主要通过函授或自学获得。而目前北京等大城市的幼儿园教师的招聘标准都已达到博士学历，因此，整体来说，教师

队伍整体水平不是很成熟，整体学历水平不高。

题目	A	B	C
您的第一学历	本科 61.31%	大专 33.38%	其他 4.86%
您的最高学历	本科 90.7%	大专 8.67%	其他 0.63%

②教师队伍构成不稳定。通过问卷调查我们发现，在东兴的教师队伍中还有30%多的教师是没有编制的，即为每学期开学初学校发招聘公告，公开招聘顶岗教师，他们中还有很多都是在校生来实习，那么这部分教师的教学水平和专业技能都是非常难以让人信任的。并且教师的流动性大，所担负的责任就低，有些实习生只需要教半年课就返校，一锤子买卖的责任感值得怀疑。

(3)学校管理。目前，东兴的许多中学没有先进的教育理念和教学理念，管理水平也不高。他们的教育管理模式仍然停留在原有的经验型状态，即热衷于硬件建设而不注重学校教育教学质量，这导致学校的教学质量越来越差，形成恶性循环。

农村学校不活跃，因为学生的基础知识薄弱。自律能力差，家庭教育质量差使学生难以管理。根据调查，农村学校学生管理仍存在许多弊端。主要有以下几个方面：

①管理方式单一，忽视学生的真实感受。普通高中生自律能力差，对学校的规章制度置之不理。经常上课看闲书，吃零食，在课余时间互相追逐打闹，还有许多学生放学后偷偷跑去网吧上网，放任自己于校园规章制度之外，屡教不改。对于学生以上的各种违纪行为，学校没有找到更好的教育措施，通常忽视学生的真实感受，只是采取批评、处罚、写检讨、通知父母等措施，这些措施很容易导致学生的怨恨甚至仇恨，并不能够实现教育的目标。

②学校教育拘泥于课堂形式。学生一周五天时间都在学校，而高中周末还要在学校上一天自习，在校时间更多，并且在学校的大部分时间是接受课堂教学，经常面对课本和讲台，很容易感到无聊。此外，东兴学生的一般基础薄弱。而学校及教师深受传统教育理念的影响，想尽办法将一切教学手段围绕考试转，这其实违背了教育的本质。所谓教书育人，除了教书以外，更重要的是育人。据统计，大部分学生希望得到老师的关注，但实际得到的关注远远小于期望得到的关注。

题目	A	B	C
是否渴望得到老师的关注	很希望老师关注自己　78.23％	不希望老师关注自己　3.05％	无所谓　18.72％
老师对自己的学习心理的实际关注情况	老师对我非常关注 57.52％	老师偶尔关注我 38.8％	从未得到老师的关注　3.68％

3.社会方面

高中教育在教育系统中占有特殊的重要地位，它是初中和高等教育之间的纽带，具有承上启下的衔接作用。既是高等教育的基础，又是可直接就业的途径。然而人们对高中教育的理解仍然不够，普及高中阶段教育似乎等同于普及普通高中，将主要的能源和财政资源用于扩大优质普通高中的资源，使高中教育成为单一的升学教育。这是教育发展方向上的重大偏差。每个人都想上大学，但有些人无法上大学，或者他们没有高等教育的条件和需求。中国高等教育毛入学率逐步提高，2012 年达到 30％，2013 年达到 34.5％，2014 年达到 37.5％，2015 年达到 40.0％。根据教育部 2016 年 4 月首次公布的“中国高等教育质量报告”，预计到 2019 年高等教育毛入学率将达到 50％以上，中国将进入高等教育大众化阶段。但是在东兴是远远达不到这个数字的，但是随着防城港的开放，引进人才，本地人的岗位势必被优秀人才获得，东兴未来的孩子怎么办？值得我们深思。

三、东兴市学生流失的影响

根据问卷结果显示，东兴中学中大约 2/3 的高中生有考大学的打算与决心，但是这些人中仅有不到一半的人觉得自己有很大信心能考上大学，大部分高中生还是觉得自己没有希望上大学，约有 80％的学生认为自己在学习上还存在较多困难，困难的主要原因则为他们自己的基础很差，而且很难理解老师讲课的内容。

1.高中学生整体素质下降

东兴中学 90％以上的学生基础知识都非常薄弱，学习底子非常差，近一半的学生中考入校成绩都不足 300 分，数学外语两大主科成绩都比及格线低出大约 30 分，甚至更多，物理化学和政治历史学科分数也不及格。然而，这样的卷面成绩，可以在防城港市排名到 B＋，教育之落后从此可见一斑。

根据我的支教经历，日常的课堂上，除了几个基础较好的重点班级外，普通班学生很难进行教学。造成教学工作困难的原因主要包括以下三个方面：一是因为学生自身专业基础差，上课难以跟上进度，难以听懂；二是因为学生学习习惯差，教师布置的学习任务总是偷懒，偷工减料，或者不完成；三是由于学生的学习态度不端正，他们不了解学习的意义，没有学习的兴趣。

2.城乡教育差距继续扩大

城市高中依托先进的办学条件，优质的教育资源，高素质的教师和优质的学生资源打造知名学校。进而产生更高的升学率，从而吸引更多优质的教育资源和学生资源，并进一步提高学校的知名度。相反，东兴普通中学办学条件一般，教学质量差，学生素质差，升学率低等原因，导致学生严重流失，学生素质不断下降，教学效果不明显，从而形成恶性循环。最终的结果是，实力强的学校越强，而实力弱的学校则越弱，两个层次之间的严重分化，城乡差距继续扩大。

四、对策及建议

学生流失是教育衰败的表现。根据经济学中的理性人假设，如果当地的教育环境足够满足人们的需求，家长、学生自然会选择离家近又方便的当地学校。而只有对当地的教育资源看不到希望或者感到绝望时，学生、家长才会舍近求远，选择外地的高中。因此，东兴市教育的学生流失现象值得学校、教育部门深思、反省。

1.增强学校基础设施建设，改善校园环境

根据调查显示，大部分学生及家长的择校原因，依然是校园环境及一个学校的升学率占主导。因此在师资力量得不到稳定保障的前提下，加大学校的基础设施建设，也有助于改进学生流失严重的现象。

2.在边境地区实施特殊的教育和课程设置，提高教育质量和效果

东兴市边境城市，这个得天独厚的地理位置不仅可以用来大力发展经济，也体现了它在教育中的特殊性。第一，边境教育要与国家“沿万里边境文化走廊建设”和“边境口岸建设”的政策相结合，为边境教育的发展创造良好的政策环境。第二，实施弹性课程，增强教育吸引力。例如，在课程体系下，探索开发能够充分反映中华民族多样性、具有民族文化内涵、易于被边疆少数民族学生接受和理解的地方课程及相关教材。为了提高课程的实用性，提高地方教育教学的质量和效果，除了英语之外，我们还可以尝试建立邻近国家的小型外语教学。

3.加快教育信息化步伐，实现优质教育资源共享

东兴位于边境地区，由于地理位置偏远，社会和学校接受国内外先进信息和优质教育资源的途径较少，因此加快教育信息化建设显得尤为重要和关键。一是建立完善的教育网络和服务体系，使教育网络能够基本连接市教育行政部门、城市中

小学、农村初中和合格的农村小学。二是继续推进边疆地区中小学校园网建设，使乡镇中小学能够基本普及互联网功能，进一步提高远程教育网络的应用水平，在农村中小学中促进优质教育资源的共享。三是完善边疆地区引进和留住高素质教师的政策，实施农村中小学教师专业岗位规划、优秀师范生定向培养、边疆支援，鼓励和支持城市优秀的教师在边疆地区教书，为边疆学校服务的政策。

支教王鸣与学生的合影

芝麻油副产物如何利用？做饲料是个好思路

——防城港富味乡油脂公司芝麻油副产物的解决方法初步探讨

来文晴 / 中国农业大学动物科技学院

防城港富味乡油脂食品是一家芝麻油及芝麻仁加工基地，于 2015 年在广西防城港投产，利用港口的地理优势，致力于溯源及生产自主管理，持续深耕芝麻领域、整合产业价值，开拓更多芝麻商机。该公司除采用机械压榨制取的香油产品外，同时还生产以传统榨油工艺——水代法榨取的小磨香油。公司还参与起草了《芝麻油国家标准》(GB 8233—2008)。水代法榨油后的副产物芝麻酱渣，含水量及营养价值丰富，极易发酵变质。防城港地区处于亚热带气候，湿度大，将芝麻酱渣自然晾晒干燥的方法不可行。因而，芝麻酱渣的干燥和深加工是困扰公司的主要问题。由于缺乏深入的研究，芝麻酱渣一直没有被很好地开发与利用，造成极大的资源浪费。如果能够将芝麻油副产物用作饲料原料，不仅可以缓解其他饲料原料的需求、饲料短缺的矛盾，同时还可以使芝麻油副产物中的营养物质得到有效利用，降低资源浪费。本文主要围绕芝麻油副产物的产生方式、营养价值，以及芝麻油副产物在动物生产上的利用现状及制约因素，旨在为芝麻油副产物的合理应用提供初步的参考建议。

2018 年 7 月，中国农业大学“百名博士防城港行”暑期社会实践活动港口区分团的实践队员通过与该公司各部门负责人座谈，参观公司生产线，明确了公司目前有待解决的问题，并对此提出解决的方向。

一、芝麻香油副产物的生产分析

芝麻为胡麻科，胡麻属的一年生直立草本植物，含油量高，是我国油料作物之一。从表 1 和表 2 中得知，芝麻的含油量为 47.61%～59.48%，油脂中富含丰富的油酸(35.88%～48.46%)和亚油酸(37.48%～48.68%)。除此之外，芝麻还含有一些活性成分，如芝麻素、芝麻酚、生育酚、甾醇、芝麻林酚、芝麻素酚等。被认为具有保健功能。表 2 中，同种芝麻的蛋白质含量存在着较大的差别。地区和品种的不同，导致芝麻的营养成分也各不相同。以芝麻为例，不同地区的芝麻含油量之间相差 10%。同时，也可以从表 2 得出，蛋白质含量较高的芝麻，其含油量较低。

芝麻榨油后，除油脂含量降低，其他营养成分保留在芝麻油副产物之中。不同的榨油工艺产生的副产物也不同。我国的芝麻榨油工艺分为物理压榨和化学取代，常用的主要是机械压榨法、水代法、浸出法等。由于我国消费者喜欢食用直接制取的芝麻油，因此溶剂法在芝麻油生产中较少使用，一般采取机榨法和水代法生产芝麻油。机榨法是我国油脂加工行业中应用较为广泛的植物油生产方法，机榨法生产香油的副产物是芝麻饼和芝麻粕等。水代法生产小磨香油的副产物是芝麻酱渣，芝麻酱渣的含水量较高且易发酵变质而容易污染环境。水代法利用油和对水的亲和力不同，油和水的比重也不同，当加水于磨细的油料酱中，经过适宜的搅动和振荡，水逐步渗入油料之中，从而进行油水分离，最终油被释放出来。

表 1　国外芝麻的营养成分及含量　%

统一编号	译名	蛋白质	油	棕榈酸	硬脂酸	油酸	亚油酸	产地或来源
WZM01512	保 84	17.52	57.91	8.53	4.61	40.40	46.45	保加利亚
WZM01513	T-4	22.32	51.5	10.4	4.52	39.93	45.15	印度
WZM01514	T-12	26.22	49.06	10.28	4.35	42.14	43.22	印度
WZM01515	高产者	26.16	50.74	9.47	4.09	44.88	41.55	缅甸
WZM01516	沙登堡-1	22.15	53.78	9.97	4.53	38.88	46.62	缅甸
WZM01524	黑芝麻-1	24.32	47.61	10.44	4.16	40.81	44.58	越南
WZM01526	黄芝麻	23.97	47.49	9.89	5.06	42.41	42.63	越南
WZM01544	K1-3	21.21	54.63	7.77	4.34	41.75	46.15	几内亚
WZM01547	K4	20.62	54.15	7.7	4.3	40.91	47.1	几内亚

数据来源：中国作物种质资源信息网(CGRIS)http://www.cgris.net/

表 2　国内芝麻的营养成分及含量　%

统一编号	名称	蛋白质	油	棕榈酸	硬脂酸	油酸	亚油酸	产地或来源
ZZM00001	鞭杆	23.17	54.03	8.52	3.57	44.22	43.68	辽宁台安
ZZM01594	鞭杆	22.82	54.72	7.84	4.73	43.42	44.03	吉林大安
ZZM01811	芝麻	18.41	58.95	9.06	5.18	48.27	37.48	甘肃高台
ZZM00099	芝麻	23.03	55.09	7.62	4.36	41.6	46.62	河北怀来
ZZM02740	芝麻	28.12	49.68	9.06	4.99	43.47	42.49	浙江宁海
ZZM01492	黑芝麻	21.84	55.29	9.56	5.74	41.93	42.77	江西武宁
ZZM02380	黑芝麻	19.97	48.63	13.00	4.27	34.47	48.26	江苏丹阳
ZZM02736	黑芝麻	21.58	48.34	10.79	4.08	39.72	45.42	浙江嘉兴
ZZM00567	黄芝麻	22.29	51.98	8.9	5.22	42.19	43.69	安徽泗县
ZZM02073	黄芝麻	24.30	52.28	8.14	4.42	38.76	48.68	陕西商南
ZZM02876	黄芝麻	19.40	59.48	8.85	3.89	39.45	47.82	贵州兴仁
ZZM01699	白芝麻	24.98	52.82	8.06	5.75	48.46	37.33	新疆吐鲁番
ZZM02482	白芝麻	26.85	49.84	8.71	5.71	44.35	41.23	四川巫山
ZZM02870	白芝麻	19.25	55.36	8.65	4.38	39.33	47.64	贵州长顺
ZZM02901	白芝麻	21.00	52.79	12.15	4.48	35.88	47.50	广西扶绥
ZZM02865	红芝麻	24.30	53.47	9.53	5.11	41.17	44.19	江西余干
ZZM00095	霸王鞭	17.86	58.77	7.23	5.98	44.53	42.25	天津宝坻
ZZM01864	霸王鞭	21.96	52.30	8.04	4.78	45.31	41.86	山西霍县

数据来源:中国作物种质资源信息网(CGRIS)http://www.cgris.net/

二、芝麻香油副产物的营养价值

芝麻油副产物有芝麻饼、芝麻粕、芝麻酱渣等。不同的榨油工艺产生的芝麻香油副产物，其营养价值也相差较大。如表 3 所示，芝麻饼粕中蛋白质含量约为 40%，含有丰富的蛋白质和氨基酸，但是粗灰分含量（10%左右）较高。

表 3　芝麻油及其副产物主要营养成分及含量 %

项目	干物质	粗蛋白	粗脂肪	粗纤维	粗灰分	无氮浸出物	中性洗涤纤维	酸性洗涤纤维	木质素	淀粉	钙	总磷	有效磷	数据来源
芝麻油	99	0	98	0	0.5	0.5	0	0	—	0	0	0	0	中国饲料成分及营养价值表（第 28 版）
芝麻饼（机榨）	92	39.2	10.3	7.2	10.4	24.9	18.0	13.2	—	1.8	2.24	1.19	0.31	中国饲料成分及营养价值表（第 28 版）
压榨芝麻粕	53.9	43.4	11	6	11.4	—	18.9	9.9	1.8	—	—	—	—	法国成分表 INR
芝麻饼（机榨）	94	42	7	6.5	—	—	—	—	—	—	2.00	1.3	0.24	FeedStuff（2017）常规饲料成分表
芝麻饼（机榨）	93	49.1	7.5	6.1	12	—	—	17	—	—	2.17	1.46	—	FeedStuff（2017）副产品饲料成分表
芝麻油饼	94.7	38	26	4	7.8	—	—	5.0	—	—	—	—	—	FeedStuff（2017）副产品饲料成分表
芝麻籽	92	24.2	46.6	11.2	6.1	—	—	14.0	—	—	1.02	0.76	—	FeedStuff（2017）副产品饲料成分表
芝麻粕	88	38.91	—	—	—	—	—	—	—	—	—	—	—	degussa 饲料表
芝麻酱渣（湿）	—	40	15～20	—	—	—	—	—	—	—	—	—	—	公司数据

“—”表示数据来源中没有此部分的数据

三、芝麻香油副产物作为饲料原料使用状况

芝麻饼粕中含有 40%的蛋白质，可以用来弥补动物蛋白摄入不足的问题，起到替代动物源性蛋白的作用。满足了低氮蛋白日粮的需求。王燕等发现采用移动尼龙袋法测定芝麻粕的瘤胃非降解蛋白质小肠消化率为 85.73%，次于豆粕（移动尼龙袋法测得的结果为 98.13%）、菜籽籽粕（移动尼龙袋法测得的结果为 88.47%）和棉籽粕（移动尼龙袋法测得的结果为 87.37%），优于葵花粕（移动尼龙袋法测得的结果为 82.60%）和玉米胚芽粕（移动尼龙袋法测得的结果为

75.40%)。实际生产中,芝麻粕已经在反刍动物上使用,在羔羊和育肥羊日粮中提高用量,可以使被毛光泽好。目前,芝麻饼粕的应用研究多集中在活性成分的提取上,这样能够高效的利用芝麻饼粕中的有效成分。例如,芝麻饼粕中的芝麻蛋白质可以作为一种蛋白质饲料原料,可适当补充其他蛋白质后或加入其他蛋白质不均衡的饲料原料中使用,可以有效提高其营养价值。另外,针对芝麻饼粕中抗氧化成分如芝麻木脂素的提取方法也有了一定的进展。芝麻木脂素可以在动物生产上用作抗氧化剂,缓解氧化应激,改善动物生产性能。

芝麻酱渣可以通过直接饲喂的方式添加在反刍动物饲料中,饲喂后日增重、采食量、消化率和适口性均有改善,生长性能未出现不良影响。这样操作简单可行,有利于在农户之间推广使用。同时还可以减少饲料中豆粕的用量,从而降低饲料成本,增加经济收入。然而,芝麻酱渣中含有较高含量的粗灰分和植酸等抗营养因子,同时芝麻酱渣的适口性很差,因此芝麻酱渣不能在动物饲料中大范围的添加。总体来说,芝麻酱渣价格便宜,蛋白质含量丰富,可以用于补充蛋白质替代部分常规饲料应用于动物生产。

四、限制芝麻香油副产物在动物生产上应用的因素

芝麻香油副产物具有丰富的营养价值,可以用作饲料原料,积极探索芝麻香油副产物在动物生产上的利用具有重要意义。然而,芝麻香油副产物本身存在着一些缺点,这导致其在动物生产上直接使用时存在着一些待解决的问题。

1.芝麻酱渣的干燥处理

芝麻酱渣含水量高,不易长时间贮存,极易发酵变质,从而失去饲用价值。而这又需要大型的干燥加工设备,反而增加了芝麻酱渣的应用成本,这是制约芝麻酱渣在动物生产上应用的制约因素。如何低成本地解决芝麻酱渣的干燥,则是实现芝麻酱渣在动物生产中大量使用的关键。

2.芝麻饼粕蛋白的溶解度和灰分

近年来,研究认为蛋白溶解度是评价饼粕蛋白原料质量优劣的一个重要指标。以机榨法芝麻副产物芝麻饼粕为例,其蛋白溶解度为46%~54%,与棉籽粕和优质菜粕中蛋白溶解度相当,低于豆粕中蛋白溶解度。芝麻饼粕的粗灰分含量较高,一方面是由于其富含矿物元素,另一方面是因为加工过程导致的饼粕中有少量砂土等杂质难以清除,其灰分含量为豆粕、棉籽粕、菜籽粕的1.5~2倍。

3.芝麻饼粕中的抗营养因子

芝麻饼粕中含有3.6%~5.2%的植酸,高含量的植酸限制了其利用。植酸含

量过高会影响蛋白质的表观消化率，同时，植酸还可与钙、磷、锌等矿物质元素结合，对矿物元素的消化吸收产生干扰。在肉鸡饲养试验中，日粮中芝麻饼柏的含量达到14时，肉鸡的生长性能就受到明显抑制，其原因可能就与芝麻饼粕中的植酸含量过高有关。这也是饼粕类饲料原料普遍存在的问题。因此，芝麻油副产物中较高的植酸含量限制了其在动物生产中的应用，解决植酸含量过高的方法之一是添加植酸酶制剂。

五、展望

芝麻香油副产物具有较高的营养价值，可以作为一种低成本的饲料原料。芝麻饼粕和芝麻酱渣可以直接饲喂，这些不但可以节约资源，而且可以降低饲养成本。此外，芝麻香油副产物中的有效成分，如芝麻蛋白等具有更高的利用价值，具有良好的开发前景。然而，进一步的开发利用还需要不断研究和试验，以及资金和技术研发的投入，开发芝麻蛋白、芝麻素等产品用作饲料添加剂，从而可以发挥更大的作用。总而言之，芝麻香油副产物在动物生产上具有广阔的应用前景，需要我们研究开发。

第三篇　云南勐腊县勐伴镇河边村

2018 年 7 月 23 日，“百名博士老区行——走进河边村”活动启动

乡村扶贫与发展需要我们做什么

——云南河边村综合治理现状、自我认知与地方性建构调研报告

陈昕昕　中国农业大学园艺学院

2015 年，中国农业大学李小云教授创立的勐腊小云助贫中心(简称小云助贫)在云南省勐腊县注册成立，同年，公众号"小云助贫"开始运行，对其工作进行传播。

2017 年，小云助贫继续推进运用方案型公益解决精准扶贫的问题，并联合社会力量，发起诸多行动。

2018 年 7 月，中国农业大学举办的第十三届"百名博士老区行"来到河边村，给予不同专业的学子进行基层实践的机会，对"贫困"进行深入思考，从解决问题的角度出发，本人通过 7 天的调研，将过程中的所思所悟予以分享与传播。

一、综合治理现状

1. 产业

瑶族妈妈的"五星"客房、依托热带雨林气候开发的十元一个的土鸡蛋、肉质紧实的冬瓜猪、会上树的走地鸡、可食野生蜂蜜，待长成的火龙果、百香果等热带水果和小面积试验的中药材种植区构成了本人对河边村憧憬。

可是在调研的一周里，为什么有的客房每天都有矿泉水提供，有的客房没有？为什么土鸡蛋、冬瓜猪的供应都跟不上？为什么会有 2017 年火龙果滞销的情况？为什么中药材的种植出现了烂根？为什么河边村给本人的感觉经历了生机盎然到有气无力？

本人不禁思考，当整个河边村社会自上而下按照某种模式生存的时候，是给河边村带来长治久安，抑或带来短缺和枯竭。

2. 农户经营能力

研究中国西部农村贫困问题的王小强和白南风两位学者，在1986年出版的《富饶的贫困》一书中对西部地区的贫困问题提出自己的见解。当时的观点在如今看来也是适用的。书中谈到，西部地区的贫困不是资源的匮乏、产值的高低、发展速度的快慢，而是人的素质差，人才是所谓“落后”的本质。这里的素质特指为人从事商品生产和经营的能力。

连续几天大雨，市政管道饮用水无法直接食用，本人盼着白天到小卖部购买矿泉水，但小卖部始终开张晚收摊早，即使小云助贫的宋海燕老师反复提醒小卖部的经营者，也于事无补。这种自成一体的“慵懒”生活方式与小云助贫带来的“发展”主义价值体系背离，河边村固有的生活方式成了发展的阻力。村民生活作息需要调整，观念需要转化，这不是简单的经营能力弱，抑或缺乏乡村管理人才。

3. 基础设施建设

河边村的基础设施建设已完成的有：①通村和村内道路，其中通村道路8千米，村内道路3千米；②儿童活动中心1个；③养老屋1个；④安全饮水设施；⑤4G网络。

所谓要致富先改善基础设施，只是建设基础设施需要投入的财力、物力、人力和多方合作的建立，谈何容易？路漫漫，其修远兮！在本人调研期间，村民诸多不满，比如，每逢下雨，通村和村内道路“三不五时”就成了村组织和政府的负担(图1、图2)。

图1　村内道路

图 2　村外道路

4. 人居环境建设

河边村的建筑有两大问题，一是村民不具备自主建屋的能力，二是就地取材，取至枯竭。

对河边村民而言，先辈们通常自主建屋，为什么到了现代瑶族民居建设就出现了问题？在社会经济、人口高速发展的 21 世纪，面对这些棘手的问题，村民无法像他们的祖祖辈辈一样用已有的经验去化解难题。对此，小云助贫为之赋能，找到了一位四川工匠，在他的引领下，大家齐心协力建造出了第一栋客房。小云助贫的外力，加上村民的内生动力，为河边村重新疏通了传统营造的智慧。

河边村的瑶族妈妈客房，从建筑到家具均为木质，据说政府慷慨划了一片林地，专门用于河边村民居建设，在树木砍光后，有村民继续过度砍伐，已致难逃牢狱之灾，造成村民和政府的激烈矛盾。

中国的农村在改革开放 40 年间，完成了 4 倍于城市建筑面积的建设量，每年新建的住房将近 800 万户。难道这些建设都得以破坏生态为代价？据本人了解，台湾学者谢英俊在乡村推行轻钢体系，并对传统的体系进行了改良研发。改良后的轻钢体系除材料外，其结构与中国传统的梁柱系统无异。其精妙之处是将木料换成钢料，榫卯换成螺栓，便于村民快速掌握组装方法。这完全符合可持续的宗旨，一是可以节省大量经费，二是能有效调动富余劳动力，三是恢复亲朋好友互帮互助的传统，重聚疏远的人际关系。谢英俊研发的体系具有高度开放性，村民在营建过程中可以就地选材，易于更动，充分满足了村民参与的需求。

5.社区治理

在家族和国家、社会的关系构建中,“社区”是细胞核。城市里通常称为社区,农村称为村落,少数民族称为部落。现代人对于河边村这样的瑶族部落文明非常生疏,也容易生出很多误解。

河边村瑶族部落践行的是长久以来与自然相契合的天人合一的生存之道。而所谓的现代文明的侵入,历史极短。传统文化与现代文明的冲突日益凸显,若要解决价值观带来的诸多问题,于河边村不只是提出几项措施那么简单,而需要从社区的价值观方面着手改变。河边瑶族部落在地理空间尺度虽小,但其凝聚力也源于此。

随着社会的发展,河边村民的价值观念和生活方式已巨变。此时的河边村更应是拥有共同兴趣爱好或相近价值观的本地村民和新村民构成,因而才有其新生动力。

二、自我认知

1.政府

生活的经验告诉我,基于匮乏状态的生产和生活,往往更具可持续性。小云助贫带来的陡然激增的政府关注,显然使河边村当下处于一种过于“丰腴”的状态,所以我倾向于用“浪费”的视角去看待它。这一时期的政府是否应该重新审视以往相关政策机制的适应性,将国家资源在乡村中进行更均衡的配置?

2.小云助贫

当我看到客房的整洁,对比于村民自家居住环境的邋遢时,有种精神文明跟不上物质文明,灵魂被落下的忧伤。

当我看到河边村的会议旅游、亲子旅游带来的生机盎然,对比于活动结束后,小云助贫宋海燕老师“指挥”不动村民整理儿童活动中心的死气沉沉,有种“自讨苦吃”、心疼心累小云助贫的感觉。

我不禁思考,片面地强调旅游、过度包装外表、迎合上级检查,将城市思维套用在农村建设上,形成简单粗暴的模式化布局,是否破坏了原有的风水格局、乡村肌理、乡村文明?当下最前沿的设计都在讨论互动性,小云助贫和村民的某种互动吃力,是否提示我们小云助贫发展到了弱化自身,更加强调多元主体互动合作的阶段。

3.村民

在河边村做扶贫,我认为是一个让村民觉醒的过程。所谓觉醒的过程就是村民对自己环境和处境有所认知。大竹康市曾说:发现是创造的端绪。同时也要小心,如果创造过快反而会造成灾难性的后果,所以创新也是最后的手段。

技术方面,传统木结构建筑之所以不能够被村民很好地传承下去,是因为存在很多技术上以及地方材料的限制,包括地方的手工艺、盖房子技术的丢失等。在开发与保护这对矛盾中,学者们曾寻找到弥合二者的有效路径——生态旅游和传统手工业。所以我在想,河边村民是否可在会议旅游、亲子旅游(图 3)之外,找到一种传统手工业振兴河边村的途径?

图 3　河边村民教亲子游儿童竹编

三、地方性建构

我认为乡村的风貌是皮,画皮的同时需要画骨和画心。在研究乡村风貌的同时,必须关注乡村的骨和心,构建其景观基因图谱和发展乡村内生组织动力。

村民应该扎扎实实根植于特定的村落环境,我们必须尊重地缘(自然条件)、血缘(家族亲情)、业缘(产业发展)、情缘(熟人社会)。诗意的栖居就是村民认同于脚下的土地,诗意的生活就是让每一栋民居提供新的经验给予使用者,给每一个人去欣赏。所以河边村的实验,应该使我们重新升华出一套工作方法(图 4)。我们有必要建立一个评价、判断和验证的机制,为未来乡村建设梳理出可以让政府部门参考的分类、扶持和发展模式。

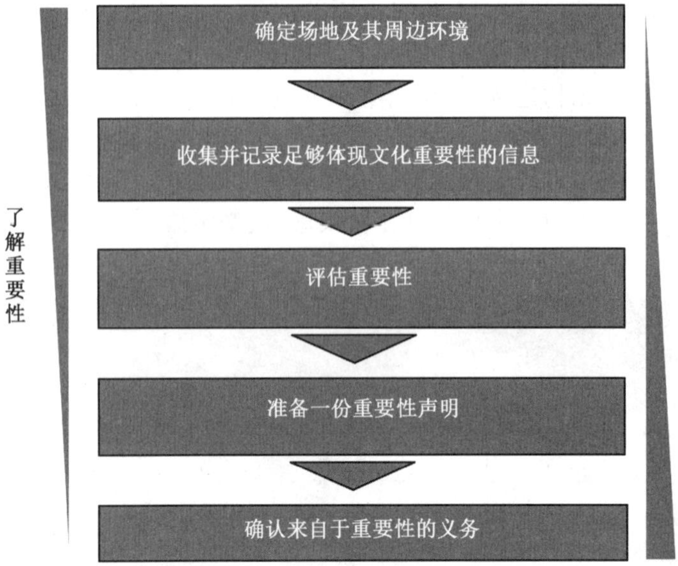

图 4　对河边村地方性建构的建议

小蜜蜂大产业，河边村脱贫新探索

——河边村蜂蜜产业调研及发展对策

邓杰 中国农业大学植物保护学院

作为2018年"百名博士老区行"活动的最后一个博士分团来到了云南河边村，我们开展了一系列调研活动。我们发现，河边村的特点是森林资源丰富，但耕地少，平均每户人家耕地2～5亩，主要用于种植水稻和玉米，水稻作为日常主粮，而玉米则作为养猪的饲料，种植的玉米也会经常遭到野象群的破坏，颗粒无收。因此耕地种植的作物基本上只能满足自家需求，并没有多余的产品可以用于交换。而饲喂的冬瓜猪，也只是满足家庭食用的需要，没有多余的条件大量养殖用于销售。村民的收入，一部分来自割橡胶，但是由于近年橡胶产业受到较大冲击，收购价格低，一个人劳作一天只能获得50～70元的收入；还有一部分收入来自采摘砂仁，年成好产量高的时候，一户人家可收入2 000～5 000元，而由于大部分地区列为自然保护区，禁止砍伐，种植时间久的砂仁植株产量不高也无法更新换代，产量连年下降，没法获得稳定收入。为了维持家庭支出，一部分村民会外出打工，比如挑香蕉、盖屋子之类的工活，能赚得一定的生活费用，但是缺点是工资低而且是短期的，并不稳定。综上所述，村民并没有稳定可观的收入。

几年来，在各级党委、政府以及公益组织的关心和支持下，在小云助贫中心志愿者长期入驻河边村进行一线工作中，河边村发生了翻天覆地的变化，家家都盖起了客房，有的还开起了酒吧、餐厅，随着高端会议、亲子夏令营等活动在此开展，村民们的客房渐渐有了客人，也慢慢有了收入，但是还不够。根据小云助贫中心的设计，是需要进行复合型产业发展的，既以高端休闲及小型论坛会议会址村建设作为主导型产业，同时也要开发出“河边村天然出品”的品牌农产品并通过微电商销售作为辅助型产业，农户种植的玉米，甘蔗等作为基础型产业，大幅提高农民收入。

养蜂业作为一项特殊的养殖业，有着其他行业无法比拟的优势，它不需要耕地、不需要农药化肥、不污染环境、劳动量低、投资少、见效快。而且由于全国的重点贫困村社所处位置大多为深山老林、交通不便的地方，但是林木茂盛、花草繁多，自然资源丰富，林下蜂业与精准扶贫是高度吻合的，在江西、甘肃、湖南、贵州、浙江、福建等省的好多市县乡已经将养蜂业列为精准扶贫的主要项目，并且取得了巨大的成就。如丽水市的“十箱万元”模式，通过“政府＋企业＋合作社”模式，政府搭台，提供一定的扶贫基金用于蜂种和蜂具的补贴；企业唱戏，为当地贫困户提供优质蜂种、蜂具、技术培训、同一品牌化运营和销售；农户则组成合作社，通过田间地头、房前屋后边边角角的地区养殖蜜蜂，户均 10 箱，年收入即可达 10 000 元。这个模式通过政府扶持、企业帮扶，系统性解决了生产和销售的问题，为低收入贫困户带来了可观的收入。

经过调研发现，河边村周围山区野生蜂种众多，有中华蜜蜂、大蜜蜂、黑大蜜蜂、小蜜蜂、黑小蜜蜂、无刺蜂等品种。比较特别的是无刺蜂，河边村的无刺蜂由博士团成员带回北京后经过中国农业大学植物保护学院徐环李老师的鉴定为黄纹无刺蜂（*Trigona ventralis*），无刺蜂是和蜜蜂同科的，也是社会性的，但是刺退化了，不蜇人，但是可以咬人，体格小、行动灵活，它的口器比蜜蜂短，常常咬开花的基部“盗蜜”，但这样的行为却也能为植物带来授粉的效果（图 1）。据文献报道，无刺蜂常常采访油菜、女贞、玉米及一些瓜果类 20 多种植物，利用无刺蜂为砂仁授粉，增产效果十分显著。云南西双版纳人工饲养无刺蜂已经取得成功，往后可以大规模繁育作为专业授粉蜂种，用于农作物授粉。其蜂胶的产量非常高，也可开发利用。这里也有大量的中华蜂蜂群，中华蜜蜂是东方蜜蜂属的一个亚种，对比于意大利蜂，它体积更小、抗蜂螨和抗病性更加好，并且善于采集零星蜜源，更能充分利用生态多样性，更适合山区定点养殖。中华蜜蜂在中国已经有 7 000 万年进化史，通过长期的进化与中国植物相互依存相互适应，我国有 10 000 多种植物的正常繁衍有赖于中华蜂传粉，意大利蜂由于体型大，而且由于对中国许多植物有过敏性而无法承担全面的授粉作用，所以说对于维持生态平衡、保障粮油安全中华蜜蜂功不可没。意大利蜂等西方蜂种引进我国并大量繁育以来，中华蜜蜂受到了严重威胁，分布区域缩小了 75％以上，种群数量减少 80％以上，2006 年 6 月 2 日，中华人民共和国农业部 662 号公告《国家级禽畜遗传资源保护品种名录》公布 138 个禽畜品种里，中华蜂被列入第七类“其他品种”中。这一文件以官方的名义，证实了中华蜂濒临灭绝这一可怕的事实。因此在此地发展养蜂业，对于保护种质资源野也是有非常重大的意义。

图 1　河边村无刺蜂蜂巢

河边村村民在每年的 3～6 月份经常能采集到野生蜂蜜，善于爬树的甚至能采到近百斤野生蜂蜜。同时，村民无意放置的一些原木箱子，也能引来中华蜂、无刺蜂前来筑巢、产蜜，充分证明了在河边村和周围村落发展蜂产业助力精准扶贫和乡村振兴的可行性。河边村地处西双版纳原始森林，西双版纳境内共有植物 20 000 多种，其中属热带植物 5 000 多种，有食用植物 10 000 多种，野生水果 50 多种，速生珍贵用材树 40 多种，蜜粉源植物 5 700 多种，河边村附近更是充满了砂仁、滇黄精、丹参、当归、红花、防风等中草药植物。河边村的蜜源非常丰富，质量也很高，我们做了多酚类物质以及雷公藤毒素等植物毒素的检测，多酚类物质（如酚酸和黄酮）具有强的抗氧化能力。蜂蜜中含有丰富的多酚类成分，这些成分不仅具有很强的抗氧化活性，而且具有多种生物活性。结果显示，检测 18 项黄酮多酚类物质中，河边村野生蜂蜜检出了 11 种酚酸黄酮物质，其中对羟基苯甲酸、芦丁、咖啡酸等物质含量较高，具有极大的营养和药用价值，且口感极佳（图 2）。而植物毒素则未检出，证明蜜蜂所采蜜源植物中没有有毒物质。

中国农业科学院蜜蜂研究所蜂产品质量安全研究评价中心

实 验 报 告

№：K18279　　　　　　　　　　　　　　　　　　第 1 页 共 1 页

样品名称	野生蜂蜜	检验类别	科研
送样单位	北京中农寻蜜人生科技有限公司	规格/商标	散装
生产单位	/	送样人	杨森
样品数量	200g	送样日期	2018.07.18
样品编号	K18279	报告日期	2018.08.06
检验项目	没食子酸等 18 项、蜂蜜中植物毒素	样品状态及包装	/

实 验 结 果

样品编号	原编号	样品名称	检验项目	检测依据	计量单位	实测值
K18279	/	野生蜂蜜	没食子酸	科研	μg/100g	未检出
			原儿茶酸	科研	μg/100g	8.4
			对-羟基苯甲酸	科研	μg/100g	27.9
			咖啡酸	科研	μg/100g	8.0
			对-香豆酸	科研	μg/100g	0.6
			阿魏酸	科研	μg/100g	0.7
			芦丁	科研	μg/100g	10.0
			槲皮素	科研	μg/100g	0.4
			柚皮苷	科研	μg/100g	0.3
			山奈酚	科研	μg/100g	0.3
			咖啡酸苯乙酯	科研	μg/100g	未检出
			柯因	科研	μg/100g	0.2
			高良姜素	科研	μg/100g	未检出
			苯甲酸	科研	μg/100g	4.3
			杨梅酮	科研	μg/100g	未检出
			桑色素	科研	μg/100g	未检出
			芹菜素	科研	μg/100g	未检出
			松属素	科研	μg/100g	未检出
			蜂蜜中植物毒素	科研	/	未检出

备注：芹菜素、桑色素检出限 0.2μg/100g，杨梅酮检出限为 0.5μg/100g，没食子酸、高良姜素检出限 1.0μg/100g，咖啡酸苯乙酯检出限为 0.3μg/100g，松属素检出限为 0.8μg/100g。
内部参考，不具有对社会的证明作用。

签发：　　　　　　审核：　　　　　　制表：

图 2　河边村野生蜂蜜黄酮、多酚类物质以及植物毒素检测结果

可以说由于河边村地理位置的优越性，处于热带雨林，植被生态多样性高，所产蜂蜜的口感和营养价值更为独特而有优势，可以说是一款很好的产品。好的产品还必须有好的理念和外观设计。第一是产品赋予的意义，这是一款农大人践行精准扶贫政策而开发的产品，是一款公益性产品，把绝大部分利润给村民，并且发展蜂产业，实现产业扶贫，是农大人奋斗在扶贫一线的足迹。第二是稀缺性，采自西双版纳原始森林，所以取名“雨林蜂蜜”，每一滴都弥足珍贵。第三是品质，其口感的特殊、无农药兽药抗生素残留、富含黄酮以及多酚类物质，品质够硬！为此，我们设计了“雨林蜂蜜”的包装，如图 3 所示。产品开发完成后，我们将首先在农业大学校内进行体验与测试，并持续经营并扩大销路，实打实地促进河边村精准脱贫。

图 3　“雨林蜂蜜”外观设计图

深入调研发现，要想把这个事情做起来，还得有稳定的产量和供应链，还得有几户村民带头学习并试验通过现代化的养殖技术。我们选取了对此事比较感兴趣的村民，根据 GB 3607—83 标准指导村民们制作蜂箱，为村民们开展培训，如如何野外引诱中华蜂、如何分蜂以及中华蜂病虫害如何防治等。但是学习养蜂实在是一件不容易的一件事情，需要长期跟踪指导与交流，我们决定全面对接河边村的合作社，采用“公司＋合作社＋村民”的模式，从产品的研发、供应链管理、包装与宣传到产品的销售推广进行一条龙服务，帮助村民解决技术与销路难题，实现产业扶贫。根据我们的初步估计，定点养殖的话，每箱蜂每年大概能产出 15～30 千克成熟蜂蜜，以 150 元/千克收购价格算，年产值在 2 250～4 500 元/箱，一户家庭养殖 10 箱即可脱贫致富。

这里有很好的自然资源也有质朴的村民，这些天我们也感受到了小云助贫中心志愿者在这里长年累月深入一线带领村民们脱贫致富的决心和毅力，我们非常愿意能够加入学校助贫河边村的事业中来，利用我们的专业知识和技能为河边村提供更多的帮助，我们希望河边村之行，不是终点，而是我们农大博士结缘这里的起点。

河边村红壤资源如何改良

——对河边村土地改良的建议

刘海鹏　中国农业大学资源与环境学院

一、调研基本情况

为进一步深化“百名博士老区行”活动的效果，中国农业大学对云南省勐腊县河边村开展“百名博士老区行”暑期科技服务活动。此次活动中我们一行人对云南省勐腊县河边村展开为期一周的调研活动，在宋海燕老师的带领下对河边村的中草药育苗、冬瓜猪养殖、蜂蜜生产、水稻玉米状况进行了实地考察，并且走访当地村民、进行技术培训、开展儿童活动。对河边村进行了深入的调查，了解了科技服务的需求，对调研过程中遇到的问题进行了记录，并结合自身的专业知识提出相关的建议。

二、河边村发展过程中遇到的问题

我们在宋海燕老师的带队下，对村寨进行了参观调研，领略到了助贫中心精心设计的美丽瑶寨，经过助贫中心和村民们 3 年的齐心协力，56 户独具瑶族风情的栏杆式木屋鳞次栉比，屋内现代设施齐全，楼上客房干净整洁，文艺清新，让人眼前一亮。清晨倚窗远眺，美景尽收眼底。村中还建了酒吧、超市、餐馆、茶馆、儿童活动中心，村民们也热情淳朴，让我们充分感受到了瑶寨的独特韵味。

在调研的过程中，我们也发现了河边村在发展过程中遇到的一些问题，主要表现在以下几个方面：

1.土壤状况

通过此次调研我们发现，河边村的土壤属于红壤土，红壤主要是由于脱硅富铁铝化风化过程以及生物的富集作用相互作用而形成的，这种土壤含铁、铝成分较多，有机质少，酸性强，土质黏重，土壤肥力较低，是我国南方的低产土壤之一。由于红壤质地黏重、保水性好、加之雨量充沛，导致土壤排水不畅，极易使作物产生烂根现象，此外还容易造成水土流失的现象，因此，必须对河边村红壤资源的开发利用进行全面的规划和综合管理，并结合发展与保护、利用与改进，来防止水土的进一步流失，达到改善生态环境的目的。一方面要增加在农业方面的投入，另一方面要调整农业生产结构，确保农业可持续地发展。

2.种植业状况

通过田间实地调研，我们了解到由于当地农田数量不足，农民多在山间坡地上种玉米，而这些坡地的坡度大多不符合开垦的要求，田间无灌排措施，植株种植过密，玉米采摘过程比较困难，难以实现规模化种植。不少农户将玉米种植在山间平地上，但河边村的雨季雨量太大，加之红壤土肥力有限，又十分黏重，对玉米的根系健康生长造成了威胁，常常出现整块土地颗粒无收的现象。土地的利用程度大，一年至少种植两茬作物，对土壤肥力的索取太大，会造成土壤肥力的逐年下降，难以实现土地资源的可持续利用。水稻常种植在河边低洼地带，由于水稻的喜水，且红土黏重，有利于水的聚集，水稻的长势不错。中草药育苗以丹参、当归、蒲公英为主，存在的问题主要是培育地的选择不当，而且排水的设施不全，在雨季地块的积水现象比较严重，药材苗容易发生根腐病。河边村的雨季降雨量十分大，再加上红壤土地的质地十分黏重，对水的保持能力极强，若田间没有良好的排水设施，则会大大影响作物产量。

云南山地面积占总面积的80%以上，所以作物的种植地块分布分散，难以形成规模，不能够进行标准化、规范化的管理。

3.养殖业状况

河边村的冬瓜猪饲养周期一般为10～12个月，出栏体重40～60千克，多以玉米、米糠、香蕉、甘蔗、红薯秧等为饲料，肉质非常鲜美。为了保护环境建设美好村寨，村里建了集体猪舍，规模比较小，冬瓜猪的数量在200头左右，平均6户拥有一个猪舍。

不足之处是虽然集中饲养，但是每家人都是单独饲养，由村民自发组织饲喂，容易引起冬瓜猪的应激反应。猪的饮水是靠人工来添加的，加之猪舍离农户较远，容易引起冬瓜猪的缺水问题。农户对不同生长发育阶段的猪采用统一饲料喂养，由于不同阶段猪营养需求有所不同，容易引起部分猪营养不足的问题。

三、对河边村发展的建议

针对村民反映的猪生长速度较慢，饲料利用率较低的问题，建议将仔猪、生长肥育猪、妊娠母猪和哺乳母猪分阶段饲养，每一阶段提供优质食料和绿色安全添加剂，以满足冬瓜猪的生长发育需要。另外，需要组织有经验的村民统一管理各个猪舍，保持猪自由饮水和采食高品质饲料，每天清粪。

接下来主要针对河边村红壤资源合理利用与改良的问题，我们经过实地走访调研，并结合所学专业和查阅资料，提出了以下建议：

1. 防治水土流失，保护红壤资源

在河边村调研的这段时间里正值雨季，雨量大，降雨集中，而河边村的地貌石头少，红壤多，加之人类活动的影响，如在陡坡上种植玉米，使河边村的水土流失严重，河水特别红。下雨常常造成塌方，堵塞道路。建议减少人为活动对绿色植被的影响，利用大自然的自我恢复能力来改善水土流失现象，对于破坏严重的地段，建议种植植被和利用工程技术的措施。

2. 培肥土壤，提升地力

为了提高农作物在红壤地上的产量，必须采取合理的措施来培肥土壤提升地力。可以通过种植绿肥、增施有机肥、合理使用化肥、农家肥回田等措施来提高绿肥；采取合理的休耕措施，以减轻土地的承载能力，还可以采用免耕、少耕等措施来减轻对土地的压实，对红壤地的利用要用养结合起来，不能一味地向土地索取，要及时地补充肥力。另外，针对红壤的酸性较强，可施用石灰可以改善土壤过酸的状况。

3. 全面规划，合理布局

河边村农业发展比较粗犷，在对红壤土地的利用过程中，要做到宜农则农，对于25°以上的坡地，不再适宜种植农作物，否则会加剧土壤的流失；对于地势低洼的土地建议改旱地为水田，利用水稻的抗涝性来抵抗作物根系腐烂的现象。

4. 兴修水利，应用抗涝技术

河边村红壤地区的主要自然灾害是水量充沛导致的洪涝和滑坡，因此需要兴修水利、深挖沟排水、建议采用垄上种植或在高畦上种植的方法，以减轻水涝的灾害。

四、总结

为期一周的调研时间很快就结束了，但在河边村这短暂的几天里却留下了深刻的记忆。这是一个深入了解基层、了解实际问题、将理论与实际结合的珍贵机会。不仅感受到扶贫过程的艰辛，也体会到山区农民生活的不易。在此对河边村的盛情款待表示衷心的感谢，同时感谢一路同来的老师和同学们的同心协力。祝愿河边村的明天越来越好！

与村里农户探讨种植问题

“四位一体”助力冬瓜猪产业发展
——河边村“冬瓜猪”养殖现状及对策建议

龙沈飞　中国农业大学动物科技学院

由于村民们的专业知识缺乏，村里的作物和中草药种植，畜禽和蜜蜂养殖仍然存在问题，作为研修动物营养与饲料科学专业的博士生，虽然理论知识丰富，但实践经验不足。因此，希望来到美丽瑶寨实地调研当地的养殖和种植情况，并提出相应的对策建议。初到这个美丽乡村瑶族山寨，发现其坐落于原始森林之中，笼罩于氤氲的薄雾中，高脚黛瓦的崭新木房民宿，完备的配套服务设施（酒吧、超市、运动中心、活动中心、学前儿童教育中心等），让这里成为游客们神往的净土。经过近一周的实地参观和考察，我们对当地的猪鸡养殖和作物、中草药种植情况进行汇总，并将科学理论知识与社会实践相结合，针对调研发现的突出问题开展养殖和种植的科普讲座。本文从种、料、病、管全面剖析河边村的冬瓜猪养殖情况，即冬瓜猪很特殊、吃啥好、咋没病、咋好养以及未来发展之路5个方面展开，并给村民朋友们提出针对性的方案和建议，以求更好地服务于当地冬瓜猪养殖。

一、品种——“咱冬瓜猪很特殊”

冬瓜猪体型很小，滇南小耳猪的一种具体的形态描述为：身似冬瓜，屁股似骡子，蹄似麂子。冬瓜猪在当地野猪经千百年驯化而来，还保持着部分地方野猪的野性，好动、攻击性强。冬瓜猪虽然抗逆性强、耐粗饲，肉品质量优良，但长得慢（10～

12 个月)，饲料转化率较低且出栏重较小(40～60 千克)。当地的冬瓜猪之前基本饲养在自家猪舍中，而在小云助贫中心和政府的帮助下已经实现人畜分离，村里建造了 6 个半开放的猪舍，每家的猪都在集体猪舍统一管理，但是每家的养殖规模都不大，自给自足。

相比于商品猪，冬瓜猪的脂肪酸组成更加优良，肉品质更好。表 1 展示了冬瓜猪肉的脂肪酸组成情况，冬瓜猪肉中富含亚麻酸、饱和脂肪酸(48.37%)和单不饱和脂肪酸(51.61%)，可提供人类大量必需脂肪酸(亚麻酸、亚油酸等)和高品质猪肉(饱和脂肪酸和单不饱和脂肪酸含量高则肉品质较好)，对预防相关疾病也有着重要作用。冬瓜猪一般遗传稳定，国外的猪种饲料转化率高，饲养周期短，通过良种选育和杂交手段可有效克服冬瓜猪的不足，发挥杂种优势，但杂交对其肉品质的影响仍然需要进一步研究。

表 1　冬瓜猪肉的脂肪酸组成　　%

脂肪酸	含量
豆蔻酸(C14:0)	1.59 ± 0.41
棕榈酸(C16:0)	31.35 ± 3.02
棕榈油酸(C16:1)	0.21 ± 0.41
硬脂酸(C18:0)	15.43 ± 2.55
油酸(C18:1)	43.01 ± 3.99
亚油酸(C18:2)	6.05 ± 2.60
亚麻酸(C18:3)	2.34 ± 0.74
饱和脂肪酸	48.37 ± 3.47
不饱和脂肪酸	51.61 ± 3.40
多不饱和脂肪酸	8.39 ± 2.72

二、饲料——咱冬瓜猪吃啥好

众所周知，人类日常的营养需要包括能量、蛋白、纤维、维生素和矿物质，而冬瓜猪饲料中也必须包含能量、蛋白、纤维、维生素和矿物质等满足其生长发育的需要。在实地走访期间，调研得到当地冬瓜猪的饲料都是原生态的，饲养相对粗放。冬瓜猪饲料原料多以当地优质玉米、米糠、自家香蕉、红薯秧和甘蔗秆等为主，以满足其能量、蛋白、纤维、维生素和矿物质，在小群饲养和散养模式时可以使用。

走访过程中，村民们反映冬瓜猪较商品猪的生长速度较慢，饲料利用率较低。经过实地观察，我们发现在饲料上存在一些问题：①村民家不同阶段猪的饲料相似，玉米不粉碎，饲料利用率不高。②有些农户把自家的剩饭剩菜喂给冬瓜猪吃。③青香蕉作为饲料原料，常常存在剩料情况，容易发霉。④村民们自家准备的母猪和仔猪饲料各式各样，且品质不一。

在饲养营养方面，我们建议可采取措施：①针对当地现有条件，在断奶仔猪料中补充当地粉碎并且水分达标的优质玉米（粉碎）和部分购买的仔猪料，增加仔猪能量和蛋白的摄入量，但严禁饲喂剩饭剩菜。②在生长肥育猪饲粮中添加玉米（粉碎不粉碎均可）、少量香蕉（当天吃完）、红薯茎和部分玉米酒糟。③对于妊娠母猪早期添加红薯叶、玉米和米糠的含量，妊娠后期和泌乳期增加玉米、香蕉、菜叶和红薯叶的比例。④对于不同阶段的猪的不同营养需要，调整配方，饲喂优质饲料原料和饲料添加剂（包括部分当地中草药提取物）。

三、疾病——咱冬瓜猪咋没病

调研过程中，我们发现以下有关疾病防疫的问题：①断奶仔猪易发生腹泻和肠胃道疾病，死亡率高。②由于清理粪便时用水冲地面太滑，妊娠和哺乳母猪会经常打滑。③集体猪舍在夏天存在通风，在冬天存在保暖问题。④自家猪舍经常比较阴暗潮湿，猪生长性能差。⑤村民们没有固定时间喂猪，过多人员出入容易对猪造成应激。⑥部分猪舍圈养3头大小不一的生长肥育猪或者肥育猪和仔猪在一起圈养。⑦村民养殖防疫常识不足，对常见疾病认识不足。

针对以上有关疾病防疫问题的调查，我们建议：①采取集中饲喂，2～3位专业户专门负责方式，在早上8～9点，晚上5～6点定点定时饲喂，减少猪的应激反应。②调整饲养密度和结构：将大小均匀的保育猪、肥育猪和母猪分栏圈养。③扫帚每圈一把，食槽位置固定，防止交叉感染问题。④哺乳母猪和仔猪圈舍铺设适量的垫草，经常更换。⑤发现患病猪只，隔离治疗，补充多种维生素和对症治疗药物。总之，为猪提供优质的生存环境：空间、饲料、光照、空气（温度、湿度、风）、水以及安静平和无应激环境。

传染病是由病原微生物通过传染源经过一定的传播途径感染易感动物引起的疫病。在为村民们开展的养猪讲座中，我们介绍了几种常见的可能发生在冬瓜猪上的疾病以及临床症状。①沙门氏菌引起的猪附伤寒病：耳、腹部及四肢皮肤呈深红色、后期呈青紫色；先便秘后下痢，粪便恶臭有时带血，拱背后腿前缩。②大肠杆菌引起的仔猪黄白痢：黄色稀粪、脱水、瘦弱有黄色稀粪和白色粪便、恶寒扎堆。③链球菌引起的猪链球菌病：眼结膜潮红，腕关节炎症的运动障碍，局部皮下出血。

而村民们可以从以下几个方面防治这些疾病：加强饲养管理；提高机体自身免疫力；防止继发感染；对发生疾病仔猪隔离单独饲养，并按规定注射药物治疗（抗生素和电解多维等）。

四、管理——咱冬瓜猪咋好养

目前全村的冬瓜猪大多集中在由小云助贫中心筹建的6个集体猪舍中饲养，共圈养约200头冬瓜猪，实现了人畜分离。河边村环山围绕，属于热带雨林气候，少见冷风，畜舍为半开放式，便于采光。

针对村民们对冬瓜猪养殖方面的薄弱点，本团队成员在8月26日晚，结合专业知识和河边村的实际情况给河边村养猪户们做了一场科普讲座。用通俗易懂的语言图文并茂的方式让大家对冬瓜猪的养殖有了更科学的认识，现场互动频繁，深受农户们的欢迎。这次讲座主要针对以调研中还发现的一些和管理相关的重大问题：①农户主要采用集中饲养的模式，但是部分人家仍在家的猪舍饲养，由于河边村地处亚热带雨林气候，自家猪舍多阴暗潮湿，透光透气性差，这种条件下，猪舍容易滋生大量细菌并诱发细菌性疾病的发生。②饲养管理常识不足。比如，断奶仔猪饲喂的饲料，青贮成分偏多，导致小猪生长缓慢。保育猪舍地面无干草铺垫，而小猪生长需要的温度比生长肥育猪高，这样导致小猪常常瑟瑟发抖，应激较强。③饲养不分阶段，饲养密度不合理导致弱仔的出现。④母猪由于使用年限（7～8年）过长，生产性能的下降，缺少淘汰和更新。

面对当地的管理不足，我们建议：①合理利用饲养空间：母猪、仔猪、生长肥育猪分栏饲养，对于养殖猪较多的人家至少配备3个圈。②猪舍配备通风和取暖设备，保证哺乳仔猪和断奶仔猪温度要求，对部分圈舍铺设适量的垫草并经常更换。③母猪断奶及时（2个月左右），以便尽快进入下一次发情配种，争取一年达到2胎。④母猪达到7胎需要视情况淘汰，并计算补充后备母猪，更新换代，保证母猪的生产性能。我们还建议组织有经验的村民统一管理猪舍，保障猪自由饮水和采食，保持畜舍卫生。⑤集中饲养，统一管理。

五、冬瓜猪的未来

河边村未来会发展为旅游和度假胜地，随着未来冬瓜猪养殖实现规模化，将面临更加严峻的环保、猪群健康和防疫等问题。针对此我们提出：未来的冬瓜猪养殖发展需要更加规范化、科学化，坚持走绿色高效环保之路。可以借鉴经验，采取“合作社＋基地＋农户”的养殖模式，在当地政府共同支持下带动当地养殖户发展。给河边村的冬瓜猪和猪肉注册商标，打造成地方特色品牌，开辟了多个冬瓜猪鲜肉销售点，开设专卖店和主题餐饮，开发了罐装油炸肉、香肠和腊肠等产品。通过淘宝网和京东等电商平台以及覆盖全国的快递网络，将具有河边村的特色冬瓜猪肉制品销往全国各大市场。发展种养结合的生态养殖绿色环保养殖之路，发展生态养殖循环产业链和生态旅游，检查使用和完善沼气处理系统，变废为宝。利用河边村的特色瑶族旅游资源，并进行屠宰分割，形成类似"金华火腿"的区域特色品牌和礼品，自产自销。

六、小结

河边村一行匆匆数日，我们与当地的村民建立起长期而历久弥新的联系。我的最大感受是任何的科学理论都需要实践去验证，养殖冬瓜猪是一门艺术，而创作这门艺术的是村民们的勤劳和朴实，相信在种、料、病、管四个方面村民们做好功课，冬瓜猪的特色生态养殖也会成为当地的特色和示范。

发展冬瓜猪与走地鸡，疫病防控很重要

——河边村养殖与疫病防控情况调查

曲胜华　中国农业大学动物医学院

一、河边村基本概况

在河边村一年四季都有充沛的降雨量，气候适宜，这里的土壤多为红壤，质地较为黏重，保水性较好。种植作物以玉米、甘蔗、水稻为主，但是由于所产玉米口感较差，不宜销售，一般村民会用此作饲料饲喂冬瓜猪和走地鸡。热带雨林气候多产香蕉，香蕉多因品相不佳，无法销售，村民也会用此作为饲料饲喂冬瓜猪和走地鸡。

二、冬瓜猪的养殖情况

冬瓜猪是云南当地有名的猪种，属于滇南小耳猪，又被称作细骨猪、小香猪。冬瓜猪体型比较小，一般成年猪也只有 50～60 千克/头，因为在当地它有"冬瓜身，骡子屁股，麂子蹄"之称，所以被形象地称为冬瓜猪。冬瓜猪是云南省特有的猪种，主要在西双版纳傣族自治州等地区养殖。冬瓜猪是由当地傣、基诺、哈尼等少数民族，由野猪驯化而来的地方品种，至今已经有 2 000 多年的历史。冬瓜猪以早熟，屠宰率高、皮薄、肉质好的特点，受当地人的喜爱。但由于它是由野猪驯化而来，也具有性情野，生长速度慢，饲料利用率低的缺点。一般情况下，饲养时间需要 10～

12个月，出栏时体重在40～60千克。

通过对河边村冬瓜猪的观察和入户调研，我们了解到河边村全村58户人家，家家户户均饲养冬瓜猪，目前河边村的饲养模式主要为小范围集中饲养，即几个农户的猪集中饲养在一起的方式，河边村现共有6个半开放式猪舍，共圈养约200头冬瓜猪，每5～7户人家共用一栋猪舍，每栋猪舍大约分为10个小猪舍，平均每个小猪舍约饲养3头猪，冬瓜猪的饲养密度较为合理。但在养殖过程中仍然存在一些问题，比如农户饲养过程的疫病防控工作与科学饲养工作，缺乏科学性。

存在的问题总结如下：

(1)农户主要采用集中饲养的模式，但是部分人家仍在自家猪舍饲养，由于河边村地处亚热带雨林气候，自家猪舍多阴暗潮湿，透光透气性差，猪舍容易滋生大量细菌并诱发细菌性疾病的发生。

(2)农户对传染病的认识及防疫常识不足。比如不同猪舍用同一扫帚清扫粪便，清扫完粪便的扫帚用来清扫饲喂槽。

(3)饲养管理常识不足。比如，断奶仔猪饲喂的饲料，青贮成分偏多，导致小猪生长缓慢。育雏猪舍地面无干草铺垫，而小猪生长需要的温度比青年猪高，这样导致小猪常常瑟瑟发抖，应激较强。饲养密度不合理，多个猪舍存在饲养密度过高的问题，部分猪只被排挤到排粪区。不同大小的猪混养，导致部分弱猪的存在。

针对以上问题，我们建议农户尽量在条件较好的集体猪舍饲喂，并给妊娠母猪舍和育雏猪舍适当铺垫干草，断奶仔猪与产后母猪适当增加能量饲料的饲喂量。清扫粪便的扫帚尽量每舍一把，并向农户介绍传染病的基本概念，预防措施以及不同细菌性疾病发生时的症状，并建议农户一旦有疑似症状发生，应提高冬瓜猪的饲料管理，环境卫生管理，并适当增加饲料中维生素的比例，以提高冬瓜猪的免疫力。

三、走地鸡的养殖情况

走地鸡，又称果园鸡、跑山鸡，是农户利用自家的田地、果园等场地，饲喂玉米、菜叶和米饭等饲料饲养的鸡。走地鸡以“健康、肉鲜、味美”的特点，颇受粤东地区人们欢迎。河边村主要在山地林间饲养走地鸡，这些走地鸡肌肉胴体丰满、肉质细嫩、皮薄骨细、肉色洁白、肉质较好。但是由于养殖户缺乏专业的养殖技术和管理经验，导致多数散养的走地鸡成活率不高，经济效益低下，存在的问题总结如下：

(1)规模小，散养户多。河边村饲养的走地鸡多以散养为主，平均每户几只到几十只不等，多是在自家林地、庭院饲养，无集约化规模化的养殖模式。农户缺乏专业的养殖技术，养殖棚舍建设不合理，棚舍简陋，场址选择较为随意，饲料单一，传染病防控能力差，而农户资金不足，抗风险能力差，疫病一旦发生则损失极为惨重。

(2)饲料单一，缺乏管理经验。河边村的走地鸡多采用散养方式，走地鸡在林地自由采食。农户每日用玉米粒、菜叶等饲喂2～3次，部分农户会用预混的玉米粉和菜叶等作为饲料饲喂走地鸡。尽管林间自由采食有助于走地鸡采食矿物质维生素等微量元素，但是没有科学合理的饲料配比和管理技术，走地鸡饲料转化率低，生长缓慢，饲养周期长，成活率低。

(3)防疫意识淡薄，用药不当。多数农户缺乏基本的疫病防疫知识，当一家鸡舍的鸡发病后，如若没有及时有效地处理措施，极其容易引起全村鸡发病与死亡，由于河边村位处山地中间，远离城镇，无法及时获得兽医师的指导，很难做到合理有效防疫工作。部分农户凭借经验给鸡服用药物，由于农户不了解药物的配伍禁忌，常造成药效低下，治疗不彻底，甚至药物剂量过大可导致鸡迅速死亡的后果。

四、河边村养殖建议与期望

河边村饲养的冬瓜猪与走地鸡，肉质紧实有嚼劲，营养价值丰富，非常具有当地特色，具有很强的推广性。但是目前集约化生产尚且不足，河边村可以凭借地理优势，有效地利用山间林地集约化饲养走地鸡和冬瓜猪，将其加工为产品，树立品牌，销售至全国各地，发展前景非常广阔，但是目前在科学饲养管理，疫病防控和生产加工方面存在较大问题，我认为应加强以下几个方面的建设。

(1)科学的饲养管理。募集3～5家村民，志愿学习科学饲养管理技术，开辟1～2块林地，发展规模饲养模式，固定的管理者管理固定的猪舍或鸡舍，每日观察猪舍或鸡舍中冬瓜猪或走地鸡的生长状态，做好管理，记录饲料的消耗量与剩余量，每日定点饲喂、定点清理粪便，保障畜舍卫生，棚舍的通风、空间充足以及棚舍的牢固性，保护家畜免受额外应激。

(2)做好疫病防控工作。保障家畜足够的采食、饮水和光照，保障畜舍安静平和的环境。做好工作检测，当个别家畜发生异常时，及时隔离检查，并加强大群家畜的营养，在饲料中适当添加维生素，增强免疫力，对幼雏悉心照顾，降低死亡率，对老弱家畜应予以淘汰以免影响大群健康。

(3)生产加工。建议寻找合作商，发展“农户＋合作商”模式，河边村农户提供肉质鲜美的畜禽，合作商负责产品加工与销售，这样可以解决农户的技术局限问题，也减少了产品加工需要的烦琐工序，合作商也可以为农户提供就业机会，在一定程度上可以促进河边村经济发展。

晚上在村里做养猪的夜间培训

基建落后严重影响当地种植业的发展

——河边村种植业分析

石晓宇　中国农业大学农学院

2018 年 7 月，依托“百名博士行”活动，我们一行 10 人来到西双版纳州河边村。在小云助贫中心宋海燕老师和村民的带领下，我们对河边村的农业生产情况进行了调研，并与当地村民进行了沟通交流，发现了生产中存在的一些问题，并给出了一些建议。在 7 天的行程中，我们先后实地参观了中草药育苗基地、水稻田、芭蕉林等，又入户对种植业生产情况进行了走访调查，了解到农业实际生产中的困境，对部分问题进行了探讨，给出了我们的建议，以期为河边村种植业的发展提供帮助。

一、河边村种植业情况

本次调研活动深入田间地块和农户家中，深入了解了当地种植业发展情况，河边村地处亚热带季风气候区，种植业特色明显。当地种植方式较为原始，可用耕地不多，林地和坡地较多。当地主要种植水稻、玉米，有十几户种植甘蔗，接下来详细介绍各种植业的情况。

1. 砂仁种植业

砂仁是姜科豆蔻属多年生草本植物。每年 5～6 月份开花，8～9 月份成熟结果，主要栽培或野生于福建、广东和云南等省的山地、林地等。常绿阔叶林是砂仁的主要种植地，砂仁对栽培条件有严格的要求，尤其是光照和水分。果实主要为药用，广东阳春砂的品质最佳，主治脾胃气滞，呕吐腹泻等，且砂仁具有极高的观赏价值。

砂仁是河边村的主要经济作物，需要三年才能成熟，5～7 年的时候结果最多。河边村每家都种植砂仁，种植面积较大的大概有 40 亩左右，当地砂仁每年 8 月成熟。本地砂仁品种为阳春砂，经济效益较高，近年来价格为 300 元/千克。河边村遵循自然保护区原则，村民选择绿色种植，砂仁不施肥不撒农药，完全原生态。从 20 世纪开始种植砂仁，但近年来价格和产量都不稳定，产量逐渐下降。

2. 橡胶种植业

橡胶树为落叶乔木，要求在年平均降水量为 1 150～2 500 毫米的，需湿度较大的地区种植，喜肥喜光，在疏松肥沃排水通畅的酸性沙壤土中生长较好。由于天然橡胶具有高弹性、绝缘性等特点，广泛地运用于国防、交通、医药卫生、工业等领域。

河边村大多数农户家中都种植橡胶，割胶需要在树叶水分较少的凌晨进行，但由于近年来橡胶价格下跌，割胶较为辛苦，所以近年来割胶次数减少。每年 5～12 月收割橡胶，每棵树每隔一天收获一次，凌晨 3 点开始割胶，一天割胶的收入在 30～40 元。橡胶对生态环境污染较大，也比较累。

3. 水稻种植业

水稻喜温喜湿，对土壤条件要求不严。河边村水稻种植业方面主要有两种种植类型，常规种植和绿色种植。第一类为常规种植，亩产大约为 300 千克，农户底肥施入 40 千克复合肥，生长季追施 30 千克复合肥；第二类为绿色种植，亩产为 200 千克左右，种植水稻的方式较为原生态，种子为自留种，不施肥，人工除草，水稻收获之后焚烧秸秆培肥土地。但近年来由于种植水稻收入不高，所以部分农户今年没有种植水稻。

4. 冬季蔬菜

河边村村民会种植自家吃的冬季蔬菜，包括白菜、包菜、豆子、南瓜、辣椒等，但没有大规模种植。由于去年蔬菜价格下跌，且种植蔬菜比较费工，种植冬季蔬菜的意愿不高。冬季降水减少，水利基础设施薄弱也是限制当地发展冬季蔬菜产业的主要因素。

5. 中药材育苗

当地培育了丹参、当归、红花、防风、续断、蒲公英等幼苗，目前为育苗阶段，准备明年开始林下种植中草药。由于当地雨水较多，土壤黏性较大，幼苗根腐情况严重，根腐烂之后叶片枯萎，同时由于蚂蚁、蜘蛛、蟋蟀等啃食幼苗根茎，导致种苗成活率大大下降，烂苗情况严重。

二、解决方案

1. 砂仁种植业

遵循当地生态保护的原则，栽培措施方面应尽量减少对生态环境的影响。配合施用腐熟的人畜粪等有机肥，生长过程中适当除草。

(1)调节荫蔽度。根据砂仁的生育期及时调节荫蔽度。在未达开花结果年限之前，砂仁生长需要较大荫蔽度，因此荫蔽度可以保持在 70%～80%。进入开花结果年限后，砂仁需要更多光照用于生殖生长，因此荫蔽度保持在 50%～60%较为适宜。

(2)控制土壤水分。砂仁种植过程中要注意控制田间水分，雨季要做好排水措施，在生长旺盛的时期应及时灌溉，在成熟期时可减少灌溉次数。

(3)除草。新种植的砂仁需要除草 4～5 次，之后每年生长初期和成熟期除草两次即可。清理杂草落叶，割除枯残苗和过密的春苗。砂仁的匍匐根和匍匐茎较多，因此需用手除草，或使用镰刀割草。遇有枯干的老苗及有病的植株应除去，以便其他植株的根茎继续生长。

(4)施肥。根据当地的保护自然原则，可以在收果后适当施用有机肥。

(5)人工授粉。可采用推拉法对砂仁进行人工授粉，授粉时间大概在上午 7 点至下午 4 点为宜，通过推拉雄蕊使花粉进入柱头孔，但推拉过程中要小心操作避免损伤匍匐茎。也可通过扩大蜜源，在砂仁种植地附近种植果树花卉，引诱更多的昆虫进行传粉。

2. 中草药育苗

当地所选的中草药育苗地块由于排水不畅、土壤透气性较差，且地势低洼，当地又雨水较多，所以造成了地块积水的问题，进而导致幼苗根腐病的发生，因此给予村民如下防治措施建议：①选择肥沃且地势较高的地块进行中草药育苗。②整地时对土壤消毒。③在育苗之前，将质量差、带病种子等筛选出去，还要对种子进行消毒。④雨季深挖排水沟，通过中耕等田间措施降低田间湿度，雨季做好防涝措施。⑤即时拔除病株弱苗。

3. 有机肥发酵

养猪场产生的粪便和污水不仅威胁着河边村的生态安全，也影响着养猪场自身的养殖环境。农业生产中需要大量有机肥，有机肥不仅可以提高农作物的产量品质，还可改善土壤的理化性质。

（1）收集猪粪、作物秸秆集中堆放，搭建积粪场和水塘。夏季积粪1～2天后，即可运进发酵房待接种。发酵房要求能通风透气、结实防漏，冬季对保温效果有一定要求。

（2）接种比例一般为3吨猪粪∶1千克菌种，首先在发酵房将粪堆堆成长梯形，再均匀撒上菌种，撒好菌种之后再均匀撒上垫料，搅拌后堆呈长梯形。夏季温度过高时要及时开窗通风，冬季温度过低时要及时关闭门窗或在粪堆上方覆盖塑料布。

（3）开始堆放后，每天需要测量两次温度，早、晚各一次。如果发酵堆温度下降或不升高，应加水或添加辅料，并重新搅拌。

（4）夏季一般发酵时间为40～50天，春冬季发酵时间一般为50～70天。

三、河边村农业发展问题

1. 农田水利设施薄弱，自然灾害频发

河边村农田水利设施薄弱，不能满足农业可持续发展的战略需要。由于农业生产条件落后，河边村没有完善的农田水利设施体系，虽然雨水较多，但并没有配套的水利设施加以利用，因此农业生产受自然条件及天气影响较大，摆脱不了“靠天吃饭”的现状，冬季没有足够的雨水满足作物生长，制约了冬季蔬菜种植面积的扩大。

2. 生产力水平较低，生产方式落后

从总体上看生产力水平不高，受地形、气候等条件限制，河边村无法实现机械化生产。同时由于农技推广不到位，也没有建立自己的农业品牌，导致河边村的农业生产技术含量低，农产品质量不高，也加大了生产成本，导致产业竞争力不强。

四、建议与对策

河边村首先需要加强水利建设，建立灌区节水配套体系，良好的水利设施条件有利于冬季蔬菜面积的扩大，也有利于减少自然灾害频发对农业生产造成的影响。此外，根据当地的生态保护政策，可以因地制宜建立无公害农产品生产示范基地。同时利用农技推广力量，对河边村村民进行农业技术培训，推广良种良方，提高农业生产力水平。河边村有着丰富的自然资源和良好的生态环境，林下经济的发展充分发挥了当地的资源、环境优势。河边村可以因地制宜、合理布局，发展以林药种植、林下养殖、森林生态旅游和林下产品采集为主要模式的有当地特色的林下经济。

调研回来集体为培训做备课

加强田间管理　助力基础种植

——河边村田间灌排问题的调查研究

田新苗　中国农业大学水利与土木工程学院

一、调研背景

2015 年，中国农业大学李小云教授开始在勐腊县勐伴镇河边村开展深度性贫困综合治理实验，对河边村进行产业综合发展、基础设施建设改造、人居环境建设、社区治理四部分的改造。基于河边村现状，李小云教授团队设计了以高端休闲及小型论坛会议会址村建设作为主导型产业，开发出“河边村天然出品”的品牌农产品并采取微电商销售作为辅助型产业，农户种植的玉米，甘蔗等作为基础型产业，完成产业综合发展改造，由此大幅提高农民收入。基础设施建设改造则为产业发展提供基础条件，减轻基础设施落后对收入消解的影响，为减少贫困发挥作用。人居环境建设改造是每户建设独立卫生间和太阳能洗浴设施等家用设施，并建设集体猪舍，达到人畜分离。社区治理则在全村按照雨林自然景观理念进行整治与绿化，与基础设施建设共同协调，形成具有优越的自然环境与人文景观的美丽乡村。

目前，小云教授团队设计的高端休闲及小型论坛会议会址村已经基本落成，在调研期间，博士团成员学习、开讲座、办公活动场地一应俱全。基础设施建设也在稳步发展中，本次调研的主要任务是助力河边村基础性产业，对水稻、玉米，中草药育种进行技术支持，开发雨林蜂蜜、冬瓜猪等特色农产品。

二、调研中发现的问题

通过田间调研和入户走访了解到，河边村土地属于红壤，是中亚热带生物气候旺盛的生物富集和脱硅富铁铝化风化过程相互作用的产物，这种土壤含铁、铝成分较多，有机质少，酸性强，土质黏重，保水性好，适宜做水田，排水存在困难。

（一）水稻、玉米田及中草药育种存在的问题

1. 水稻种植技术落后，整个生育期实行淹灌，农田透气性差

水稻是中生植物，与其他大田作物一样，良好的土壤通气性、充足的水分供给和适宜的养分供应可确保水稻良好的生长发育，进而获得高产。水稻整个生育期的需水量一般为700～1 200毫米。有研究表明，在其他环境条件相同的情况下，空气相对湿度为50%～60%时，光合作用最强，之后光合作用随着适度的增加逐渐减弱。土壤含水率的下限不宜低于60%的田间持水率。水稻水层灌溉，可以提高根系活力和蒸腾强度，促进叶片蔗糖、淀粉地积累和物质的运转。河边村水稻淹灌深度为4～5厘米，较为合理，但在水稻整个生育期都保持同一水层深度，未遵循水稻生育期需水规律，导致水稻产量普遍偏低，平均亩产仅为250～350千克。

2. 田间排水设施不完善

河边村水稻移植大约在每年4月中旬，雨季为每年6～8月，正值水稻拔节孕穗期，这是水稻需水的关键期。但在此之前的苗期和分蘖期，根系需要呼吸，需要进行晒田，以改善土壤的水、气状况，从而调节田间小气候，加强微生物活动，防治或减轻水稻螟虫、稻瘟病等多种病虫害的发生，增强根系活力。分蘖期也需要浅水或者晒田，有利于巩固有效分蘖，控制无效分蘖，提高分蘖成穗率。还可以使水稻的稻秆的抗逆能力，防止水稻后期倒伏。因此要获得水稻高产，农田排水就显得尤为重要，而河边村稻田田边的排水沟大多较浅，无法及时排除涝水。

问题同样存在于玉米地中，玉米田并无排水措施，而且植株种植过密，玉米田受渍害较重。此外，玉米种植更为突出的问题是玉米直接种植在坡地上，这些坡地的坡度大多超过30°，玉米种植期间的除草、收获都只能通过人工爬坡背篓进行撒药和采摘，难以实现机械化。

3. 中草药育种存在的问题

目前河边村中草药育苗以丹参、当归、蒲公英为主。田间土壤均为红壤土，质地黏重，透气性差，保水性好，雨季降水过多，田间排水不及时，药苗容易发生根腐病。

（二）田间管理的建议

1.调整农田水分状况、改善田间小气候条件，促进水稻高产

幼苗期　分蘖期　拔节期　抽穗期　乳熟期

水稻生长主要有营养生长和生殖生长两个阶段。其中，秧苗期和分蘖期属于营养生长阶段。秧苗期是从种子开始萌发到拔秧这段时间；分蘖期是水稻移栽到拔节开始的时期。水稻移栽会损伤到根系，需要5～7天根系才能萌发出新根，地上部分重新恢复生机，此时期称为返青期。返青之后水稻开始分蘖，分蘖期前期可以保持水层在2～3厘米，调节田间温度，从而促进分棵，然后在分蘖后期适当排水，为水稻根系提供充足的空气。

拔节-孕穗期、抽穗开花期和灌浆结实期属于水稻生殖生长的时期。拔节孕穗期是幼穗开始分化到出穗的时期，一般是30天左右的时间；抽穗开花期为5～7天，是指稻穗从顶端茎鞘里抽出到开花齐穗这段时间；灌浆结实期是开花和水稻成熟的时期，包括乳熟期、蜡熟期和完熟期。水稻生殖生长的特点是长穗、开花、结实，形成和充实籽粒，是水稻需水的关键时期，也是实现高产的重要阶段。因此栽培时要尤其重视水、肥、气、热的协同调控。水稻需水最为关键的时期是拔节孕穗期，适宜灌深水。抽穗开花期一般适当排水，保持适宜的水层即可。灌浆期保持浅水层，乳熟后期干干湿湿，有利于提高土壤孔隙度从而增强根系活力。

2.因地制宜，选择适宜的灌水技术

广西推广的“薄、浅、湿、晒”灌溉技术要点为：薄水插秧，浅水返青，分蘖前期湿润，分蘖后期晒田，拔节孕穗期回灌薄水，抽穗开花保持薄水，乳熟期湿润，黄熟期湿润、落干。此灌溉技术有节水增产的效果。

蓄雨（水）型节水灌溉技术：利用稻田及稻田周边区域设置蓄积自然降水或灌溉水的蓄水塘，缓解双季稻地区换茬期的缺水问题，同时减低换茬期因泡田、整田所消耗的水量，提高水分的利用效率。可采取稻沟系统和蓄水收获模式，在稻田周围建立蓄水沟或蓄水池，以蓄积自然降雨，同时减轻稻田灌水或排水负担，减少经地表水流走造成的水资源浪费。

3.平整土地，完善田间排水措施，向高标准农田看齐

从战略角度出发，为确保耕地最低需求量，国家大力发展高标准基本农田建

设，以建设高标准基本农田为目标，依据土地利用总体规划和土地整治规划，通过农村土地整治建设形成的集中连片、设施配套、高产稳产、生态良好、抗灾能力强，建设出与现代农业生产和经营方式相适应的基本农田。河边村的农田分散，玉米地多为坡地，地方政府及相关部门可以同村民协商舍弃不利耕作的坡地，平整较缓的坡地，拓展新的耕地，将农田集中连片。

玉米属于旱作物，河边村全年多雨，极易发生涝、渍灾害，因此需要尽快完善田间排水设施以保证玉米高产稳产。目前国内常用的排水方式主要为明沟和暗管两种。明沟排水特点是排水速度快，效果好，但是工程量大，占地多，易坍塌不稳定，同时不利于交通和机械化耕作。暗管排水的特点是地下水排的快，降的深，降低地下水位效果好，占地少，工程量小、土地利用率高并且可以避免边坡坍塌。综合来看，推荐在田间应用暗管排水，不会妨碍耕作，还能有效避免渍害将干、支、斗沟修成明沟，加快地面排水速度，把靠近农田的河道作为容泄区，形成一套完整的排水系统，为作物创造适宜的水、肥、气、热生长环境。而中草药的种植同样可以采取相同的办法，例如丹参在畦田中种植，灌水方法可以采用畦灌法，灌水后施肥。畦块之间可以深挖排水沟，也可以铺设塑料暗管排水，由于丹参经济价值较高，既不耐旱也不耐涝，暗管不影响灌溉施肥，建议采用铺设暗管排水。

4. 用地与养地结合，加强地力建设

红壤地要获得作物产量，必须采用合理的耕作制度，扩大绿肥、豆类和花生等作物的种植比例，减少每年种植的次数，用中有养，用养结合。同时增加投入，增施有机肥，维护地力建设，永续利用土壤资源。

农村基层党建为乡村振兴注入“红色动力”

——河边村的基层党建工作调研

王雅玲　中国农业大学马克思主义学院

党的基层组织是党全部工作和战斗力的基础，是落实党的路线方针政策和各项工作任务的战斗堡垒。发挥党组织在农村脱贫建设中的领导核心作用，有利于党的各项政策的落实，促进新农村建设与发展。这次有幸参加“百名博士老区行”活动。因为我是学习马克思主义理论的，我重点入户调查了河边村的党组织建设，主要采访了河边村第一任村支书黄元周，现任村支书李富林，还有党员兼村里的会计邓林国和若干村民。详细了解了村里党员的数量情况、党员选举情况、党员干部素质情况以及党务会情况和党员在“小云助贫中心”项目下发挥的作用等情况。虽然有做得比较突出的，但是仍存在着很多的问题。

一、河边村基本状况简介

河边村地处云南省西双版纳热带雨林自然保护区南腊河流域，平均海拔为800米左右，平均气温19.2℃，年均降雨量在1 600～1 780毫米。全村(常住人口)共有57户，大约206人，其中劳动力138人。所有村民中，除2人为汉族上门女婿，其余皆为瑶族(蓝靛瑶)是一个典型的深度贫困村。其中五保户1户1人、低保户18户55人，精准扶贫建档立卡户20户，人均可支配收入远远低于人均现金支出。河边村现有土地782.3亩,其中水田地145.7亩,旱地636.6亩。人均水田地0.67亩,人均旱地2.95亩。农民生计的主要来源是种植业和养殖业,种植业主要以水稻、玉米、甘蔗、砂仁为主,养殖业主要以冬瓜猪为主。农户的主要收入来源是割橡胶、售卖砂仁和外出做零工。在小云助贫中心入驻之前,村内居住均为人畜混居的破旧简陋的木杆栏式房屋,村内无硬化路,通村路是8公里的土路。

中国农业大学的李小云教授从事扶贫研究工作20多年,为很多农村脱贫做出了巨大的贡献。自从2015年在云南省西双版纳州勐腊县河边村注册成立了“小云助贫中心”,与村民一起经过三年多的努力,现在河边村居住环境大变样,56户独具瑶族风情的栏杆式木屋鳞次栉比,屋内现代设施齐全,楼上客房干净整洁。村中还建了酒吧、便利超市、餐馆和儿童活动中心,村里也已经有硬化道路。根据当地独特的气候资源优势,冬能避寒、夏能避暑,加上丰富的动植物资源和瑶族自身的少数民族文化,把河边村发展为一个旅游胜地。发展以会议、培训为主,度假、休闲旅游、亲子活动等为辅的多元化旅游村。现在的河边村已经成为一个被广泛传播和学习的典型村。

二、河边村基层党组织建设的现状和问题

河边村是一个小寨子,人数不多。据调研了解到全村只有5个党员,平均年龄为48岁,年龄最大的63岁,几乎没有年轻党员,5个党员的文化水平都较低,基本都是初小学文化,没有一个妇女党员。可想而知,这样的党组织力量非常薄弱。全村妇女占总人口的很大一部分,尤其是年轻女性,但因没有妇女党员,很多有关妇女的工作都无法开展。村里的党员大会一个季度召开一次,党支部委员会每月召开一次,党小组会也是每月召开一次。村支书李富林说道:“这几年开会比较频繁,因为李教授的项目入驻,我们大伙要经常坐在一起商量村里的发展计划。”一般开会的内容都有讨论党支部年度工作计划和阶段的工作进展情况、学习党的各大报告和各项方针政策、开展批评与自我批评等。河边村党员坚持每个月的1号交党费,每人交一块钱,没有出现拖欠党费的现象。通过与党员访谈了解到,现在河边村党组织建设存在以下问题:

1.河边村基层党组织凝聚力不强

一方面体现在组织内部党员、干部之间的团结协作能力差。河边村党组织内部班子结构也存在不合理现象,男女党员比例严重失衡,党员中缺乏一个坚强的领

导核心，党员干部之间犹如一盘散沙，内部不团结，这样不仅内部形成不了力量，党员干部与人民群众也不能形成强有力的合力。村支书李富林说道："原本应该让文化更高，年纪更轻的人来当这个村支书，不是说我不想当这个村支书，而是应该给年轻人更多的机会，他们更有冲劲、更有想法，但是现在很多年轻人不积极响应。"另一方面体现在组织没有办法团结外部非党员群众。因为不少党员干部自身没有起到榜样作用，在群众当中没有说服力和威信力。村支书李富林说道："我们有部分党员积极性不高，完全没有起到党员的带头作用"。这些因素都会直接影响到基层党组织的凝聚力，甚至导致党的很多政策在基层执行不到位，出现拖泥带水，出现问题就相互推卸责任的现象。

2. 河边村基层党组织的党内民主建设相对滞后

党内干部选拔制度仍存在不民主的现象。我当时询问了村里一个年轻有上进心的村民关于村里申请入党事宜的情况，他的回答让我感到惊讶。他说："一般人都选不上，村里选干部都是亲戚优先。"我不知道他的话是否真实，但这确实反映了人民群众的声音，说明村里选举出现了不民主现象。其实这种由书记一人或少数人决定选拔任用农村干部的现象在很多农村都普遍存在，他们完全不遵循民主选举的原则。党内民主监督制度也不到位，监督主体软弱无力，监督力度不大，监督流于形式，再有就是相当多的党员领导干部缺乏民主意识，在实际操作中把民主集中制这一原则当作纯口号，喊得响，实际却不作为。党员干部对于一项事情的重大决策不虚心听取群众的意见，也不做调查研究。对党内的人事调动、工作安排、财务状况等重大事务不公开，使已有的民主措施流于形式，无法落实。

3. 河边村党员数量太少，自身素质较低，这影响到队伍的整体质量

据调研得知，河边村只有 5 个党员，并且都是男性，文化程度也比较低。可见，不管是党员数量还是质量，河边村都处于劣势。而且我从村支书那里得知，有的党员干部长期以自己身体不舒服为由，把本该及时处理的一些村中事务一再搁浅。完全没有作为一名党员本应具备的责任感和使命感，在其位不谋其职，引得群众一片哗然。把党的宗旨忘得一干二净，完全没有服务人民群众的意识。再有就是党员干部不去努力提高自己的工作能力和应变能力，对现在的新兴市场没有敏锐的嗅觉，思想保守落后，对新鲜事物不敢大胆尝试，缺乏发展的眼光。对于如何适应市场经济对新农村的发展要求，如何调整农业产业结构、根据当地特色发展新型产

业和推进农业产业化进程没有任何想法。对如何有效为农民群众提供市场、资金、技术、信息等方面的服务没有具体的方式方法，导致很多有利农村发展的信息滞后。造成河边村发展“引进来难、走出去难”的局面。最后就是党员干部中没有强有力的领导者。我从村民的口中得知，他们对李富林村支书的评价主要是人好，村里谁家有困难，他总是能第一时间过去帮忙，现在河边村还有很多客房没有修建好，李村支书总是会过去帮忙。跟李村支书的交谈也让人感觉他更像一个淳朴的邻家大叔，没有官僚主义气息，和蔼可亲、平易近人。但是这样的人作为领导者不免缺乏魄力。他自己也表露年纪大了，很多事情力不从心。所以现在村里亟须一个强有力的领导者带领村民发家致富。

三、河边村基层党组织建设的对策和建议

1. 增强河边村党组织凝聚力

我们是马克思主义执政党，我们党的党员干部都是人民的公仆和勤务员，要秉承全心全意为人民服务的宗旨。党员干部之间要加强团结协作，为了村里更光明的发展前景，要心往一处想，力往一处使，紧紧拧成一股绳。内部加强合作，外部联系群众。可以通过多开民主生活会来加强党组织建设，有问题、有困难大家一起想办法解决，有想法大家一起分析利弊。党员干部可以不定期开展批评与自我批评会，通过自我革新、自我完善、自我净化来达到内部更团结的效果。河边村要扩大党员队伍，多鼓励年轻人和妇女入党。吸纳年轻有为、德才兼备的村民加入河边村党组织队伍建设，为其注入新鲜的血液。党员干部要想凝聚群众，取得群众信任，就要努力跟群众打成一片，心里装着人民群众。关于村里的大小事务和发展、出路问题，党员干部要深入到群众中去，开展调查研究，听取群众的意见和建议，鼓励群众献言献策。增强党员干部的凝聚力，就要致力于改变党员干部个人主义、自由主义、官僚主义泛滥的局面。坚持集体利益先于个人利益，不能为了一己之私，损害群众利益。党员干部要学做焦裕禄，无私奉献，鞠躬尽瘁，这样才能赢得人民群众的心。

2. 健全河边村基层党组织民主建设

加强河边村基层党组织建设，从制度和思想来抓。改变河边村党员干部民主意识、民主观念薄弱的状况。制度上，用科学而行之有效的制度来保障党组织民主建设，为此，河边村要不断改进基层党组织的民主选举制度和完善党务公开制度。

坚持民主选举这项作为党内民主的根本制度。民主选举要公平公开，杜绝走形式、走过场、内定这样的情况。党支部书记候选人的提名方式可以采取多种形式，比如个人自荐、党员推荐、群众推荐、组织推荐等或者这几种方式结合起来，确定完预备人选之后，再由其他党员干部和群众代表进行无记名投票测评，最后上报审核通过再公开，产生众望所归的好干部。为更好地发扬党组织民主，要设置公告栏，定时公开村里的党务政务状况，建设“阳光基层党组织”，做到民主化、公开化。思想上，要加强党员干部自身的民主意识建设，进行思想教育和培训等方式来加强党员干部的民主意识，使得每个党员都真正懂得民主活动的原则。还要加强党内学习，学习是党员保持前进状态的助推器，只有通过不断的学习，才能提高思想水平和自身素质，个人的素质会影响到整体的民主水平。党员干部还要懂得权利与义务的关系，正确行使民主权利，认真履行义务。

3. 增加河边村党员数量，加强党员培训，提高党员整体素质

首先，要创新干部选拔任用机制。引导河边村基层党组织更新用人观念，拓宽选人视野，从致富带头人、回村青年学生、退伍军人、外出务工经商人员中培养选拔村干部。据了解，勐伴镇一年也就只有9个入党名额，分配给河边村的只有2个名额，河边村可以多争取一些名额。可以鼓励和选聘高校毕业生到村里任职，积极鼓励大学生、研究生、博士生为河边村的发展助力，为其输入优秀党员。其次，要加快发展年轻党员、积极培养后备人才。据调研可知，河边村总人口中年轻人占比较大，可以从这些人中培养发展党员。但在追求数量的同时，更要注重质量，选择文化程度较高的，综合素质较强的，以改善河边村党员的年龄结构、知识结构和干部队伍结构，提高党员队伍整体素质。最后要加强党员培训，不断完善党员教育内容，创新培训方式，可以利用网络教育资源加强对党员干部的教育和培训，在一周当中抽出1～2天进行网上党课学习。河边村建有一个大型的会议室，可以召集党员进行集体学习，观看具有教育意义的视频。可以有计划地选送党员干部到一些专门机构去学习理论和业务知识。除此之外，还可以去一些先进的党支部典型村进行考察学习、研讨交流。据调研可知，距离不远的傣族寨子纳卡小组基层党建比较完善，可以成为河边村就近考察学习的对象村。党员干部要紧跟时代潮流，学会使用互联网，利用互联网技术来学习农业知识和获取相关的资料、信息，让自己做一个有能力、有技术，懂经营的党员干部，更好地带领群众生产发展。

采访第一任村支书黄元周的情景

第四篇　海南琼中县

2018 年 7 月 4 日,“百名博士老区行——走进琼中”活动启动

怎么做好“琼中绿橙”这个品牌

——“琼中绿橙”现代化种植的研究

董玉红　中国农业大学工学院

一、引言

2018年7月，为落实全国高校思想政治工作会议精神和立德树人根本任务，紧扣国家精准扶贫和乡村振兴战略部署，加强高校人才和智力服务经济社会发展力度，进一步深化“百名博士老区行”活动效果，中国农业大学携手北京林业大学、南京农业大学、华中农业大学、华南农业大学、海南大学六所农业院校，首次在海南省琼中黎族苗族自治县开展“百名博士老区行”暑期科技服务活动。

作为博士团成员，与琼中县农业局进行对接，跟随相关人员一同走访了琼中县红毛镇、湾岭镇、长征镇、和平镇四个乡镇，参观了被誉为“最美中国乡村”和“天上什寒”的什寒村、具有民族特色的“黎族爱情村”合老村等美丽乡村示范点，调研了琼中绿橙种植基地、咖啡生产基地、竹狸养殖基地以及其他农副产品养殖基地等产业园区，一方面领略了琼中县层峦叠嶂的山脉、湛蓝澄澈的天空、热情淳朴的人民；另一方面通过深入调研也意识到目前琼中地区在农业发展上存在交通不便、信息滞后、基础设施落后、缺乏知名度等问题，严重制约了琼中地区农业的现代化发展。

本文根据目前琼中绿橙的发展现状，结合自身专业知识，指出目前琼中绿橙在种植管理中存在的问题，通过查阅文献，提出相关建议，以期对琼中绿橙的现代化种植提供参考。

二、琼中绿橙发展现状

琼中绿橙最早可追溯于广东地区的廉江红橙，1988 年引进到琼中地区种植，不过当时由于果农对于新引进橙的特性不太了解，不敢大面积种植，只有少数果农零散种植。最初引进阶段，由于缺乏技术支持，新引进橙的标准化种植水平较低，管理方法也比较落后，而且也没有相关企业带动，导致琼中绿橙的发展比较缓慢。经过 30 年的品种改良，琼中绿橙的种植栽培方法不断得到改进，果农也逐渐采用标准化种植技术措施，在经过琼中红江橙、琼中红橙、海南绿橙等不同名称的变迁后，“琼中绿橙”的品牌随之应运而生。琼中绿橙凭借琼中地区特有的气候条件、土壤环境和逐渐改良优化后的品种，逐渐成为热带水果市场的新宠。可以说，琼中绿橙不但是琼中黎族苗族自治县的一张名片，也成为琼中脱贫摘帽的有效扶贫项目，更是当地农民走向富裕的“摇钱树”（图 1）。

图 1　琼中绿橙

据统计，2017 年琼中新增了 1.6 万亩绿橙种植面积，收获面积达 5 000 亩，预计的产量可达 1.1 万吨，生产总值可达 1.4 亿元。为了更好地做大做强符合琼中本地特色的水果品牌，琼中县以争创全国柑橘示范县为目标，与海南省农业厅签订了合作协议，启动实施以“优质种苗培育、标准化示范基地建设、休闲观光旅游果园建设”三项工程为重心的琼中绿橙现代化栽培项目，力争在 2018 年底完成建设 30 000 亩琼中绿橙标准化示范基地的目标，并设立集生产、休闲、旅游观光于一体的绿橙基地 18 个。

琼中绿橙的主要生产区域大部分位于琼中县的营根镇、湾岭镇、红毛镇以及和平镇,其中湾岭镇的绿橙种植面积约占全县总种植面积的50%。此次调研小组随农业局相关人员主要调研了创建于2015年的琼中绿橙标准化生产示范基地,该基地位于琼中县湾岭镇乌石南斗岭,基地共种植了260亩绿橙。该基地通过种植优质无毒种苗、建设高标准水土保持工程、配套喷滴灌系统、使用水肥一体化、精准施肥、绿色综合防控等现代化先进技术建设琼中绿橙高标准化示范基地。基地始终坚持走"种养结合、生态循环"的科学发展道路,除了绿橙,该基地另外还建有两个饲养场和20亩鱼塘,为实现生态循环,基地中建设有一个大型沼气池,用以实现"畜禽粪便—沼气工程—燃料—农户"的绿色生态循环农业模式。

三、琼中绿橙的发展优势

1. 自然条件

琼中黎族苗族自治县属于海南省中部地区,位于五指山北麓,地处热带海洋季风区北缘。琼中县土地面积2 704.66千米^2,人口23.2万,年均气温22.8℃,年均日照时间达1 743.1小时,光照比较充足,昼夜温差较大,有独特的山区气候特点。琼中年均降雨量可达2 444毫米,雨水十分充沛,土地比较肥沃,气候条件温和,有利于"琼中绿橙"的生长发育和优良品种的培育。

2. 政府扶持

在琼中经济的发展过程中,琼中县委、县政府采取了一系列的措施对琼中地区的农业产业结构进行调整,以实现水果发展生产、供给、营销一体化经营模式,提出发挥琼中区的优势,充分利用琼中的资源优势,积极示范推广栽培脱毒品种的绿橙。并建立种植示范基地以带动当地的农民发展,以争取更好地做大做强琼中的绿橙产业。琼中县委、县政府将琼中绿橙标准化种植作为建设特色农业强县的重点工程项目,制定出台了一系列优惠扶持政策,对项目开展的各个过程都给予不同程度的扶持,目前已形成了领导高度重视、下属部门之间互相协作、果农群众积极参与的发展氛围。

3. 品牌优势

琼中绿橙可谓是以品质赢在了起跑线,与此同时,琼中绿橙也开始推广标准化种植管理模式,并不断引进先进技术以做到质的跨越,最终做大做响了"琼中绿橙"的品牌。2006年1月,"琼中绿橙"的商标被国家商标局正式批准注册,成为海南省第一个具有地理性标志证明的品牌商标,在海南岛内外市场都享有盛誉。2006年3月,"琼中绿橙"被中国绿色食品发展中心认定为绿色食品A级产品。2016年

11月5日，由农业部和云南省政府联合主办的第十四届中国国际农产品交易会在云南昆明市开幕，琼中绿橙强势夺得了网上评比的柑橘类冠军。2017年还获得海南省农产品十佳区域公用品牌等一系列成绩的获得，让“琼中绿橙”的名号响彻海南岛内外，甚至在全国范围内都逐渐建立了品牌优势。

四、琼中绿橙种植存在的问题

调研小组通过对琼中绿橙的生产基地调研，结合自身专业知识发现，目前琼中地区在绿橙种植过程中主要存在以下几个问题：

1. 机械化程度较低

琼中地处海南省中部，主要以丘陵山地为主，琼中绿橙果园基本分布在山地上，地势陡峭，上山摘果、挑肥和下山运果都需要大量的劳动力，增加了果实、肥料、农药等物质运输的难度，成为影响绿橙产业发展的因素之一。根据目前的发展现状，琼中绿橙的种植管理现在90%以上都是依靠人力来完成的，总体机械化水平较低，而中国的人工费用是越来越高的，这就导致绿橙的种植成本也在逐年增加，机械化程度低下是目前制约琼中绿橙规模化发展的一个重要因素。

2. 粗放式施肥模式

绿橙种植过程中需要施加较多的有机肥料，目前琼中绿橙果园的施肥主要是依靠人为经验，习惯于地下施肥，对于根外施肥使用较少。种植户一般采用环状沟施肥方式，在绿橙果树根系范围，挖一条宽约30厘米，长约100厘米，深约30厘米的施肥沟。但由于海南地区土壤内多有石块等杂物，容易损坏普通的施肥挖穴机器，所以目前绿橙果园的施肥主要还是依靠人力进行挖施肥沟，缺乏针对海南省多石块土壤条件的施肥装备。

3. 病虫害防治体系不完善

在柑橘类作物种植过程中，黄龙病是最具有毁灭性的典型病害，在琼中绿橙的种植过程中也不能幸免。据数据统计，2007年琼中红毛镇的绿橙种植基地就受到了黄龙病的侵害，当时红毛镇黄龙病比较严重的果园果树发病率达到80%以上，甚至有的还出现了毁园现象，导致几万株绿橙被砍。虽然在近几年时间里琼中绿橙一度销售良好，但是时不时地还会受到黄龙病害的入侵，导致出现绿橙果园被毁的现象。这些事例表明，黄龙病等病虫害确实已经严重威胁到琼中绿橙的产业发展。另外，粗放式的施肥方式也容易导致绿橙黄叶病、小叶病、缩果病、早期落叶病等生理性病害发生严重，使得叶片的光合作用降低，从而影响到绿橙的产量。目前琼中县的绿橙病虫害防治体系并未得到完善，脱毒种苗管理制度也并不完善，不能保证苗木引进时已通过正规的检疫性病毒检测，这是增加绿橙种植基地患病率的一个重要因素。

五、琼中绿橙现代化种植的建议

针对琼中地区绿橙种植现状，调研小组提出以下几点建议：

1. 适当选用山地果园运输机

根据琼中地区山体条件，可以适当选用目前已经成熟的山地果园运输机械，提高绿橙种植机械化水平，减少劳动力成本。

根据牵引方式不同，山地果园运输机可分为钢丝绳牵引式轨道运输机（图 2）和自走式轨道运输机（图 3）。

钢丝绳牵引式轨道运输机运行速度 0.5 米/秒，最大爬坡度为 40°，这种运输机需要牵引绳作为前进动力，要定期对其进行维护管理。

a.牵引式双轨运输机（单滑车）

b.牵引式双轨运输机（双滑车）

c.牵引变轨式双轨运输机（单滑车）

d.牵引式拆装式双轨运输机（单滑车）

图 2　钢丝绳牵引式轨道运输机

图片来源：摘自山地果园运输与喷雾机械的研究与应用[J].洪添胜，现代农业装备，2014(05)：21-27＋31.

自走式轨道运输机单轨运行速度0.7～0.8米/秒，最小转弯半径2.66米，上坡装载质量为500千克，下坡1 000千克；双轨运行速度1.0米/秒，最小转弯半径8米，装载质量单轨运输机两倍左右，最大爬坡度为45°。

a.有人驾驶单轨运输机　　b.无人驾驶单轨运输机　　c.自走式双轨运输机

图3　自走式轨道运输机

图片来源：摘自山地果园运输与喷雾机械的研究与应用[J].洪添胜，现代农业装备，2014(05)：21-27+31.

山地果园运输机在应用时需要注意以下几点：

(1)匹配种植规模与机型　根据果园种植规模选择运载能力相匹配的机型。

(2)合理选择轨道布局　针对每个果园实际的生产情况，选择合理的运输轨道布局。

(3)综合利用轨道运输机　要考虑到果园后期管理中将运输机利用起来，通过搭载喷雾机、果枝修剪机等进行作业，将山地果园轨道运输机进行综合利用(图4)。

图4　山地果园运输机综合利用

图片来源：摘自山地果园运输与喷雾机械的研究与应用[J].洪添胜，现代农业装备，2014(05)：21-27+31.

2.鼓励发展精准施肥

由于目前琼中地区作物种植大多是根据经验选择施肥量，这是严重制约琼中地区智慧农业发展的一大阻力，故相关部门应将精准施肥政策落实到位，主要建议如下：

(1)选择正确的施肥范围。对于果树，其正确的施肥位置是以果树树冠投影边缘为中心线挖环型沟，然后进行沟内施肥。成年果树的肥沟深度一般控制在20～30厘米，幼苗肥沟稍微要挖深一点，保持30～40厘米。

(2)有机肥和化肥的正确使用。在使用有机肥时，需要先把有机肥料和土壤混合均匀，然后再施加到沟穴内。对于化学肥料，为避免烧根，需要先拌土或稀释后再使用，若是直接施肥，施肥后则需要立即浇灌适量的水。

(3)落实精准施肥。精准施肥是在全面了解土壤各种理化特征的基础上，针对不同的土壤种类、不同的营养元素含量和果树在不同生长发育阶段对养分的需求，在合适的时期施加相应的肥料。这是未来果树种植乃至其他作物种植实现规模化、信息化、智能化生产必不可少的环节，也是决定琼中绿橙生产是否能实现现代化的重要依据。因此，相关工作人员应主动出台相应的精准施肥推广政策并将其落实到位。

(4)根外追肥。叶面喷肥是一种快速、高效的根外施肥方法，但这种方式只适用于果树生长发育的某一阶段或者果树缺乏某种养分元素时，不能将其作为作物主要的施肥方式。叶面施肥时需要注意以下几点：一是要选择适合的喷肥种类；二是要确定合理的浓度；三是选择适宜的喷洒部位；四是要保证足够的喷洒量，当叶片湿润且叶片上残留有含化肥的液珠时可结束喷洒。

(5)选用适宜的施肥装备。针对琼中地区的土壤状况，调研小组通过查阅文献，建议选用具有保护作用的滑刀式开沟器，这种开沟器的结构简单、操作比较方便，使用时动土量较小，具有良好的保墒作用，而且入土性较好，开沟时所需的垂直载荷较小。划刀式开沟器的特点是安装了压缩弹簧，开沟过程中如果遇到比较坚硬的石块或者其他杂物时可以起到保护刀片的作用，可有效防止开沟器因受力过大而损坏，这种开沟器适用于含有石块等杂质较多的土壤，在琼中地区的绿橙种植中具有较好的适用性(图5)。

3.建立病虫害预警及防治体系

对于黄龙病等典型危害琼中绿橙产业发展的病虫害，需要建立完善的预警及防治体系，从源头杜绝病虫害，做到定期检测病虫害，一旦发现病害立即处理。为

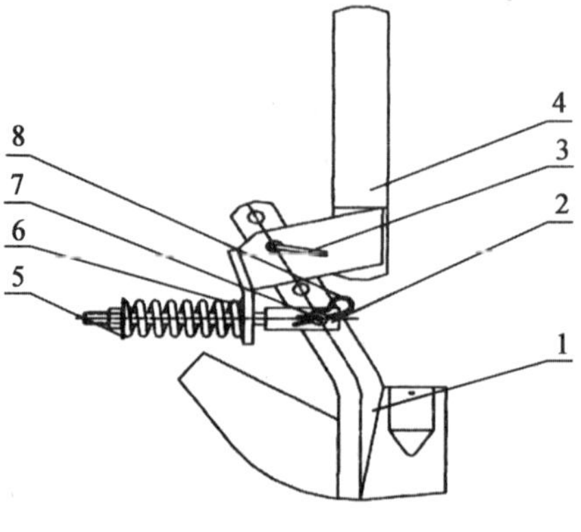

图 5　滑刀式开沟器结构

1. 开沟器　2. 弹簧支杆　3. 圆柱销　4. 固定柄　5. 弹簧压垫　6. 压缩弹簧　7. 销轴　8. 弹簧销

保证绿橙的正常生长，果农需要采取有针对性的绿橙病虫害防治措施，改善绿橙种植基地生态环境，以实现绿橙产量和质量的提升。针对这个问题，建议采取以下几项技术：

(1)农业防治技术。对于每一个绿橙种植基地，应该从引进苗木开始，就应该尽量杜绝一切可能产生病虫害的操作。具体措施：①在选择绿橙种苗时，要考虑琼中的气候特点，选择最佳的抗病品种。②通过正规途径引进绿橙种苗，保证苗木来源明确可溯源。③引进已经取得检疫证书的健康无病的苗木，从源头杜绝病虫害。④在绿橙种苗栽种时，尽量选择生态环境较好的地段，远离病虫害多发地区，尽量选择方便灌溉和排涝的位置等。⑤在种苗栽种之前要适当翻耕土壤并进行消毒。

(2)物理防治技术。物理防治技术是利用害虫的某种物理特性来降低其对果树生长的影响。例如可利用某些害虫的趋光性，在果园内按照一定的密度和高度安装各种杀虫灯，对害虫进行消灭清理。针对具有趋味性的害虫，可以在果树周围投放适量的糖醋、酒糟等味道较重的液体吸引害虫并扑杀，或者也可以在树枝上放少量樟脑丸等味道比较浓的物品以驱赶害虫。

(3)生态生物防治技术。生物防治技术是一种符合现代生态农业发展要求的、行之有效的作物病虫害防治方法。生物防治技术主要是当果树发生病虫害时，可利用生物之间的食物链关系，通过适量引进虫害的天敌，从而有效捕杀害虫。这种防治方式一方面可以做到不污染环境，另一方面顺应了自然选择法则，也不会对人类和其他牲畜的生命安全产生负面的影响，在某些情况下是切实可行的方案。

(4)化学防治技术。当绿橙果园病虫害严重而其他防治方法又难以起效的时候，就需要适当采取化学防治技术。但是所使用的化学农药一定按照正规渠道购买，并严格遵守国家和琼中的绿橙栽培农药使用标准，不能在绿橙种植基地内使用高残留、强毒性的化学农药。

六、琼中绿橙现代化种植的展望

在现代化农业快速发展的时代背景下，琼中地区应发挥本地资源优势，加快绿橙产业发展进程，以市场为导向，以质量为中心，以效益为目标，以科技为依托，加速绿橙产业结构调整，全面普及科学栽培技术，加强基地栽培管理规范，走规模化、标准化、精品化发展之路。与此同时，绿橙在成熟采摘后应及时进行商品化处理，多方拓展绿橙的产业链，并通过多种方式开拓国内外市场，促进琼中绿橙快速、健康、可持续发展。琼中黎族苗族自治县可通过做大做强琼中的绿橙产业，进而带动其他相关产业，以促进全县的社会经济发展，争取早日实现富民强县的目标。

健康的土壤，才是好收成的开始

——琼中热带土壤养分状况研究

兰天　中国农业大学资源与环境学院

1.琼中土壤养分状况

琼中黎族苗族自治县地理位置为东经 109°24′05″～110°09′08″，北纬 18°43′45″～19°25′19″，处于海南岛的中部，与海南省多个县市交界，处于海南岛陆地交通中部枢纽的位置。

琼中县土壤主要有花岗岩和少量的紫色砂岩、砂页岩、安山岩等风化为母质进一步发育而成。全县土壤可分为 7 个土类，14 个亚类，37 个土属，103 个土种。

琼中土壤养分状况的数据来自文献调研，参照我国第二次土壤普查养分含量分级标准(表 1)对琼中农田土壤养分总体情况、槟榔园养分分布状况以及橡胶园养分状况进行了分析。

表 1　第二次土壤普查养分含量分级标准

各指标	Ⅰ	Ⅱ	Ⅲ	Ⅳ	Ⅴ	Ⅵ
pH	6.5～7.0	6.0～6.5 7.0～7.5	5.5～6.0 7.5～8.0	5.0～5.5 8.0～8.5	4.5～5.0 8.5～9.0	＜4.5,＞9.0
有机质(克/千克)	＞40	30～40	20～30	10～20	6～10	＜6
全氮(克/千克)	＞2	1.5～2	1～1.5	0.75～1	0.5～0.75	＜0.5
碱解氮(毫克/千克)	＞150	120～150	90～120	60～90	30～60	＜30
全磷(克/千克)	＞1	0.8～1	0.6～0.8	0.4～0.6	0.2～0.4	＜0.2
有效磷(毫克/千克)	＞40	20～40	10～20	5～10	3～5	＜3
全钾(克/千克)	＞25	20～25	15～20	10～15	5～10	＜5
有效钾(毫克/千克)	＞200	150～200	100～150	50～100	30～50	＜30
交换性钙	＞1 000	700～1 000	500～700	300～500	＜300	
交换性镁	＞300	200～300	100～200	50～100	＜50	
有效锌	＞3.0	1.0～3.0	0.5～1.0	0.3～0.5	＜0.3	
有效硼	＞2.0	1.0～2.0	0.5～1.0	0.2～0.5	＜0.2	

(1)琼中热带农田土壤养分分布特征

潘孝忠等在琼中各乡镇采集了 2 168 个农田土壤样品,测定并分析了土壤有机质、碱解氮、有效磷、速效钾、交换性钙镁以及交换性锌的含量,并分析了相关指标在各乡镇的分布状况(图 1)。

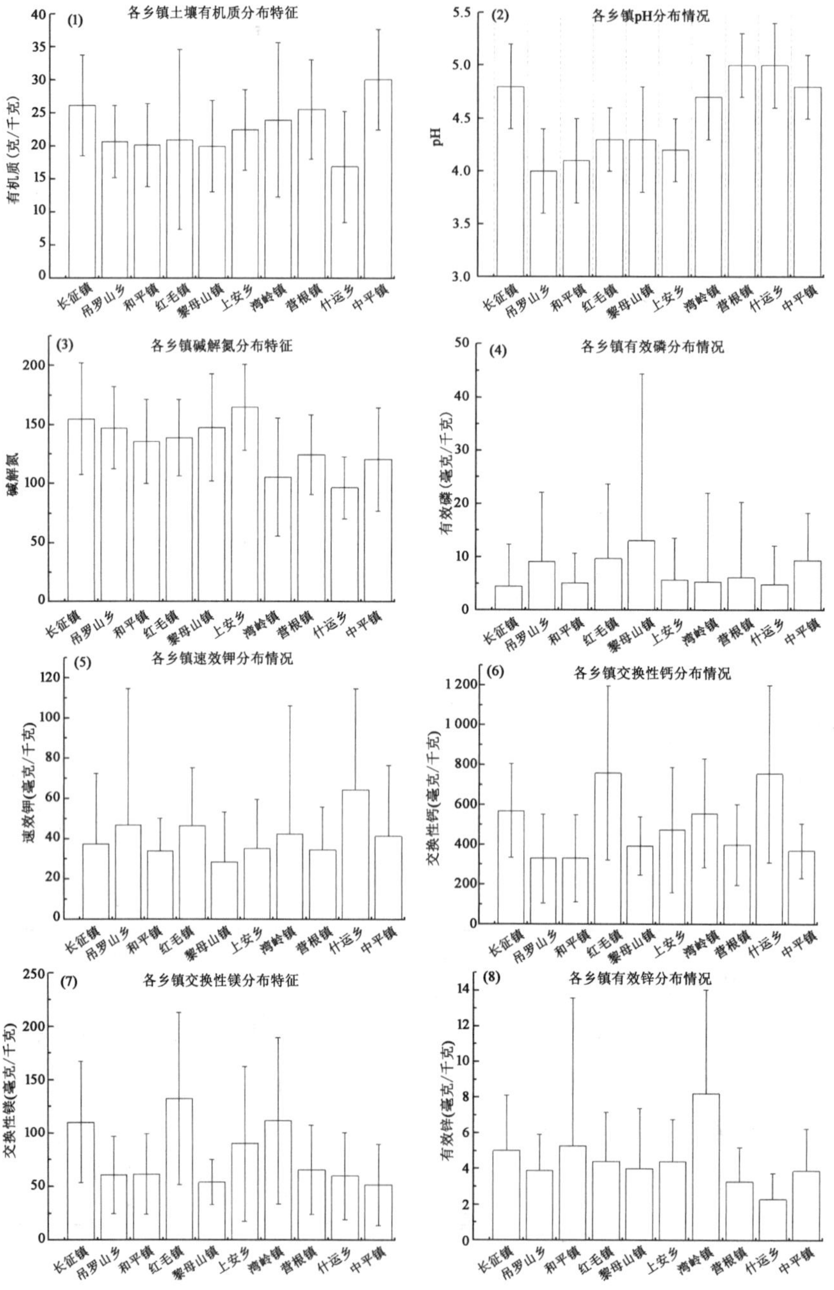

图1　琼中各乡镇土壤养分分布状况

（数据来源：海南琼中热带农田土壤养分分布特征研究）

琼中全县有机质的含量较为丰富。调查区域内有机质含量在20克/千克以上的耕地土壤占全县总面积的90%以上，而低于亏缺标准的耕地面积不超过全县耕地总面积的10%。就各乡镇的分布情况来说，长征镇、中平镇和营根镇土壤中有机质含量处在较高水平，什运乡的土壤有机质含量较低。

长征镇、吊罗山乡和上安乡的碱解氮平均含量在150毫克/千克以上，处于养分含量以及标准。湾岭镇和什运乡的碱解氮含量在90～120毫克/千克，达到了三级养分标准。其余乡镇的养分含量处于120～150毫克/千克，属于二级养分含量范围。

琼中有效磷的含量总体比较缺乏，调查结果表明第四等级的分布面积占总面积的比例为86%。吊罗山乡、红毛镇、黎母山乡和中平镇的有效磷含量较高，但平均含量仅为10毫克/千克左右。调查区域内速效钾的含量也处于较低水平，有7 637.1公顷的土壤钾含量处于第四等级，占总面积的88%。吊罗山乡、红毛镇和什运乡的钾含量相对较高，处于50毫克/千克左右，但仍然属于第四等级。

调查结果表明，土壤交换性钙的平均含量为508.9毫克/千克，处于相对缺乏的状态。红毛镇和什运乡交换性钙的含量相对较高，平均含量为800毫克/千克左右，属于养分分级二级标准。而吊罗山乡、和平镇、中平镇交换性钙的含量为300毫克/千克左右，属于养分分级四级标准。从面积比例而言琼中土壤交换性钙含量处于三、四、五级的面积分别占总面积的21.43%、39.51%和22.77%。总体上看，琼中耕地土壤交换性钙含量相对缺乏，这可能与其土壤酸性较强有关。

琼中土壤交换性镁的含量也处于相对缺乏的状态。从琼中耕地调研总体情况来看，90%以上土壤交换性镁的含量低于200毫克/千克。

长征镇、红毛镇和湾岭镇交换性镁的含量处于100～150毫克/千克，属于三级养分含量标准。其余乡镇交换性镁的含量均在50毫克/千克左右，属于二级养分水平。

调查区域内有效锌的含量总体处于较高水平，除什运乡之外，其他乡镇有效锌的平均含量均超过了3毫克/千克，处于或高于标准水平，其中湾岭镇土壤有效锌的含量为8毫克/千克，含量非常丰富。

(2)琼中槟榔园土壤养分状况

琼中槟榔园土壤养分状况的主要是在张东明等的研究基础上进行深入探讨。土壤养分肥力质量的评价主要用了综合指数法，采样时充分考虑了土壤类型、槟榔园面积以及地形等情况，按照53 328～66 666米区域采集一个混合土样，并且尽量保证对各乡镇的覆盖(图2)。

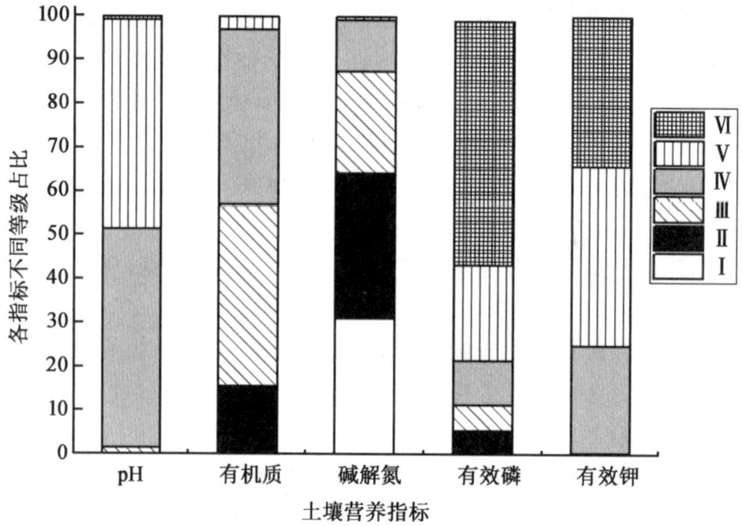

图 2　琼中槟榔园土壤养分分级

（数据来源：琼中县槟榔园土壤养分肥力质量研究、海南槟榔园土壤养分比较研究）

琼中槟榔园土壤有机质含量达到或超过三级水平的面积在 55%左右，另外有 35%左右槟榔园有机质含量在四级水平。总体而言，琼中槟榔园土壤有机质含量处于较高水平，这可能与槟榔园的施肥管理有关。琼中槟榔园在施肥过程中有机肥所占比例较高，化肥施用较少。加上槟榔管理过程中对土壤的扰动较少，使得有机组分分解速度降低。

琼中县槟榔园土壤碱解氮的含量总体处于较高水平，含量变化范围在 54.80～218.20 毫克/千克。槟榔园碱解氮含量达到三级以上的样点数达到 86%，而含量达到二级以上的样点数也在 62%以上。

槟榔园有效磷含量的差异较大，调查结果表明，有效磷含量的平均值为 4.74 毫克/千克，变化范围在 0.10～35.7 毫克/千克，变异系数在 120%以上。这表明了平均值的代表性较差。同时，有效磷含量为五级和六级槟榔园的样点数占总样点数的 75%以上，含量为三级以上的样点数仅为调查样点总量的 15%左右。琼中槟榔园有效磷含量总体处于较低水平。

调查发现琼中槟榔园速效钾含量处于极低缺乏状态，速效钾含量在三级以上槟榔园的样点几乎没有，五级和六级速效钾含量的槟榔园样点占调查总样点数的 75%以上。当地农民在施肥过程中忽略了对钾肥的使用，由于当地降雨量较高及钾的消耗，导致土壤中钾的含量极度匮乏。槟榔是喜钾作物，土壤钾素含量直接影响槟榔的产量和品质，因此在今后的施肥过程中应注重钾肥的施用。

(3)橡胶园养分分布状况

琼中县橡胶园全氮含量低于临界值的土壤样品比例分别为 45.33%和 62.65%，碱解氮含量低于临界值的土壤样品比例分别为 19.13%和 14.78%。这与耕地土壤养分总体情况类似，橡胶园土壤全氮含量虽处于较低水平，但碱解氮的缺乏状况不是很严重。

范美莉等分析了琼中橡胶林土壤磷储量的情况，发现琼中橡胶林土壤全磷储量为 843.25 千克/公顷，有效磷储量为 32.12 千克/公顷。橡胶园 0～40 厘米土层全磷含量处于第五等级以下的土地面积占胶园总面积的 80%以上，橡胶园土壤处于极度缺磷的状态。不同土层的全磷含量 44.86～78.77 毫克/千克，平均含量为 57.68 毫克/千克。不同土层有效磷平均含量为 2.25 毫克/千克，变化范围是 1.17～3.18 毫克/千克，远远低于适宜橡胶生长的有效磷含量范围(0～20 厘米土层 5～8 毫克/千克)，已经影响到橡胶树的正常生长发育(图 3)。

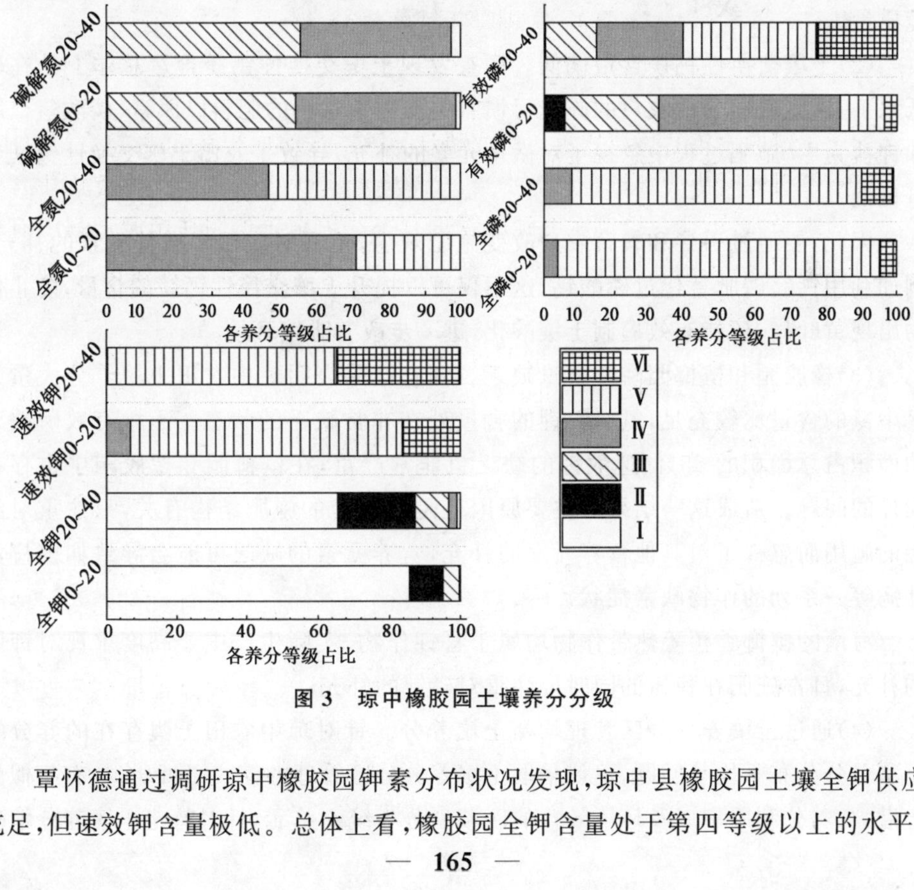

图 3　琼中橡胶园土壤养分分级

覃怀德通过调研琼中橡胶园钾素分布状况发现，琼中县橡胶园土壤全钾供应充足，但速效钾含量极低。总体上看，橡胶园全钾含量处于第四等级以上的水平，其中有大部分土地面积处于第一等级以上的水平，0～20和20～40厘米土层全钾含量在第一等级的面积分别达到了85.7%和65.7%。然而，速效钾的含量低于临界值的土壤样品比例超过了80%，全钾含量高而速效钾含量低是一个值得探讨的问题。

2.琼中土壤养分存在的问题及对策

(1)有机质分布不均。琼中县土壤有机含量虽然总体上较为丰富，但是存在分布不均的问题。这一方面是由于部分地区处于山地和丘陵，存在水土流失的问题并且不易于耕作，导致了这些地区难于积累有机质；另一方面是当地仍然有部分农户不太重视有机肥的使用，还存在秸秆焚烧等问题，这阻断了有机物料向农田的归还，是导致琼中部分农田有机质含量下降的重要原因。

因此，相关部门应该进一步引导农户重视对有机肥的施用，采取措施因地制宜鼓励农户秸秆还田或资源化利用，防止秸秆焚烧的事件发生，进一步提升土壤及环境质量。

(2)土壤交换性钙镁含量偏低。调查发现土壤交换性钙镁含量总体上处在较低水平，这主要和当地农户的施肥习惯有关。当地常用的肥料以尿素、磷酸氢二胺和钾盐为主，施肥过程中忽视了对微量元素的补充，导致了农田土壤交换性钙镁含量偏低。

因此，要通过引导和教育农户改变施肥观念，重视对农田中微量元素的补充。例如利用钙镁磷肥替代过磷酸钙，这不仅可以提升土壤交换性钙镁的含量，防止作物出现黄叶病，还能有效遏制土壤酸化，进一步改善土壤环境。

(3)橡胶园和槟榔园磷钾含量缺乏。调查结果表明琼中农田土壤养分大量元素中氮的含量比较充足，氮、磷、钾的含量处在非常缺乏的状态。土壤有效磷缺乏的面积占总面积的55%，速效钾的缺乏也非常严重，在槟榔园和橡胶园中也存在同样的问题。造成这一结果的主要原因还是和当地的施肥结构有关，只注重对氮肥的施用而忽视了对其他营养元素的补充，营养元素的缺乏可能会导致如槟榔黄叶病等一系列的作物缺素症状。

海南的槟榔香蕉等热带作物均属于喜钾作物，实际生产中要高度重视对钾肥的补充，日常施肥在稳氮的同时要注重对磷钾的补充。

(4)通过土壤养分分区管理均衡土壤养分。针对琼中农田土壤存在的养分缺乏和养分分布不均等问题，建议采取土壤养分分区管理的模式，建议将具有相似生产潜力、养分利用率以及环境效益的区域划分为统一单元，针对特定土壤养分情况以及作物盐分需求制定施肥方案。目的是提高肥料利用率,保证农产品的产量和品质,改善土壤地力,减少土壤污染。例如,通过空间叠加法对特定作物的农田采用养分管理的分区,针对不同分区采取特定的施肥管理措施。

另外,要着重对农田本身养分吸附固定能力的培养,其主要措施是提高土壤有机质含量,这有利于对土壤地力的培育与农田的可持续利用。

成也地膜，败也地膜

——对海南琼中地膜残留问题的思考

李响玲　中国农业大学资源与环境学院

一、地膜技术

地膜覆盖技术，可在一定程度上防止水土流失，增温保墒，防虫防草，提高作物质量，增加作物产量。与世界各国相比，中国的地膜使用量和覆盖面积、覆盖作物种类都远远高于平均水平，海南省的地膜主要集中在冬季使用，年使用量约 1.5 万吨。地膜的大规模使用对我国的农业生产方式和种植结构产生了巨大的改变，同时提高了作物产量，保障了国家的粮食安全。如今，我国地膜的用量保持着逐年增加的趋势，覆盖面积不断上升，应用区域不断扩大，覆盖作物种类不断增加，技术模式日臻完善。但是，大规模地使用地膜也为自然环境带来了恶劣的影响，地膜在自然条件下极难降解，长时间存在于土壤层中会破坏土壤的物理和化学结构，影响土壤的水肥运移，导致土壤质量下降，影响作物生长发育，降低农作物产量。同时，数量较大的地膜滞留在农田，会产生视觉上的白色污染。农膜中的塑料添加剂含有重金属离子和有毒有害物质，影响地下水的水质，会危及人畜的饮水安全，影响植物的生长发育。

因此，将地膜从田地中捡拾、收集于一处，通过一定的再加工程序，重新形成新的地膜产品,实现变废为宝、资源化利用、保护生态环境的目的。

二、调研情况

海南天明有限公司是海南省最大的废旧塑料回收造粒厂家,主要回收包括地膜、棚膜、喷管、秧盘农用塑料包装物等农田废弃物。

该公司在全省主要田地开展地膜回收网点建设,固定地膜收购网点12个,临时收购点44个。每个固定网点都配有专业收购人员,建设了简易生活设施、地膜堆场,并配备小型运输工具,常年开展地膜回收工作。将回收的地膜进行简单的分类,然后清洗,进行破碎处理,碎片高温熔融造粒,制备成新的产品。

三、存在的问题

1.地膜易破碎,回收难度大,农民主动回收地膜的积极性不高

通常,人们在田地中回收地膜时,面积较大的地膜较容易被捡拾,面积较小的地膜易被忽略。只注意到地表的地膜,而没有翻挖土里的。同时,地膜的清理难度与它的厚度相关,地膜厚度越小,越容易破碎。而无论是薄膜和超薄膜,在现实情况中应用于作物,都会在土壤中有残留。海南天明有限公司虽然对主动回收地膜的农民进行补贴,但因为金额较少,并不能调动农民回收地膜的积极性。如今,回收田地地膜的主力依然是该公司的工作人员,但是人员有限,农田分布较广,有许多田地并不能顾及,不能从根本上解决问题,残膜积累在田间的问题依然很严重。

2.残膜累积到一定量会破坏土壤环境,影响作物的产量和品质

0～20厘米的土壤层是难分解地膜主要的滞留区域,这也是大多数浅根作物根系分布的主要土层,因此不利于作物扎根生长,作物很难生存。而对于深根系的作物,需要穿透层层残膜的阻力,增加作物生存压力。此外,残膜分布于土壤中,地膜破碎为大小不一的碎片分布在土壤中,破坏了土壤的透气性和孔隙度,阻碍了植物根系吸收水分和养分,造成作物产量大幅度降低。

3.公司自营困难,主要依靠政府补贴支撑运营

该公司主要对农业废弃物进行回收、清洗、破碎、再生。例如地膜,对回收的地膜进行一系列处理,制备成再生颗粒,而最终的再生过程中需要添加更多其他的物质,因此成本较高,公司的总体利润非常低,主要依靠国家的补贴支撑整个公司的运营。

4. 其他问题

地膜的整个回收过程不可避免得会耗费时间、精力，甚至是金钱，因此许多农民为了避免地膜弃置在田间对土壤和作物产生恶劣影响而采取焚烧地膜的方法。但焚烧地膜，不仅产生大量有害烟雾和刺激性气味，污染环境，还会残留一些危害人体健康的有毒致癌物质“二噁英”等，残膜滞留在田间，与青草和作物秸秆缠绕在一起，通过进食进入食草家畜如牛、羊的胃中，会导致家畜肠胃功能失调，甚至会造成进食困难和厌食，导致死亡。

四、建议

1. 鼓励农民使用可降解地膜，政府可适当予以补贴

普通地膜主要成分是高分子化合物，如聚乙烯、聚氯乙烯等。普通地膜在自然条件下极难分解，甚至有些厂家为了利益使用不合适的材料生产劣质地膜，而这些劣质的地膜更容易破碎，难清除，使用寿命短，这就更增加了地膜在田地里的累积程度。

因此人们可选择采用生物降解地膜，日本生物降解塑料研究技术委员会将其定义为“在自然界中通过微生物的作用可以分解成不会对环境产生恶劣影响的低分子化合物的高分子及其掺混物”。

生物降解地膜虽然具备自动降解的功能，但是现阶段也存在着一些问题和挑战。地膜的主要功能之一是增温保墒，而生物可降解地膜的降解时间过快，则无法满足地膜覆盖农作物的功能要求。另外，由于生物降解地膜的原材料的限制，它的抗拉强度和增温保墒性都与普通的 PE 地膜有明显的差距，但价格更高。生物降解地膜是解决地膜残留问题的重要途径，要加强对生物降解地膜的原材料、工艺等的研究，要考虑不同地区、不同作物种类的需求，降低产品的价格，提高生物降解地膜增温保墒、保持土壤水分、抑草灭草的能力，满足农业生产的需求。

2. 用机械取代人工捡拾地膜，提高地膜资源化效率

现在回收残膜主要依靠人力，导致农民回收地膜的主动性和积极性不高，即使付给一定的报酬，也不足以鼓励人们行动起来。因此，加强对回收地膜机械的研究，将它应用在实际农业生产中，能大幅度减少地膜残留问题，提高地膜的资源化利用效率。

3. 政府加大宣传残膜的危害，提高农民的环保意识

政府可以执行统一的地膜标准，推广揭膜技术和膜侧栽培技术，同时加快制定

有关残膜回收的优惠政策，鼓励农民使用可降解地膜替代普通的 PE 膜。约束人们通过填埋、焚烧、随意丢弃等恶劣的办法处理农田废弃物，要将废弃物回收送往就近的收购网点。对于非正规生产地膜的厂家，政府应该加强执法，打击非法地膜的生产。

博士团成员考察塑料膜再生产情况

琼中打造“文农旅创”扶贫新模式

——琼中县旅游产业发展现状、问题及对策研究

金楠　中国农业大学工学院

伴随着全县旅游产业的多年成长和快速发展，文旅农旅融合深度不足、乡村旅游体验性差、旅游商品开发不足、旅游信息线上线下互通不够深入等问题逐渐显现，生态核心区的生态保护义务同样给琼中县的旅游产业发展带来新要求，全县旅游产业面临新的转型升级。

一、旅游产业发展现状

1. 着力打造全域旅游新业态

随着“奔格内”乡村旅游品牌的知名度不断提高，琼中县沿着“布点、连线、建片、成面”的原则，着力打造并初步形成全域旅游新业态。通过考察调研，将现有景区景点归纳为以下五类：

(1)人文情怀类。以学而山房、鸭坡村为代表的人文情怀类景点，处处浸透着一股文艺、流露着一分情怀。在黎母山国家森林公园的群山环抱中藏着一座学而山房，学而山房的前身是黎母山林业公司学校，在当地政府和林场的支持下，学而山房的主人赋予了这座荒废学校新生命，“变废为宝”助力了当地旅游业的发展，增加了林场居民的收入。学而山房汇集了人文学术、科学研究、艺术创意、生态农业和美育研学等功能。鸭坡村则蕴涵着“乡愁文化”和“童年回忆”，逾百年的古朴老屋，让人们回想起儿时在房前屋后的追逐打闹，树下的老奶奶讲述着过往的故事，鸭坡村“瓦屋家”农产品展示中心则向我们传递着童年的味道。

(2)休闲体验类。以什寒村、云湖乡村度假区为代表的休闲体验类景点，以闲适惬意的乡村生活为特色。云湖乡村度假区汇集了住宿、餐饮、休闲娱乐、垂钓、游船等功能，建设有人工湖、民宿区、酒店、足球场和房车露营基地。什寒村作为中国最美乡村之一，是黎苗两族世代共同生活的家园。村内涉及住宿、农家乐、土特产售卖等项目，住宿形式有集装箱式、高脚屋、客栈、民宿等，由政府统一管理。该村虽然展现的主体是农业旅游的形式，但是在政府的帮扶指导下，深入挖掘其黎苗文化元素，民宿设计极具民族特色，所以也兼具了文化旅游的特征。休闲体验类景点，让人们远离城市的喧嚣，切身体验农耕文化，感受向往的生活。

(3)红色旅游类。以白沙起义纪念园为代表的红色旅游景点，发挥了爱国主义教育和革命精神传承的重要作用。白沙起义纪念园是为纪念黎族领袖王国兴、王玉锦领导的白沙黎、苗族人民武装起义而建，园区包括入园正门、纪念雕塑墙、纪念碑、纪念馆、王国兴塑像及相关附属设施，入园左侧的浮雕墙讲述了白沙起义的历史，王国兴领导白沙黎族苗族人民武装起义，寻找共产党抗击国民党反动派的故事，纪念馆内则展示了起义时所用的枪支、旗帜、照片和相关影像资料。白沙起义纪念园作为红色教育基地，在海南及周边区域起到了积极的思想政治建设作用。

(4)自然景观类。以百花岭风景区、乘坡河石臼群为代表的自然景观类景点，让人不禁寄情山水。百花岭风景区临近县城，整体规划完善，现已确定了“山水森林城市”“百花文旅小镇”的发展定位，景区内雄壮的瀑布极具吸引力，循着瀑布走进山间，会被原生态的热带森林所吸引，不同的热带植物分布其中，还有成群的蝴蝶、蜻蜓以及雷公马出没，纯天然的自然风光、热带风情很有观赏性。乘坡河石臼是被时间和强大的水力冲磨而成的各种奇形怪状的石头，凹凸不平，错落有致，特别壮观，是大自然的鬼斧神工之作，作为天然形成的独特景观，此处有很大的观赏价值和水文研究价值。

(5)民俗文化类。民俗文化类主要以合老村的婚俗文化和三月三广场的黎苗文化展演为主。在合老村可以体验与汉族有着许多不同的黎族结婚风俗，在三月三广场有机会参与“三月三”黎苗文化旅游节，跳起欢快的竹竿舞。

2.发展模式灵活

琼中县在旅游产业发展的同时，积极探索旅游扶贫新模式。充分利用政府出台政策、企业出动资金、村民流转土地的优势，在发展中形成“政府＋企业＋村合作社”的三方共赢模式，结合各村特点，坚持“一村一策”理念，先后创新出“什寒模式”“云湖模式”“合老模式”“堑对模式”等发展模式。以“什寒模式”为例介绍，在“什寒模式”下由政府主导负责编制乡村旅游规划文件、设计全域旅游路线、加快基础设施建设、优化整体发展环境及招商引资等宏观工作。县旅游局下属公司负责什寒村旅游跟踪指导、经营管理和商业运作，并且负责搭建资本运作平台。农民合作社负责提供住宿餐饮、维护民宿日常用度、组织黎苗民族歌舞演出及农副产品加工销售等工作。农户负责修缮和维护各自的传统民居和环境卫生等。旅游收益秉持让利于民，村民收益可达到60%以上。创新的旅游扶贫发展新模式打造出“最美中国乡村”打造乡村旅游品牌，并实现村民的增收脱贫。

3. 拓展国际旅游市场

随着改革开放的纵深发展，琼中县放眼世界，大胆布局旅游发展全球化。在推动国家全域旅游示范区创建的同时，为提升琼中旅游国际化水平，与全省最大的俄罗斯组团旅行社合作，首次尝试琼中国际旅游线路和旅游市场，为来自俄罗斯等国际游客量身订制专门的旅游线路（堑对村—云湖乡村旅游度假区、百花岭热带雨林旅游区、琼中旅游商品一条街、三月三广场文艺汇演），将琼中的民风、民俗、美景、美食融入其中，充分展现中国特色与民族特色，使国际游客在琼中获得满意的旅游和文化体验。

二、主要存在问题

近年来琼中县旅游业发展迅速，生态旅游、乡村旅游的脱贫效果显著，但通过实地考察调研也发现目前琼中旅游业发展仍存在一些问题，主要表现在以下几个方面：

1. 旅游定位和导向不明确

旅游产品开发的档次和面向对象的定位不明确，在成功模式的推广中不能把握自我特色，没有明确导向，各景点交互性较差，没有形成互补优势，不利于旅游线路设计规划，极易造成旅游产品同质化，形成竞争和游客分流。

2. 文旅农旅融合缺乏深度

农业、文化和旅游的融合方式相对单一，过于依赖政府扶持，村民主观能动性较差。在旅游资源的开发中，对琼中丰富的黎苗文化、红色文化、农耕文化的内涵开发相对不足。

3. 对旅游市场的产、供、需关系把握不准确

旅游市场中同样隐藏着市场经济规律，不能准确把握旅游市场的生产、供应和需求关系，极易造成三者的不平衡、不对称，从而降低了收益率，尤其在旅游商品开

发、民宿建设等方面更为突出。

4. 旅游管理相对薄弱

旅游管理涉及人事管理、设施管理、餐饮管理、住宿管理等诸多管理项目和内容，包括农家乐和民宿的经营和维护、景区相关配套基础设施的建设、旅游管理人才的引进和旅游服务从业人员的培训等，目前琼中各项旅游要素管理和建设相对还比较薄弱。

三、推进旅游产业发展对策

1. 明确旅游产业发展定位，“以点幅面”推进全域旅游

旅游产业的发展定位主要包括两方面，一方面是要以全县域为单位，制订旅游资源开发的总体规划目标，精准旅游产品类别划分与组合，尊重旅游资源的特征和属性，尽量做到“一景点一特色”，避免同质化开发的导向；另一方面是对所推的旅游产品面向对象的定位，景区是面向以周末、假日休闲为主的周边“家庭客”，还是以户外运动休闲为主的“自由客”，或是以养生养心、度假体验为主的“旅居客”，时刻针对市场需要，面向对象开发旅游产品和资源。

琼中县的全域旅游是在海南省全域旅游的背景下发展的，短期来看，海南游客主要以三亚、海口的玩海行为主，琼中在这样的背景下就要着重突出“山海互补”的特点，重点开发 1～2 个以休闲观山为主的景区，引导游客去，而不是全县范围全面铺开建设景点，不突出重点的让游客自己选择去哪里。以这 1～2 个景区为着眼点，打响品牌，辐射周边区域发展相关餐饮、民宿，后期在旅游线路设计上，以重点景区连接新兴景点，带动各景点平衡发展，逐渐推进全县全域旅游。

2. 以产业联动为理念，加快培育农旅融合

农旅融合是指把农业与旅游业有机结合起来，利用农村空间景观和农业生产生活方式吸引游客前来参观的一种新型农业经营形式，即以农、林、牧、副、渔等广泛的农业资源要素为基础开发旅游产品。以“一三产业互动、三三产业互融”为理念，加快培育农业与旅游业、农产品加工业与旅游业深度融合，提高农产品附加值，更好带动农民增收。

旅游商品伴手礼的开发是典型的产业联动应用案例。结合调研发现，从短期来看琼中县应尽快注册旅游商品商标，形成品牌优势，现有灵芝、铁皮石斛、寄生茶等南药保健类，原生态山货类产品要统一包装销售，散装散卖不符合市场经济规律，降低了商品的收益。从长远来看，琼中要扶持农产品加工龙头企业，加快农产品的生产、加工、销售发展，着力把小生产变成大产业，延伸农业产业链，提升农业、

农产品质量和附加值。

3. 坚持“文化先行”，做好特色文章

文化是旅游产业的深层内涵和灵魂，没有文化的旅游是空洞的，坚持旅游产品开发“文化先行”理念，深度挖掘琼中历史文化背景，充分利用琼中黎苗文化、红色文化、农耕文化等文化资源，促进农业、文化、旅游深度融合发展。

因地制宜的农业、文化、旅游融合方式是当前农业旅游和文化旅游项目开发的初衷，不能仅停留在概念的规划上，而是要针对城乡之间外部环境的差异和文化内涵的不同，以异质文化形态吸引游客。旅游中的体验型旅游项目是调动游客视听嗅味触等各种感官的重要途径，游客通过体验亲身了解和感受当地文化，增加黎苗文化体验项目（跳竹竿舞）、农事文化体验项目（尝试农业生产）、黎苗风俗体验项目（婚庆展演）等，这种体验方式能有效推动农业、文化、旅游的深度融合发展。

4. 立足旅游系统观，打造乡村旅游综合体

旅游产业本身是一项汇集了“游、食、住、行、购、娱”的系统工程，其中的任何一项做不好就会降低旅游质量。琼中多山，尽管通往各景点的道路相对便利，但对于除自驾游外的游客来说，如何到达目的地仍然不是十分方便，因此“行”应放在首位；“食”和“住”除了要满足基本的卫生和干净的要求，更要突出琼中特色，如食三色饭、住高脚屋；“游”和“娱”是游客来旅游的最根本的目的；“购”则是让游客在旅游之余有所获、有所得，提高旅游附加值促进农民增收。

立足旅游系统观，在“游、食、住、行、购、娱”的开发和设计中，要充分考虑游客的旅游心理学，从游客的角度出发不能盲目开发旅游项目，最终的目的是打造出“便利交通＋美丽乡村＋美味农产品＋个性民宿＋农耕文化＋休闲体验”的乡村旅游综合体。

5. 围绕琼中旅游数据信息中心，深度挖掘旅游大数据

基于琼中全域旅游数据信息中心，对全县智慧旅游、智慧营销、智慧服务、旅游大数据、旅游信息管理及旅游数据进行统计收集和分析监测，深度挖掘旅游大数据，分析各景区景点游客量分布情况、旅游商品销量信息、游客住宿选择情况，依据分析结果对景区景点进行调整并优化旅游线路、调整旅游商品的生产量和进货量、指导民宿的改建工作，可以有效降低传统调整模式的成本，这种基于旅游大数据挖掘的旅游发展模式是快速获取旅游市场供需关系的有效方法，也将是今后的发展方向。

6. 培训旅游业从业者，提升村民自主经营水平

旅游产业的核心要素是人，人才不足制约着乡村旅游的发展，一方面要面向社

会吸收旅游人才，另一方面要自己加大培养人才的力度。首先要改变村民传统观念，改变其认为的服务业丢人的想法，鼓励更多人从事旅游服务业，旅游服务业是创收增收的有效途径。其次要对从事乡村旅游的村里人进行技术帮扶，村里人不懂搞旅游，政府要聘请旅游服务的专家为村民进行一对一的教学，提高村民旅游服务专业化水平。更重要的是政府要给村民找门路、引游客，拓宽游客渠道，真正实现旅游创收增收。通过培训旅游业从业人员，提升了其管理质量和服务质量，也让村民在旅游服务业经营中有更多自主性。

四、展望与致谢

随着海南省“田”字形高速公路的规划建成，横线高速和中线高速将在琼中县域内交叉汇集，琼中县交通区位优势在海南中部乃至全省层面都将有很大提升，搭乘着海南自由贸易区、自由贸易港的建设东风，琼中的经济社会发展和旅游业的发展必将注入新的强大动力。

感谢琼中县委、县政府对本次活动的支持和悉心周到的安排，感谢中国农业大学为我们提供了这次实践机会，让我们将所学专业与实践相结合，丰富实践经验的同时也发现自身不足，又从实践中发现问题带回到专业学习中，希望我们的工作能为琼中的发展贡献一分微薄之力。

如何让涉农产业信息获取又快又准

——琼中县自贸区农业区信息服务规划布局研究

王靖杰　中国农业大学工学院

2018年“百名博士老区行——走进琼中”科技服务活动期间，调研小组结合“自贸区农业区规划布局”的主题对海南省琼中黎族苗族自治县进行了较为系统的调研。博士团成员紧紧围绕“将海南自由贸易试验区建设成为全面深化改革开放试验区、国家生态文明试验区、国际旅游消费中心、国家重大战略服务保障区”的战略定位，对将琼中县建成具有中国(海南)自由贸易试验区特色的热带农业片区的可能性进行分析，并在加快质量变革、效率变革、动力变革，分层次地提高全要素生产率，促进琼中县涉农产业发展提出相关建议。现撰写调研报告，以便将调研情况和相应的对策建议反馈给相关部门，以期促进琼中黎族苗族自治县在自贸区建设下涉农产业的可持续发展。

一、自贸区农业区规划背景与依据

1.将海南建成自由贸易试验区的时代背景与区位优势

国际自由贸易的升级和一带一路沿线国家自由贸易协定的签订，海南自由贸易试验区的设立为海上丝路的货物提供了海上的四面临海的岛屿型交易地，拓展了贸易空间，并为自由贸易协定清单外的相关产品做了补充。可以说自由贸易区是现今多边贸易的产物，是中国进一步深化改革开放的产物，是中国所设置诸多自贸区的一个补充和战略选择。且随着自贸试验区的不断发展和试验区政策的不断探索，自贸区的功能更加趋向于综合、管理水平也不断加强，且随着当前全面深化改革和双向开放的探索，需要更加综合深入地对自贸区的政策和实践进行探索，所以海南自贸区的建设具有为国家全面深化改革提供政策和改革方案的作用。

海南自由贸易试验区是一个平台，是国际贸易背景下的多边国家参与贸易的平台，是政策性的窗口。作为中国的第十二个自由贸易试验区，将建成中国最大最完备的自由贸易试验区。其在南海与中国-东盟自贸区中的节点位置、其在繁荣南海及周边区域经济、在东南亚乃至一带一路倡议下的定位，都与以往的自由贸易示范区不同，其所面对的未来广阔市场和区域发展目标也与以往不同，其所面临的进出口贸易格局与世界经济格局的演变和塑造也与以往不同，因此，长期发展海南、长远经略海南自贸试验区具有长远的意义，需要我们以更加长远、更加坚定、更加自信的眼光来发展和建设海南自贸区。

我国进出口贸易的全面发展与双向开放的进一步推进，以及即将举办的中国国际进口博览会，是中国政府坚定支持贸易自由化和经济全球化、主动向世界开放市场的重大举措。其建设有利于促进世界各国之间进一步加强经贸合作，进一步促进全球贸易和世界经济的复苏与稳定增长，明确彰显了中国全面深化改革开放的决心。其建设也表现了中国市场需要更加丰富更加广泛的产品进口，表现了中国需要更加具有现代化、更加成熟的自由贸易区。同时，区域经济发展一体化与自由贸易需求，经济中心的再造与增长动力的问题。由于“一带一路”参与国，及东盟成员国经济发展水平的差异和经贸结构的雷同化，需要我们审慎的对待，且一带一路沿线国家由于经济发展阶段导致其出口产品多为农产品，海南为涉农产品的发展与国际贸易提供了更加广阔的交易空间和交易平台。

2.自贸区内农业区政策现状与阶段性评价

在全岛自贸试验区和自由贸易港建设的背景下，同时兼顾县域发展规划的发展要求，按照城市总体规划(2014—2030年)，主要分为北部旅游及热作高效农业主导区、县城综合产业区、东部热带特色农业主导区、西部生态保育主导区，其中北部旅游及热作高效农业主导区、县城综合产业区、东部热带特色农业主导区是主要的农业产业发展区。具有相当的地域纵深结构，能够有效联通各个主要港口，为农产加工、混合加工、绿色加工、生态产业等产业的发展提供了得天独厚的优势，由于其广阔的空间格局和地理纵深，以及其作为经济特区的优势，为综合型贸易港的建设提供了丰富的政策空间和物理空间，同时，也能够为农业高新技术的成果转化提供广阔的技术发展空间。

琼中县位于海南省中部，位于海南省经济圈中心位置，未来与广州等周边交通基础设施与交通体系的完善，未来中线高速公路的建成将进一步重塑海南岛省经济地理格局。从未来的经济地理格局看，自贸区建设背景下琼中农业区的发展与规划主要以均衡以下几个目标为导向：实现岛内涉农产品资源的合理配置与资源化；实现主要港口之间农产品等大宗商品的时空调配；实现国内外农副产品的中转配置与商品信息流动；实现本地涉农产业升级与品质质量高效提升。

3. 县域农业产业多功能性发挥与挖掘现状

由于现阶段琼中县域内农业主要依托较为初级的种养殖模式，涉农初加工产业也处于较为低的层次，不符合产业发展向上升级的要求，进而导致其农业多功能性尚未充分挖掘与发挥，且并没有受到足够充分的重视。例如，农业对生态、文化、环境、工业、绿色能源发展的作用有待挖掘。除此之外，由于琼中县前期交通较为不便，且由于黎族苗族传统生产经营方式的长期影响，琼中的生态环境优势和农业资源优势并没有得到充分的开发和利用。但是，自贸区内产品价格是世界价格，琼中县将面临来自世界产品的竞争，是世界产品争相涌入的洼地，将融入面向世界的供需新平衡中，毫无疑问会对自贸区区域内经济供需格局产生不确定影响。

当前所调研的典型特色涉农产业具有以下几个共性优势，有利于自贸区内农业区的产业生存与发展：①典型特色产业都以绿色发展为核心，农业示范、示范展示为基础，可以最大化优化资源、改善生态。②典型特色产业都以提升农业综合经济效益为着力点，以生态旅游产业以及相关休闲配套产业为支撑，具备海南中部特色。③部分企业已经融入了电子商务、现代物流、金融服务及信息技术为一体的“产业扶贫＋农业发展”新模式。④部门企业已经探索智慧农业、生态农业，进一步优化了发展模式，提升了产品品质，促进了琼中气候资源与区位环境积极创新转化。

二、琼中县农产业当前阶段的主要制约因素

综合考虑海南自由贸易试验区的时代背景与区位优势、农业区政策现状与阶段性评价以及县域内农业产业多功能性发挥与挖掘现状，当前的产业发展与自贸区农业区定位的不适应性还体现在以下几个方面：产业意识薄弱，可能不适应国际贸易及海外投资下产业规模化发展的冲击；成本高效率低，可能不适应涉农产品集散与智慧物流发展下外部市场工业化的冲击；生态位低发展不成熟，可能不适应开放市场中高等商业模式及国外技术与投资涌入的冲击；品牌弱标准低，可能不适应外来优质农产品与出口贸易对产品高标准的冲击。

1. 产业整体的生态友好度与环境效应不明显

县域内产业整体的生态环境友好度尚可,但当前农业发展模式与整体的生态建设目标不相符,应该在农业多功能性发挥的基础上,以生态环境效应为红线,对后续涉农产业的选择和发展继续做好甄别和筛选工作,积极培育与鼓励绿色涉农加工业与服务业,提升产业层次。根据当前了解的情况,槟榔、绿橙等产业由于农民的产业化和规范化管理意识相对薄弱,且由于粗放管理的模式,在一定程度上造成了社会资金投入、农业资源和产业发展时机的隐性浪费。同时,不当投入的产出又容易造成其依托的生态环境的不良干扰。由于种养殖业病虫害防控方式及其全要素生产效率的低下,也在一定程度上对热带高效农业生产模式的产出效率和环境效应造成不良影响。虽然,地膜回收与污水处理模式得到了一定程度的推广,但农业种养殖生产仍面临环境效应较低的局面,尤其制约着农产业的生态功能的发挥。

2. 涉农产业在国际贸易中的生态位竞争力差

人口规模作为经济发展的基础条件之一,促进人口增长与人才队伍建设具有不同忽视的作用。琼中县 2020 年规划人口 23 万,其中农业人口占比相对较低,且由于农业人口的转移,涉农产品产业的发展面临人力资源缺口,与热带高效产区建设目标不相符。其他涉农业态的缺乏,如绿色涉农工业、生态农业、观光农业等的相对不完善,导致目前主要以基础的种养殖业为主,农户的发展意识不强,对农业科技的利用和生产力的促进与转化能力整体不高,指明其在后期的发展中不能在依靠高强度的人力来发展农业,必须提高农业科技在农业生产、农产品加工、农产品增值中的贡献率,不断提高涉农产业在国际贸易中的竞争力。

3. 涉农产业的主导优势与多样化缺乏有机统一

县域内当前政策倾向于扶贫的精准化,缺乏对小微业态的支持,这在一定程度上阻碍了农业产业的多样化,使琼中县县域内的农业生产与业态的发展缺乏了多样化的基因。就目前调研了解,在扶贫工作开展的同时,主要围绕绿橙、蜜蜂、槟榔、种桑养蚕等种养殖业为主,以农旅等旅游业为主,忽略了对涉农产品多样化的扶持,尤其是在自由贸易试验区内,缺乏了对涉农产业多样化的探索。自由贸易协定中有关原产地产品的相关规定,价值总额的 50%以上,所以可以进一步发展农产品精深加工与包装业务,吸收和借鉴自贸区内产品类型,不断发展本地区涉农产品的产品种类和上下游产业,逐步丰富涉农产品的进出口条目。

4. 农业区的基础设施水平与抗风险能力不足

农业区内除农业土地之外的基础设施水平低还集中表现在客观因素上:①技术环境的制约,科研投入相对欠缺,知识产权保护意识、新产品开发意识、科学规范意识不足。②基准信息服务环境的相对欠缺，标准和数据少，渠道和投资不足，信息服务不够精准，缺乏对需求群体的细分而导致信息服务质量相对不高。涉农产业自身的主观因素包括：①目标导向不明确，部分产业可持续发展能力建设不足，发展战略与运营模式相对欠缺。②产业的现代管理水平有待提高，面临经营管理粗放、生产成本控制能力不足、涉农产品的品质质量控制能力不足等问题，这些因素也导致了其抗风险能力不足。

三、琼中县自贸区农业区总体概念性布局

由于自贸区内的农产品价格是世界价格，其区域内将充斥诸多优质和不同层次的涉农产品类型，其中一些无疑是可以吸收和借鉴的产品类型。同时，由于取消了关税对本地区涉农产品的保护，其竞争力进一步减弱。因此，想要参与这种竞争，必须在适当的缓冲期内逐步提高当地涉农产品市场及产业系统对世界农产品经济影响的响应与抗风险能力，并逐步加强县域内农业系统的敏捷性、完整性、成熟性和可靠性，进而提高涉农产业的竞争力。

因此，坚持“多规合一”背景下农业区实践层面的概念性布局，坚持自贸区农业区的定位，明确自贸区农业区的功能，巩固农业区黎苗特色的规划思路，从以下5个方面提升综合竞争力：①对当前农业区划及涉农农产品的进一步细分，基于信息实现更加精细化的管理，做好借鉴工作，促进产业的内涵式发展。②对新旧涉农产业资源与存量的重新审视与开发利用。③生态保护培育区与热带农业高效生产区的分离与统一。④在当前背景（电子商务、信息经济、服务经济、数字经济）下重新审视生产流程与产业链结构。⑤自贸区农业区的生态与涉农产业发展的动态平衡性与发展的均衡性。

1. 增强涉农产业多功能性的发挥

做好涉农产业的功能性的发挥要求做好传统涉农资源及存量的盘活，促进增量的稳固发展，尤其是针对现有涉农资源的资源性、生态型和景观型产业功能的探索与挖掘。从而有序和充分转化热带的湿热资源，探索发展绿色能源产业，比如乙醇等产品；有序挖掘和发挥热带农业的特色资源，发展文旅农旅相结合的旅游业，发展黎苗文化；有序挖掘和发挥农业科技的示范转化与生物多样性产业，丰富和发展农业科技产业与农业科技发展基地。

2. 业态布局与产品设计的多样性

其面临的市场除转口贸易外，将是世界上最大的中产阶级市场的需求，是要解决中国人民对美好生活的向往与不平衡不充分的发展之间的矛盾，是要平衡世界

范围内市场的供应关系与贸易逆差，是要将这个问题解决在其长期贯穿的发展过程中。而且产业结构升级与增长的动能转化，也需要不断涌现新的业态和新的产品供给，需要不断激发琼中人民的创造性和积极性，借鉴好、利用好、发挥好世界人民的聪明才智，增强涉农产业发展的包容性，最终促进涉农产品的多样性。进而，积极探索和发掘其在区域经济中的互补性和国际贸易中的竞争力。

3.农产品质量提升与品牌化建设

未来自贸区内的产品将具有诸多本地涉农产品可以吸收、借鉴的产品类型，可以说自贸区是国家全面深化改革开放的重要展示与学习窗口，也是国际农产品贸易的重要缓冲地，无疑为琼中农产品市场吸收、借鉴外国的产品类型、运作模式与发展方式提供了充分的素材。但是农业品牌化建设，是中国农业产业化升级的必由之路，是中国现代农业体系完善、产业转型升级、实现农业增长的现实路径。只有农业企业打造出了强有力的终端型品牌，农业产业化、品牌化才能初步整合、优化产业链，带来品牌的溢价、附加值。保证农产品的品质和特色，寻求涉农产品的差异化是品牌化建设的关键。

4.农业片区整体中长期发展目标

农业片区的发展应有适宜的缓冲期，尊重和保护其逐渐放开、丰富和发展的过程性和市场化程度。在长期发展中更加注重和突出海南与其他省份自贸试验区的差别，更加注重面向海南、面向热带、面向东南亚、面向“一带一路”，服务于海南热带农林产业、服务于自贸区产业发展、服务于全面改革开放、服务于国家“一带一路”战略。其中，琼中农业区规划布局应借鉴杨凌示范区片区，以农业科技创新、示范推广为重点，通过全面扩大农业领域国际合作交流，充分发挥气候与生态优势，打造“一带一路”现代农业国际合作示范区，以更高的站位和热带特色作为其对于上海自贸区农业区、杨凌示范区片区等农业片区的补充和提高。

5.涉农产业投资与金融风险防范

涉农产业的发展要谋深远、重经略，因此自由贸易试验区的建设总体应该是管理水平的提高与发展，是治理体系和治理能力的现代化，是通过改革丰富自贸区农业区的经验模式与政策优势，是增强自贸区内农业区的政策与发展体系的稳健性。积极改善服务效果，促进私营与外资经济活力的发挥是必要的。但是，抗风险求稳定和自我规范发展的能力是第一位的，因此应该更多地把自贸区的发展看作发展本地区农业发展的契机，促进其金融环境与产业生态的稳步发展和有序升级，协调好新粮食安全观与自贸区发展方向的关系。做好负面清单与产品安全性(经济、贸易、增值)工作，金融监管与投资贸易自由化(非法)，合理控制产业发展的杠杆与市场集中度，积极发展实体产业和虚拟经济并重，坚持底线思维，促进生态环境与金融环境的健康。

四、自贸区背景下信息服务的规划与布局

针对上述自贸区建设发展对琼中涉农产业提升需求，提出“向生态环境要空间、向科学技术要空间、向生态效率要空间、向信息发展要空间”的解决思路，以“绿色、效率、品质、标准”为目标，通过对信息技术、大数据等技术的基础设施建设，结合当前阶段琼中涉农产业的发展特征来发展适应未来自贸区农业区长期发展的信息系统和信息化、数字化基础设施，并有效结合自贸区的产品交易特点，建设高效的自由贸易区农业区中转中心，以充分适应未来自贸区农业区发展与贸易特点，充分发挥琼中的生态环境优势、区位优势和农业资源优势，提前布局农业产品的标准与知识产权保护，发展高品质的物流体系建设和包装加工结构，积极培育有长远目标、有明确发展路径的涉农产业，发挥产业园区的集中优势和协同优势。

1. 涉农产业的科技创新发展政策研究

完善政府扶持与市场调控对涉农产业科技创新的服务机能，完善自贸区农业区相关投融资机制研究，既不缺位，也不失位。推进涉农企业孵化与结构升级任务，促进涉农科技产业创新和产业结构升级。更加注重人才培育与引进政策，健全和完善涉农科技人才引进结构与本土人才的培育层次。加强科技创新与技术研究引导方法，鼓励农业科技创新和生态化生产技术研究。坚持技术推广与定点帮扶，针对散户的病害防治推广体系与培训教育。特别注重特色产业的甄别培育，鼓励生态农业、智慧农业、农业旅游等服务形态农业的优先发展。

2. 现代智慧物流服务体系的建设完善

推进冷链物流等现代物流基础设施建设，构建先进的智能转运与商品在线交易服务系统。适度采取和发展生鲜农产品与加工产品的减损、保鲜技术，提高涉农产品的保值增值能力。有效融合电子商务、信息服务，促进涉农产品电子清单、追溯能力与技术体系建设。积极探索各类农产品储藏与保鲜技术、加工技术，建立农产品智能包装与分拣技术、品质可视化技术发展与应用。进一步促进农业产品的储存、精深加工、质量安全监测与现代仓储智能决策方法的研究与探索，以适应新形势下自贸区内农业物流的发展需求。

3. 科学技术与信息服务质量的精准化

逐步提高涉农产业与企业服务数据的获取质量，有序改善涉农产业与商品贸易信息服务质量。以促进服务质量提升为目的，实现贸易、金融、投资信息服务的

精准化。改善信息服务流程，提高信息服务的精准性、实时性、有效性和针对性。建立长效化的信息监测获取与反馈机制，保障信息服务高效率运行，以逐步适应大规模数据的处理需求。有效改善信息化服务基础设施，形成高效信息服务能力，具备相当规模的处理能力，促进数据挖掘应用与数字经济发展。建立智能综合服务中心，推送跟踪服务模式，精准服务农业生态治理。

4. 国际贸易中农产品标准化体系建设

积极参与特色产品国际标准、国家标准、行业标准、地方标准的建设，适应自贸区农产品生产需求。完善生态保护与环境保护标准，减少农产品农药残留以及其他重金属等有害物质的使用。进一步规范现代农业农产品品种标准化、农业生产技术标准化，以更高更严格的标准发展和建设自贸区农业区。进一步促进和健全涉农市场的评价与抗风险能力，提高涉农产业市场规范化、农业经济信息（价格、期货）建设标准化。

5. 涉农基础数据库的动态更新与升级

有目的的建设涉农产品贸易清单，做好与自贸协定中商品条目的对接，并促进涉农基础数据库的动态更新与升级维护能力建设，做好优秀涉农产品类型的学习与借鉴。加强基础数据智能模型系统研发，推动农业生产与农产品开发利用。推进基础涉农数据的开放与共享，服务引领涉农产业的发展。加强关键信息资源的安全保障，建设集中统一的管理平台，从而实现信息的挖掘。建立种植数据、植保数据、农产品数据以及农产品衍生品等基础数据体系，实现林下经济、电子商务、物流等涉农产品数据信息的资源化利用，推动数字经济发展。

6. 知识产权布局与保护利用体系建设

针对自贸协定中与知识产权相关条款内容，有序做好本地特色农产品品种、商标、生产工艺、加工装备等的专利化与保护利用工作，完成特色农产品相关知识产权的商业化布局。促进相关优质专利产品的培育、转化并积极促进相关产业效率提升。加强涉农相关知识产权宣传，促进保护意识和保护力度。合理使用与转化国外优质知识产权，建立涉农知识产权交易体系。促进涉农知识产权的挖掘、利用和转化体系的建立，合理建立知识产权奖励与激励措施，促进涉农知识产权的发展。

五、结论与展望

进一步优化涉农产业资源的配置手段和配置效率，进一步调整县域内热带农业产业结构的适应性，积极培育农业产业结构动态调整的能力，促进其动态性、响应性的形成，从而提高涉农产业及农业区的建设水平，并逐步健全信息服务应用的动态跟踪能力。有利于积极保障广泛人民根本利益、增强农民参与自贸区农业区建设的积极性，进而有利于加快农业生产意识观念的转变。有利于促进涉农产业的规模化和链条延伸，加强涉农资金投入和支持力度的精准化程度。有利于促进涉农产业的甄别和培育，合理的促进一、二、三产业的融合以及更加明确的分置。有利于有计划有步骤地发展农业产业，健全农业产业发展体系。有利于坚持发展本地优势农业资源与品种引进相辅相成的模式，调优农业产业结构，促进自贸区农业区的产业结构升级与可持续发展。

通过自贸区背景下的农业区信息基础设施与基础机构体系的建立，将会逐步提高传统农业产业与信息服务的结合程度，以点带面的提高信息化、智慧化建设的效能，提高信息技术的点效率、线效率和面效率，建立适应自贸区农业区的高端农业产品高效生产加工体系，包含信息服务与产品供需体系。建立适应自贸区农业区的绿色可控低损的现代冷链物流体系，以应对未来的农产品调配需求。建立适应自贸区农业区发展的涉农产品交易模式的交易体系，以对接自贸区产品交易的需求。建立适应自贸区农业区建设的涉农产品可持续的信息服务体系，以保证自贸区农业区的长期稳定可持续发展。加快建成绿色智慧高效创新开放的自贸区农业区示范项目体系，以项目的发展带动琼中农业区的经济社会发展与特色农业发展。

如何让黎苗文化“活”起来

——琼中县旅游商品开发与未来发展建议

王逸韵　中国农业大学人文与发展学院

旅游商品作为旅游产业中的重要因素，对于目的地的形象塑造、游客的吸引力以及产业间的协同发展等方面，发挥着重要作用。在此次“百名博士琼中行”期间，调研组通过与琼中县文化体育广电和旅游委员会相关负责人员进行座谈交流，并在7天的实地调研中考察了当地的各个旅游景点，调查分析了琼中县的旅游商品开发状况和存在的问题。海南省琼中县拥有巨大的旅游商品发展潜力，其生态资源丰富多样，黎族苗族文化悠久且独特，所以应该精准对接游客的诉求并努力发掘独具特色的黎苗民族风情和优越的自然资源，以此为基础设计具有地域特色的旅游商品，打造当地品牌以推动琼中县未来旅游业的发展。

一、调研背景

当地民风淳朴，是黎族和苗族的主要聚居地，黎苗风情浓郁，每年农历三月三日，更是黎族苗族纪念祖先、歌颂爱情的传统节日。琼中县有丰富的山区农业资源、山区旅游资源、森林资源、南药资源、水力资源等，盛产灵芝、槟榔、一直、城乡、檀香、铁皮石斛，是著名的“南药之乡”，琼中蜂蜜、琼中小黄牛等独具特色，“琼中绿橙”更是海南省著名商标、国家地理标志品牌，享誉全国。主要景点有百花岭风景区、白沙起义纪念园、黎母山国家森林公园等，“奔格内”（黎语：来这里）等乡村旅游品牌及乡村休闲旅游深受省内外游客青睐，是旅游、休闲、观光的佳景圣地。

二、旅游商品的相关概念及理论基础

（一）旅游商品概念界定

旅游商品不同于旅游产品，旅游商品是旅游产品发展的重要组成部分，它属于商品的范畴，因此具备商品的基本属性，其最终呈现和市场接受度是评价旅游产品质量好坏的关键要素。旅游商品以需求为导向，消费弹性大，从供方的角度上看，旅游商品是指供给者为满足旅游者需求，而提供的具有使用价值的有形商品。新时代的旅游产品使人们的生活多姿多彩，“旅游产品”将玩、吃、文、礼四者相结合具有新时代的创新。

（二）相关理论基础

1. 熊彼特创新理论

熊彼特在“传新理论”中提出的五种情况在一定程度上对文化旅游商品的开发设计具有参考价值：①新的产品，旅游商品属于产品的一种，因此在开发过程中必须强调商品的新形式、新功能、新风格、新内容等。②新的生产方式，生产者需要采取新技术、新工艺、新资源来开发旅游商品。③新的销售市场，用于寻找新客源、定位新客户、探索新市场、开辟新环境。④新的资源配置，这关系到旅游商品在开发过程中的资金、原料、人力等资本的来源，以及如何对它进行有效地调配。⑤新的组织，个行动主体能否在旅游商品开发过程中形成新型组织结构，并在市场变化中有序地进行调整。

2. 体验经济理论

民族文化旅游是审美、体验与休闲的统一，游客不仅想感受到不同于城市环境的自然风光，更想体验独特的民族文化，因此在这样的基础上游客的每一次消费就不仅是具体的某件商品或服务，也包括整个旅游过程中在体力、脑力、情绪、精神等方面上的体验。对于旅游商品的开发，并不仅仅是简单的“生产—销售”行为，而是要让游客在消费前端、中端、后端都能有不同的商品体验，使游客从旁观者、购买者变为参与者、体验者。在文化旅游商品的创新开发研究中，不能孤立地将商品仅仅停留在物质的交换上，在交换过程中的体验行为及其联动带来的经济效益，也是不能忽视的重点。

三、琼中县旅游商品开发现状及市场分析

1. 商品开发现状

通过几天的走访调研，小组成员将琼中县已有的旅游商品归至下述几种。

农副产品类：琼中绿橙、琼中蜂蜜、琼中飞瀑山咖啡等；

南药保健品类：槟榔、益智仁、灵芝、铁皮石斛、牛大力等；

原生态山货类：寄生茶、五月茶、山柚油包等；

二次加工类：山兰糯米酒、桑葚酒、山梅酒、辣椒酱等；

手工艺品类：编织品（黎苗族织锦、竹匾）、丝绸制品、根雕、手串等。

2. 市场分析

琼中当前旅游商品以农副土特产及初加工产品为主，例如：琼中蜂蜜、山兰糯米特色酒、五月茶等当地特色产品，主要针对特定的客源市场销售面不广。以文化艺术为附加的特色产品，例如：黎锦，带有文化图案和符号的丝绸，雕塑等，主要以外地游客为主，附加产值高，二次推广程度深。以一次性加工或者直接出售的商品为需求的产品，这部分产品不易长时间保存，但价格低廉，比如一些蔬果类，主要客源为当地及周边地区人群。以鸭坡村调研情况为例，瓦屋家是一个固定的商品出售点，主要客源是散客和一些微商固定客源，市场需求单一，规模小，宣传力度不大，商家也存在一些小富即安的心态，因为产品主要为农户家自己生产，生产力有限，这也是其不愿意扩大宣传的原因之一。某些商家不愿意参加海南各地的市场展销会等进行线下宣传，主要原因为市场跟风模仿现象严重，同一产品的同质化会导致商品市场饱和价格下降，“一村一品”的销售格局有待提升。

目前琼中旅游产品以调研所知产品为主，知名度有待提高，众所周知，产品的销售与产品的推广程度紧密相连，产品的推广主要分为线上和线下两种模式并行推进。

第一，线上有软文营销、网络广告、链接推广，这种宣传方式受众广，宣传模式简洁。

第二，线下实体店及各种展销会，让客户通过实体店对产品有直观了解，进而产生购买欲望。据我们调研，目前琼中的旅游产品方式多以实体店，展销会等线下模式进行推广，线上模式主要以微店模式自主下单，且主要在朋友圈小面积宣传，客户受众较小且相对固定，多为来过琼中旅游过的散客。

第三，也是最重要的一点，好的产品推广只是让客户了解到你的产品，但是真正提高客户购买欲望的一点，应该是产品的文化赋予和故事捆绑，旅游产品作为当

地的特色产品,好的文化赋予能引起顾客的兴趣,找到顾客的共鸣,让顾客感觉到自己所买的不仅仅只是一件产品这么简单,而好的故事和文化,又会以商品为载体进行游客购买后的第二次传播,间接提高产品和琼中的知名度。

有了好的推广,势必带来市场的需求扩大,目前琼中产品主要以家庭作坊式,或者合作社式联合经营,规模小,产品质量参差不一,以什寒村蜂蜜为例,野蜂以及家养蜂蜜可以作为不同种类需求蜂蜜进行推广,合作社的家养蜂柜台上可以开启野蜂区,不同层次产品定位,不仅能丰富产品种类,吸引客户来源,同时也能以产品消费带动旅游发展,所以产品定位是市场营销过程中重要的一环。

四、琼中县旅游商品开发存在问题

琼中旅游商品不能满足旅游消费者的个性化与多样化的要求,且旅游商品市场信息流通慢、市场与消费者之间信息不对称。琼中旅游商品以当地土特农产品为主,种类单一,更新变化缓慢,同质性强,并且客源都是以散客和固定顾客为主。目前已初步形成品牌和规模的旅游商品是琼中绿橙和飞瀑咖啡,但其他野生蜂蜜、酿酒类等原生态产品存在生产规模小、生产过程和包装过程没有认证等问题,没有形成品牌,且游客对其品质抱有怀疑态度,游客在琼中的购物消费支出不高,降低了旅游产业综合效益的发挥。经过几天的调研,发现以下几个问题:

1. 产品体系不完善

目前琼中县旅游商品主要以当地农副产品以及黎族、织锦等土特产和手工产品为主,少量商品属于企业批量规模生产,例如琼中绿橙、飞瀑山咖啡,其余多数采取自产自销的以小规模为主的粗放型经营模式,有些甚至为家庭手工作坊,实力弱,效率低,设备条件落后,大多仍处于产品的初级加工阶段,技术附加值不高,难以形成以资本、技术与创新为核心的集约化生产,以绿橙、蜂蜜等为例。

2. 旅游商品开发滞后

由于琼中地处海南腹部,开发较晚,虽已建成琼中绿色产业科技园区并计划在其进行农副产品加工和旅游商品开发,但由于当地人才严重缺乏,导致园区空置并未投入生产。目前市场上还是以小农户为主要生产加工方,所以旅游商品研发上容易跟风模仿并雷同性高、生产技术含量低、销售渠道狭窄且受众少。

3. 文化内涵挖掘不足

琼中有着纯正的黎苗传统文化,但是乡村汉化严重,关于黎苗文化的旅游商品较少,以黎锦为主,但是价格较昂贵,在民族文化旅游商品的开发过程中,关于其他黎苗文化、风俗、图腾等产品较少,文化挖掘力度不够。

4. 产品质量参差不一

琼中“五月茶”等野生农产品没有专门的展销点，只能依托“微店”等电商平台，产量低，规模化生产技术不足，并且没有合格的食品安全标准。琼中难以形成以资本、技术与创新为核心的集约化生产，这使得监督管理机制无法建立，商品质量的良莠不齐严重影响了当地村民的收入，破坏了市场秩序，也损坏了整体旅游形象。

五、琼中县旅游商品开发相关建议

（一）旅游商品设计开发

1. 指导概念

(1)以市场为导向，加强旅游商品开发。琼中县未建立起完善的游客反馈渠道，有必要做好对游客的满意度的后期跟踪调研，了解旅游者消费需求趋势，有针对性地研发产品。一方面，运用旅游大数据、信息化平台，精准了解不同游客购物动机，根据不同的客户需求开发相应的旅游商品；另一方面，要把握不同人群的需求档次，给各类旅游商品做不同的市场、商品及价格定位，开发出针对不同类型、不同消费层次旅游者的适销对路的旅游商品。

(2)引导旅游商品开发，监控产品质量。旅游乡村点的农产品没有专门的展销点，也只能依托于“微店”等电商平台，野生旅游产品产量低，规模化生产技术不足，没有合格的食品安全标准，大多是“三无”产品。可借鉴其他地区设立旅游商品开发基金和开发奖，引导和鼓励企业与个人扩大研发资金投入，扩大新品种旅游商品的开发，同时建立旅游商品相关行业组织，防止假冒劣质的旅游产品流入市场。

(3)挖掘民族文化内涵，突出旅游商品个性与特色。琼中县黎苗传统文化由来已久，可以深入挖掘黎族与苗族的文化并结合“非物质文化遗产”，将文化与旅游商品深度结合。在旅游商品的设计开发上体现黎族苗族的地域文化和民族文化的特色，打造即具有地方特色文化又拥有现代质感的琼中旅游商品。

(4)发展完善品牌，增强旅游商品的竞争力。为琼中旅游商品后期发展更迅速，必须建立起特色品牌，并完善现有的品牌。现有的“奔格内”乡村旅游品牌，并没有实现旅游全产业链的结合，在旅游商品这一块，应该建立专门的旅游线下门店，收集各村落的农副土特产进行统一包装和销售。对于“琼中绿橙”“琼中蜂蜜”和“飞瀑山咖啡”这几个初具规模的单一农副产品品牌，加强精品化意识，实现一定程度的客户资源共享和品牌整合，向全国闻名的“地方标志”品牌努力。

2.旅游商品设计

(1)纪念品系列。将当地非物质文化遗产中的黎苗文化融入旅游商品的设计当中，设计出一系列旅游文化周边产品。例如明信片、日历本、宣传画册、文化衫、帆布包等易携带的当地旅游纪念品，其中结合琼中黎苗特色和一些旅游景点。也采用石刻、木雕和竹编等多种形式制作有琼中特色的纪念品，如编织草帽、农具和竹篮等。

(2)区域文化旅游商品系列。将区域文化与旅游商品相结合，例如将代表琼中特色的黎苗图腾融入服饰、草帽、台历、明信片、相册及其他小饰品上。将琼中黎苗民俗文化、美食等制作成画册等，使之真正成为能代表琼中旅游内涵的旅游商品。例如将黎苗民俗文化保护较为完整的黎村苗寨进行修建并向外开放，将黎苗族的民族文化较完整地展示给游客，让游客与黎苗同胞同吃、同住、同劳动，不仅可以推介黎苗民族传统饮食文化，如黎族的传统食品鱼茶、烤竹筒饭、山兰酒等传统民族食品。还可以在当地的村寨建立民俗文化馆，在那里给大家展示一些民族服饰、黎锦等手工艺品和农副土特产，也可以专门建立“亲身体验坊”，让游客自己上山采集“五月茶”或者亲自参与到特色酒酿等传统食品的制作过程中，增加旅游商品的内在价值，促进消费者的购买欲望，侧面带动旅游商品的发展。

(3)土特产品系列。重点发展已有的琼中绿橙、琼中咖啡、琼中蜂蜜、桑蚕等产业，完善产业链，发展深加工旅游产品系列。使当地五月茶、特色酒酿、琼中蜂蜜等特色商品向易于携带、精致美观的方向发展，在保证质量的基础上，在包装设计上融合黎苗文化和现代化因素，形成包装精美、品质一流、独具民族特色的旅游商品。

收集挖掘黎族苗族民间传统食物或者食物制作配方，推出新的旅游产品和村货。

(4)制作旅游产品套盒。根据旅游商品的品质差异、功能差异特点及不同游客的不同消费层次，对同一类产品进行有计划有组织地多级开发，形成一个系列。主要选取当地有特色，并易携带的产品作为原材料生产，并由当地已经初具规模且有一定品牌的旅游产品来带动整个旅游商品的发展，并对所有旅游商品进行统一化的品牌包装，扩大品牌效应。

①将琼中绿橙与琼中当地产的热带水果——火龙果、杧果、凤梨、草莓切片后干制，制作成水果干片、鲜茶礼包套盒，套盒包含琼中蜂蜜，定制具有琼中标志的水杯，符合年轻人的轻食健康的生活理念，性价比高。

②主推以本地产的山兰糯米等原料酿制风味特色酒品。可以推出两个系列，一是以桑葚果酒、山兰糯米酒为主的甜酒系列，二是以石斛花酒、蜂蜡酒、竹灵芝酒为主的养生酒系列。推出特色酒品套盒，一是小罐装的具有多种味道的“什锦酒套

盒”，二是以某种特色酒为主产品并辅助搭配五月茶或者飞瀑山咖啡的“琼中饮品套盒”。

③对琼中蜂蜜、蜂胶、蜂王浆充分利用，形成蜂蜜伴手礼套盒。

④将黎族苗族的文化具体化并制成伴手礼。黎锦画框的售价一般较高，不适合作为伴手礼，可以将黎锦制作成鼠标垫、杯垫、织锦挂包。将黎族苗族的图腾等图形制作成钥匙扣或者印制在明信片、台历上。

⑤将玩、吃、文、礼四者相结合，设计针对不同年龄人群的“三＋一”伴手礼礼盒。礼盒内主要含四种特色旅游产品，“三”是以吃为主的可供自由搭配的旅游商品，“一”是以当地的文化特色为主的旅游产品，例如黎锦、竹篮等包含黎苗族文化的产品。

老年人礼盒：石斛/灵芝/益智或者养生酒＋山柚茶油/茶油包＋蜂蜜等系列产品＋黎锦等文化产品。

青壮年礼盒：琼中特色酒品＋蜂蜜等产品（蜂蜡/蜂胶/蜂王浆）＋飞瀑山咖啡/琼中绿橙干制水果茶＋丝绸/根雕/台历等文化产品。

3.旅游商品营销推广

针对不同时间、不同消费群体制定相应营销策略，使其逐渐在消费群体中树立自身品牌形象。

建立品牌化的伴手礼连锁门店。例如以“奔格内”为名称的实体门店，主要开在琼中县的一些知名旅游点处，例如什寒村、白沙起义馆等地。这个品牌可以采取线上推广售卖和线下门店售卖相结合的方式，包装设计上可以聘请外面专业制作商家来统一进行品牌设计和包装。采取多渠道销售方式多管齐下，包含门店售卖、电话订购取货、网络下单等。伴手礼店对当地的土特产进行收集和资源整合，对其质量和食品安全作监控和管理。

没有文化内涵的旅游商品则没有了灵魂，当游客在当地旅游并准备购置一些伴手礼带回时，她购买的不仅仅是旅游商品，还在购买其中包含的文化。例如褚时健的“励志橙”曾走红中国，70岁的褚时健在已经饱和的冰糖橙市场里打出一片天地，它被人赋予了褚时健大起大落的人生经历。在对产品深入分析理解的同时，定义消费群体，满足个性化的要求，用“让用户参与进来”的方式，建立起自己的营销方案，通过这些过程褚橙走向成功。

旅游商品的推广需要与琼中县的“文旅”“农旅”等旅游紧密结合。例如在什寒村的农艺展览馆中，将一些特色农产品展出，同时增加农产品的制作体验项目，如蜂蜜的摇浆制作、稻米的分壳体验、五月茶的采摘等，在提高游客的体验感的同时促进农副产品的销售。在长兴村的有机咖啡合作社中，加入有机咖啡采摘、咖啡豆研磨冲泡等体验项目，促进飞瀑山咖啡的销售和品牌推广。

积极发展当地信息化平台，加强公众号平台或者其他信息反馈平台建设，将游客的反馈和需求等信息多加利用，有针对性地调整现有的旅游商品。并且完善现有的旅游商品管理，努力拓展销售渠道，现在已有许多农户或者个体商户具有微店，需要开启淘宝网上售卖通道，多维度进驻伴手礼市场。

通过大型活动、海南省全域旅游线路、项目活动，对琼中县旅游进行推广，带动当地的旅游产品销售。例如三月三等大型活动，以伴手礼礼盒为奖品，实现推广；与海南省其他旅游点合作，形成“红色旅游”线或者其他线路，引流海口市、三亚市等旅游人群至琼中县旅游；与高校或者政府部门合作，作为爱国教育项目点、野外实践夏令营等。

博士团成员与当地村民就旅游产品体验进行调研

奔格内，海南琼中欢迎你

——琼中文农旅深度融合发展研究

吴乐　中国农业大学人文与发展学院

2018年“百名博士海南行”暑期社会实践活动琼中县实践团对海南琼中的生态特色旅游产业进行了实地考察。在琼中县旅发委的配合和帮助下，我们通过与当地旅游发展管理部门负责人及相关景点运营管理人员座谈，实地走访参观特色旅游景点，对琼中县正在着力规划打造的文化旅游和农业旅游发展现状和存在的问题有了深入了解，并针对存在的问题提出一些建议。

一、琼中县特色旅游业发展现状

近年来，琼中县按照“一心一园，一带八区”总体发展规划，全面加快实施“旅游强县”战略，统筹推进“奔格内”琼中乡村旅游品牌创建工作，并探索“奔格内”品牌乡村旅游与扶贫工作结合的经验模式（什寒模式、云湖模式、合老模式）及旅游大数据平台建设，全县旅游产业得到大力发展。但经过多年发展，琼中县旅游业也暴露出文旅农旅融合深度不足、乡村旅游体验性差、旅游商品开发不足、旅游信息线上线下互通不够深入等问题，琼中县旅游产业有待进行新一轮的转型升级。

二、概念界定

要研究琼中县文化旅游和农业旅游结合发展的相关情况，首先需要对文化旅游和农业旅游的概念进行相关界定，进而才能基于该概念更好地对实际情况进行分析。然后根据已有的相关研究结合调研组在琼中的实际调研情况，对文化旅游、农业旅游以及文旅、农旅结合的相关概念进行定义。

1. 文化旅游

文化旅游是指把旅游经营管理者所创造的观赏对象和休闲娱乐方式作为消费内容，促使参与者从消费过程中获得具有文化内涵和深度体验的旅游活动的集合。

2. 农业旅游

农业旅游是指在农业生产发生的相关活动或地域中挖掘出可进行旅游活动的相关元素，从而将农业和旅游业结合到一起进行旅游开发，即以农、林、牧、副、渔等农业资源为基础开发旅游产品。

3. 文旅和农旅结合

文旅和农旅结合是指从乡村旅游资源的内部属性与外部关联中挖掘出其历史、文化、民俗等内涵，加强其可进行观赏体验的元素的融合，从而实现旅游的休闲、教育、文化传播等功能的旅游开发模式。

三、琼中县现有旅游景点归类

根据上述定义，可将琼中县已有的相关景点进行归类，琼中县的文化旅游包括黎母山森林公园景区、百花岭风景区、乘坡河石臼群景区、学而山房景区、白沙起义纪念园、琼崖总队司令部旧址。农业旅游包括鸭坡村特色乡村旅游、和平镇堑对村特色乡村旅游和云湖乡村度假区。当前文旅、农旅融合模式运营比较成功的是什寒特色乡村旅游。

在这些景点中，极具当地特色和发展潜力的有以下几方面：

（一）文化旅游

1. 学而山房

在黎母山国家森林公园的群山中藏着一座“学而山房”，学而山房的前身是黎母山森林公园子弟小学，后在当地政府支持下，由海南大学几位教授投资 200 万元改造而成。破旧的学校在几位新管理者的精心设计下，焕然一新，变成了一个环境优美、极具现代感的科教民宿，散发出新的活力。

学而山房汇集了人文学术、科学研究、艺术创意、生态农业和美育研学等功能，平时主要以与高校定向合作举办中小学生夏令营为主，其文化气息浓厚，设计精致。建筑内部共有三层，一层包括黎族人文展和琼中当地昆虫标本展示厅，黎族人文展厅通过文字和图片的形式向游览者展示黎族特有的文化特色和发展历史，昆虫标本展厅则是发挥了教学的功能，通过展示利用当地昆虫制成的标本，可以让参加夏令营的小同学们学到很多的昆虫知识。二层和三层为民宿，民宿共有住宿房屋9间，接待能力60人，房间内部设计为日本的榻榻米风格，设计精致。学而山房面向的对象偏向小众，独特的条件尤其适合承接夏令营、秋令营，举办亲子活动、亲子学堂以及乐器书法等艺术集中培训和养生课堂。

2. 白沙起义纪念园

白沙起义纪念园是为纪念黎族首领王国兴、王玉锦领导的白沙黎、苗族人民武装起义而建，纪念园包括纪念碑和纪念馆两部分。园内设有一面长约100米的浮雕墙，墙上的雕刻叙述了白沙起义的历史。园区正中央是纪念碑，在七八月份临近七一建党和八一建军节时，有很多游客到此进行爱国教育与党建思想建设。纪念馆内则向游客展示了当时起义所使用的枪、旗子、米袋等历史文物。

3. 百花岭风景名胜区

百花岭风景名胜区距离县城较近，规划已较为完善。循着瀑布走进山间，游客会被原生态的热带森林所吸引，不同的热带植物分布其中，还有成群的蝴蝶、蜻蜓以及雷公马出没，纯天然的自然风光、热带风情具有很高的观赏价值。

4. 石臼群地质公园

石臼群地质公园内的石臼是经过几十万甚至上百万年的时间，被强大的水力冲击研磨而成的各种奇形怪状的石头，凹凸不平，极为壮观，是大自然的鬼斧神工的杰作。作为天然形成的独特景观具有很大的观赏价值和水文研究价值。

(二)农业旅游

1. 鸭坡村特色乡村旅游

鸭坡村特色乡村旅游以出售当地土特产品为主要特色，并以此带动该村乡村旅游的发展。

2. 堑对村特色乡村旅游

该村在“政府＋企业＋村合作社”的发展模式下，形成了以“休闲农业渔业观光＋精致民宿＋土特产品”的乡村旅游形式，充分利用其优越的自然条件，打造了“春夏草原秋冬海”四时之景不同的独特景观。

3. 云湖乡村度假区

该景区以农家乐为特色，汇集了住宿、餐饮、休闲娱乐、垂钓、游船等功能，形成了休闲惬意的体验型乡村旅游景点。

（三）文化旅游和农业旅游结合

什寒村被评为中国最美乡村之一，是黎苗两族世代共同栖息的家园。村内涉及住宿、农家乐、土特产售卖等项目，住宿形式有集装箱、高脚屋、客栈、民宿等，项目由政府进行统一管理。什寒村虽然展现的主体是农业旅游的形式，但是在政府的帮扶指导下，深入挖掘其黎苗文化元素，民宿设计极具民族特色，所以也兼具了文化旅游的特征，所以可认为是琼中旅游中，文旅、农旅融合做的比较成功的一个旅游景点。

四、琼中文旅、农旅融合发展中存在的问题

近年来，琼中县依托其良好的生态环境，独特的黎苗文化元素和红色文化发源地等旅游发展优势，通过各种举措大力推动特色旅游业的发展，并取得了较好的效果，文化旅游和农业旅游都得到了长足发展，但是要想进一步提升琼中旅游的档次，扩大其影响力，需要考虑将文旅和农业进行深度融合发展。但目前琼中县的文旅农旅结合发展中仍然存在一些问题，主要表现在以下几个方面：

1.旅游定位和整体导向不准确

琼中全域范围内农业旅游的景观在同一规划公司的统一规划设计下，存在同质化特点，无法充分发挥各村庄不同的特色，相同的旅游元素会给游客带来审美疲劳，造成旅游吸引力下降。各村庄打造的旅游体验多停留在乡村农家乐和民宿这样的基础层面，缺乏对乡村文化的深层次挖掘和提炼，农耕文化体验项目的开展缺乏趣味性，农家饭、农家生活、农事体验等都没有进行针对性的地方特色呈现，从而易陷入同质竞争的陷阱之中。

2.旅游线路设计有待完善

由于县域整体旅游线路的设计本身没有考虑文旅、农旅的融合发展，造成了不同景点分散各处，各景点在设计和建设时，没有统筹考虑结合周边景点一起发展而形成互补优势，造成各景点单打独斗的局面，不能连成一片整体进行建设，景点之间缺乏交互性，且没有凸显出不同的特色。线路设计得不合理一方面让游客不能体验到不同景点的文化内涵，另一方面对各景区的发展也有不利影响。

3.文化、农业旅游的多元融合处于初级阶段，融合的方式较为粗放

全县农业与旅游融合方式相对单一，过于依赖政府扶持，自我发展能力不足。在整村推进建设的过程中，部分村庄的特色挖掘不足，多数简单复制借鉴“什寒模式”等已经相对成功的乡村旅游模式，形成村村相同、村品一致的不良局面。在旅

游客源相对稳定的情况下，旅游资源的重复建设，不能吸引更多的多样化旅游需求的客源。另外，现存的文化旅游与农业旅游的结合点较少，还是以在乡村旅游点内部进行简单的红色文化、黎苗文化物态呈现为主，缺少更高层次的联合发展模式。

4. 文化与旅游的融合缺乏深度，文化旅游资源开发不充分

琼中县拥有专门的黎苗歌舞团、电影放映队，其非物质文化遗产极为丰富。但是琼中县对其旅游资源的文化内涵开发还相对不足，如白沙起义纪念园关于王国兴作为“中国少数民族自发进行起义并主动寻找共产党建立革命根据地的唯一一人”这一红色文化元素，本身对于党员的信仰建设具有重要意义，但是整个纪念馆的文化历史发掘太浅，纪念碑上虽有壁画，但还是比较单调。另外，纪念馆里都是一些影印的图片和文字材料，游客无法深入地了解当年起义的具体的一些场景和细节。在百花岭风景区和黎母山国家森林公园内，对于热带植物的科普教育功能开发不足，还有待于进一步深度挖掘。

5. 旅游体验项目过少

旅游中体验项目的好坏会直接影响游客所获得的趣味性和满意程度。如在农业乡村旅游中，游客之所以会选择乡村作为旅行目的地，很大程度上是为了体验自己从未体验过的农事劳作和农耕文化，但目前琼中的乡村旅游模式略显简单，主要聚焦于吃和住，档次还比较低，缺乏体验设计，造成旅游吸引力下降，即使有游客前来，也无法使游客停留更多的时间而增加农户的旅游收入。

五、对琼中县文旅、农旅融合发展的建议

针对琼中县文旅、农旅融合发展中存在的问题，我们经过实地参观，查阅资料和小组讨论，提出了以下建议：

1. 明确旅游资源开发定位

为进一步优化全县旅游发展布局，琼中县需要明确旅游资源开发定位，提高政府宏观规划的区域针对性。在进行县域的旅游规划时，要统观全县各区域不同的旅游资源特点，精准地对各区域的旅游资源进行品类划分和组合，并注意旅游资源的异质性，避免再次陷入同质化开发的局面。

2. 优化旅游线路设计

景点的建设是文旅、农旅融合的初次设计选择，而旅游线路设计是文旅、农旅融合的再造过程。所以需要在充分考虑各景点存在的文旅、农旅相关元素基础上，

设计文旅、农旅深度融合的相关线路，促使旅游线路上各景点的资源形成优势互补。另外，可以考虑同一条旅游线路上的景点门票可以按套票出售，以游客多的景点带动游客少的景点，从而带动各景点平衡发展。

3. 突出村落文化的差异性，细化文旅农旅融合的品质升级

将农业旅游与文化创意产业深度结合，针对城乡之间外部环境的差异和文化内涵的不同，以此作为异质文化形态对游客进行吸引和招徕，如农事文化体验活动、“忆苦思甜”饮食生活体验活动、黎苗民族特色元素等都可以成为农业、旅游、文化融合的项目灵感。当前农业旅游和文化旅游的开发不能停留在概念的规划上，而是要重视其本身因地制宜的融合方式和项目开发的初衷上，只有真正地体现出琼中各个村落不同特色，集中其最独特最优势的资源进行开发，避免“一刀切”的发展模式，才能实现旅游、文化、农业的深度融合。同时，应该充分利用黎锦苗绣、黎苗婚庆文化等传统黎苗文化活动，通过黎锦苗绣非物质文化传承人在村落中的集中培训和产品制作，弘扬黎苗自治县的农业文化与民族文化的融合，旅游推动农业、文化、旅游的高度融合。

4. 深入挖掘当地旅游资源的文化内涵

深入挖掘当地旅游资源的文化内涵，做好相应的文化宣传，进一步开发当地文化旅游衍生产品的形态，拓展文化旅游新空间。对于现有的旅游资源应进行准确分类，打破单纯区域化的线路设计，不同的自然景观、人文历史资源、非物质文化遗产都有求同求异的发展思路。比如对于石臼群遗址不同景观的石头造型可以进一步展开想象为之命名和介绍，充分发挥景观自然和人文的双重价值。在热带林木种类丰富的森林公园内，可通过在各类植物上悬挂身份铭牌的方式，向前来游玩的游客普及当地特有的热带树木品种相关的科学知识。另外，红色旅游点也应该作为重点进行深入挖掘，例如在重大的节日时，组织当地群众进行历史情景剧的演出，通过不同的表现形式，向外界宣传琼中的红色文化。

5. 进一步增加体验型项目

旅游是向游客宣传并感受当地文化的重要途径。游客通过视、听、嗅、味、触等感觉从不同层面了解当地文化，而体验型旅游项目是调动游客各种感官的重要方式。可以增加黎苗文化体验项目，如赶椰子、跳竹竿舞等活动，让游客在体验中感受和学习黎苗历史、文化、民俗。可以增加农事体验项目，让游客充分体验农事劳动中的乐趣，用特色和趣味留住游客，从而带来更多的餐饮住宿等其他旅游消费，增加当地农民的收入。

副县长为博士团成员讲解堑对村特色乡村旅游开发情况

农业废弃物将何去何从

——海南天明农业环保公司案例研究

徐强　中国农业大学资源与环境学院

2018年8月中国农业大学"百名博士琼中行"暑期社会实践活动琼中县环保局小队对海南天明农业环保公司进行了实地考察。在琼中县环保局政府领导的配合和帮助下，我们通过与天明农业环保公司管理部门负责人及技术服务人员座谈，走访并参观农业废弃地膜资源利用车间，对琼中县的农业废弃物回收和利用现状及存在的问题有了深入地了解，并针对存在的问题提出了一些建议。现撰写出调查报告，以便于将调研结果反馈给当地政府，以期为琼中县加快发展生态循环农业尽微薄之力。

一、海南省农膜使用现状

近年来，地膜覆盖技术得到了大面积的推广和使用，这对于发展冬季瓜菜生产、保障新鲜蔬果供应和促进农民增收和农业增产起到了积极作用。然而，未能就地及时回收拾捡处置的地膜、喷管、套袋、棚膜、秧盘、遮阳网、农药瓶、肥料带、农资塑料等包装物，产生了严重的环境危害，这不仅破坏自然景观，形成环境污染，还造成了资源浪费。每当瓜菜上市季节，随处可见被弃置的地膜等农田废弃物，有的掩埋田间地头，有的漂浮水渠池塘，有的点火焚烧，触目惊心。地膜在自然条件下极难降解，在土壤内可存在400年，存留的地膜破坏土地质量，影响作物生长，降低农产品的产量和质量。有调查统计数据表明，连续3年不及时拾捡田种地膜，农作物将减少15%，不利于农业可持续发展。

如果残膜被弃置在水渠、河沟并流进河道水库，会对水体造成污染，危及人畜的饮水安全；如果采用地膜焚烧，不仅产生大量刺激性气味和有毒有害物质，污染环境，还会残留一些危害人体健康的有毒致癌物质“二噁英”等。事实上，用过的地膜还有价值没有发挥出来，那就是回收加工再利用，通过企业清洗破壁造粒做成塑料制品，形成循环农业，促进可持续发展，再加工后的PE制品还可以广泛用于人们的日常生活和生产。

海南省约20万公顷冬季瓜果蔬菜地使用农膜，如果按75千克/公顷计，年使用量约15 000吨；13万公顷瓜果菜种植使用喷滴灌带，如果按38千克/公顷计，年使用量约为5 000吨，农药包装物使用量每年约1 600吨。经计算，海南省废弃农/地膜残留量占投入量的30%～40%，即每年残留量约5 000吨，10年累计可达50 000吨。这已经严重影响了生态环境和农田土壤的可持续发展，并给海南省农业带来了负面的生态环境影响，并更大的影响了海南国际旅游岛建设和农村生态环境质量安全。

据调研发现，在海南天明农业环保科技有限公司的厂房内，废旧农膜进入生产线后，会经过以下工序：即分拣、漂洗、破碎、热熔、冷却和造粒，随后即被生产成为塑料颗粒，这一过程使得农田废弃物变废为宝。“每回收1吨聚乙烯相当于节约10吨原油”，海南天明公司讲解员如是说。

二、农膜回收利用存在的问题

跟全国其他省区市比，海南的生态环境指标确实好，比如海口的空气质量连续多年排名全国省会城市第一。跟过去比，海南的生态环境质量显得令人担忧。如农作物收获后的秸秆、田间废弃物综合利用率低，农用废弃地膜、化肥农药包装耗材等长期残留在农田土壤当中，影响了环境和土壤地力，秸秆综合利用率仅10%(全国约为50%)，饲料化利用率仅6.5%，能源化利用率仅0.15%。所有这些问题，都加剧了农业发展与资源环境之间的矛盾，不仅给农产品质量安全造成了隐患，也破坏了生态环境。发展生态循环农业，对农业污染物进行资源化再利用、变废为宝，不仅能有效解决环境污染问题，而且能大幅节约农业成本、提升综合效益。“十三五”期间，我们要完成打造全国热带特色农业示范区、建成全国生态文明建设示范区的目标任务，迫切需要通过发展生态循环农业妥善解决这些问题，实现农业增产增效和生态环境持续改善的双赢。

据了解，采用人力回收废弃农膜是目前的主要方式，尽管目前海南天明农业环保科技有限公司已经在全省瓜果蔬菜种植区建立了固定和临时回收网点56个，并季节性聘请村民回收农田废弃物，但回收工作量巨大、低效且耗费人力。随着各地劳动力价格的上涨，农膜回收需要考虑成本更低的回收方式。尽管残膜回收机械的研究比较充分，但农民耕地保护意识不到位、作业成本增加和回收残膜附加值低，导致残膜回收的主动性不高。农用地膜厚度和强度达不到机械全回收的技术条件，土壤条件差异性大，无法满足机械化回收的基本条件。

三、对海南省废弃农膜回收的建议

1.出台相应法律法规

欧美和日本比我国较早使用地膜覆盖技术，但不存在残膜污染问题，除土地私有化和先进技术等因素外，杜绝残膜污染的一个重要原因还包括严格的法律制度约束。残膜回收作业需要投入物力和人力成本，中国土地属于集体所有制，同块土地的使用者也经常更换，农田残膜污染治理完全靠使用者的自觉是不可行的，需要政府推动。

2.加大农膜回收设备补贴力度

2017年北方几个省份都将残膜回收设备纳入了省级补贴目录。建议海南省政府加快出台残膜回收机械支持政策，加快推进农业绿色发展，围绕“一控两减三基本”的目标，提高废旧农膜资源化利用效率，强化农膜污染治理水平。

3.发展可降解地膜

欧美、日韩等发达国家应用高强度、可降解地膜，同时在严格的农膜处理/回收法律法规的制约下，从产业链上游扼杀了地膜残留污染发生的可能性。在美国，目前主要有两种防治残膜危害的措施被采用：①新技术可降解地膜，用于经济价值较高的蔬菜、水果等作物。②高强度、高质量且耐老化的地膜（采用卷收设备进行回收）。此外，天明公司可进一步拓展业务范围，将本地水稻废弃秸秆回收利用，制造绿色纤维地膜，这不仅能够实现农业废弃物高值化综合利用同时还能提高当地农民收入水平。

4.增大地膜厚度

在中国，最早应用并推广地膜覆盖种植技术时，农膜厚度较薄（仅为0.012～0.014毫米）。随着工业技术的飞速发展，农民为节约经济成本同时为商家获取盈利，农用地膜产品进一步变得越来越薄，某些地区使用地膜厚度甚至＜0.005毫米。地膜厚度小、老化速度快，秋后破损程度严重，强度差，人工回收非常困难，机械回收难度大且回收率低。要解决我国农田残膜污染，根本问题在于“膜”，关键环节在于回收机械。

四、展望

海南省实施农业废弃地膜回收再利用行动有助于推动发展生态循环农业，农田残膜污染治理与防控应该从全产业链考虑。尽管中国当下解决的主要问题是残膜回收问题，还应加快考虑使用农膜的强度和回收残膜如何处理等问题。未来需要开展回收残膜的再处理创新技术研究。

“一村一品”挑起扶贫大梁
——琼中县发展壮大村集体经济路径研究

尹小桐　中国农业大学人文与发展学院

民族自治地区经济发展相对迟缓，农村贫困人口比例大、抗风险能力弱。扶持民族自治地区村级集体经济发展、壮大村级集体经济实力，是实现农民共同富裕、提高农村公共服务能力、完善农村社会治理的重要举措，为脱贫攻坚和农村建成小康社会提供可持续的物质基础，对统筹城乡发展、促进社会和谐、巩固执政基础和打赢脱贫攻坚战具有重大意义。

近年来，作为少数民族自治地区，琼中黎族苗族自治县县委积极探索与创新村级集体经济发展路径。2016 年，出台《琼中黎族苗族自治县发展壮大村级集体经济项目竞赛实施方案》，每年安排 500 万元专项资金，采取以奖代补、项目资助等方式，重点扶持一批产业特色明显、经济效益良好的村级集体经济项目，共投入 993 万元扶持村集体经济项目 41 个，其中涉及贫困村 20 个、“空壳村”18 个。同时，对集体经济发展提出了明确目标，即 2018 年全县 100 个行政村的集体经济年收入均要超过 3 万元。截至 2017 年底，全县 100 个行政村集体经济年收入 1 万元以下的村有 62 个；1 万～3 万元的村有 23 个；3 万元的村有 15 个，已实现消除集体经济“空壳村”目标。两年间，琼中县村集体经济发展已经取得较大成效，但距离目标任务还有距离。

一、调研基本情况介绍

为此，我们在县委组织部相关工作人员的带领下开展了为期6天的村级集体经济状况调研，共走访6个乡镇的18个村集体经济，具体包括和平镇堑对村的养殖（鸡、鱼、鹅）以及民宿旅游，长征镇什仍村的养殖（蜜蜂、鸡），长征镇合利村的养殖（鸡、鸭、鱼、山羊），什运乡什统村的养殖（虾、食用菌），红毛镇毛西村的种植（百香果），营根镇升坡村的光伏发电，营根镇新市村的养殖（野猪），黎母山镇新村的养殖（豪猪）以及种植（槟榔、橡胶）。

通过走访发现，琼中县各乡镇主要实行的是“龙头企业（或专业合作社、村集体经济、种养大户）＋基地＋贫困户”四种产业扶贫模式，由政府或者企业注资，提供相应的技术支持，再引导贫困户以土地或扶贫资金入股，按照当年所得经济效益的相应比例分红（如①甲方不论盈亏，每年按入股资金的12%保底分红给贫困户，本金不受影响；②按照一年利润的60%用于下一年生产发展，24%用于入股农民分红，8%用于村集体经济收入，8%用于合作企业收入）。这样降低了农户的风险承担责任，也有利于提高农户参与的积极性。

二、经验与启示

（1）政府牵头，全面扶持。政府在投入大量资金扶持集体经济的同时，定期派专家对经济作物种植进行技术指导，提供市场信息。同时还引进管理和技术方面的人才，鼓励返乡青年创业。

（2）前期评估，风险测控。在成立合作社之初，政府就请第三方评价机构对合作社的前期风险和未来预期做了考察，保证了项目的顺利进行。

（3）精准扶贫，收益保障。合作社给了贫困户最低保障以及承担运营风险，贫困户保本分红。鼓励贫困户参与劳动，按劳计酬，这样既有利于合作社的正常运转，也调动了贫困户的生产积极性，如什运乡什统村食用菌养殖。

（4）因地制宜，模式多元。坚持“把鸡蛋放进不同的篮子”的原则。针对各村特色合理布局不同类型的合作社，统一对合作社进行布局，有效避免大范围减产减收而无法承担的情况出现，如黎母山镇新村。

（5）两“＋”一体，农旅结合。推出旅游＋、互联网＋的一体式，农旅相结合的经济发展模式，让客户亲自体验采摘百香果、河里钓鱼、森林探险等乐趣，在提升合作社的知名度同时增加农户收益，如毛西村百香果园，什寒村养蜂＋民宿。

（6）绿色发展，互利双赢。如罗氏沼虾养殖基地，地处鹦哥岭自然保护区和五指山接壤的地区，非常注重保护生态环境，同时引昌化江水养殖，水源清洁，生态效益反哺经济发展，从而实现互利双赢。

三、现存困境与瓶颈

1. 整体发展不平衡，存在两极分化

一些村庄利用优越的区域位置、便利的交通条件以及便捷的信息传递，村级集体经济发展较好。例如和平镇堑对村利用自身独特的优势，开发民宿旅游，民宿前面有大片果园和田地，游客可以采摘水果，体验田园生活。而地处偏僻的村庄，村集体经济比较薄弱。例如红毛镇毛西村村民通过种植百香果来发展村级集体经济，但是毛西村地处黎母山一脉连绵的群山中，交通不便，且信息不畅通，现阶段无法实现信息共享、市场共享和资源共享，村集体经济很难短时间内壮大。

2. 经验技术缺乏，经济增收乏力

经验技术缺乏是制约村集体经济发展的主观原因。在调查中发现由于大部分村集体经济项目建设时间较短，很多都是刚刚起步，经验不足、技术落后，致使产业规模发展小、产量低、收益少。还有就是项目的主要负责人年龄结构老化、知识结构普遍偏低，导致发展壮大村级集体经济思路未激活，思路窄、办法少，经济增收乏力。而且有的村除财政专项补助资金外集体几乎没有经营性收入，农户参与度也非常低。如毛西村百香果项目，农户参与程度较低，仅有四家农户参与进去，而且由于缺乏专门的技术人员，投入的 44.6 亩的百香果仅存活 20 亩左右，产量非常小，导致现阶段维持成本都非常困难，这是一个很大的困境。

3. 集体资产权能缺失，法律意识淡薄

一是农民处置权（法律上、事实上的处置权）未能完全体现，导致各种生产要素难以向农村、向农业积聚，难以与外部各种要素相结合，限制了集体经济的发展；二是法律意识淡薄，公司与村集体签订的合同对于利益分成、风险承担等内容不够明确，或者没有及时签订合同，无法通过有效途径维护自身合法权益。

4. 带头人较少，管理运营能力欠缺

作为农村致富带头人的大多数村干部，缺乏相关的培训，经济学相关理论知识不足，经济管理能力欠缺；有的缺乏对于市场的洞察力以及敢闯敢拼的勇气，制约村级集体经济的发展。

5. 产业粗放经营，发展后劲不足

合作社产品处于产业链底端。比如一些合作社效益很好，但合作社园区对外缺少宣传渠道，对内缺少宣传品；销量可观，但没有商标品牌，难以进行高附加值的销售。

6. 土地流转价值缺乏统一核算标准

目前主要按照市场化标准对被征用土地农户进行补偿，但是部分存在时间过长、租金过低、面积过大的“三过”现象，极易损害失地农民权益，影响农民土地流转的积极性。

四、对策与建议

1. 因地制宜找准路径，创新打造“一村一品”

通过盘活现有资产，以入股的形式使资产变为资本，并借助龙头企业，帮助村集体获得资本增值。立足当地优势资源，发展原生态民俗体验游、特色农产品加工、休闲观光农业、农家乐等产业，将自然资源优势转化为经济发展优势。通过专业合作社或者创办经济实体的方式，创办农产品加工企业来增强集体经济实力。打造各具特色的村集体经济组织，例如村集体土地股份合作社、村集体股份经济合作社、村集体股份经济总公司。因地制宜建立多元化的村集体经济组织，并在地方有关部门的积极管理和运营下，对村集体经济发展提供法律化、规范化可持续发展的组织保障。

2. 技术支持＋产业升级，健全机制激活内在动力

对于新兴、新投项目形成长期跟踪与反馈机制，除定期咨询与指导外，可以通过夜校培训、外出学习、聘请行内专家以及相关行业协会指导等方式，及时解决种养与经营问题。进一步注重产业经营模式升级、产品宣传渠道拓宽、产品品牌打造升级，提升项目成功率与收益率。对于种植示范户、创业能手应给予一定的政策、经济奖励或扶持，健全激励机制，先富带动后富，激活整体内在动力。

3. 明晰产权归属职责，增强村级集体法律意识

加快农村集体资产股份权能改革，明晰农村集体经济资产产权、赋予村民更多财产权利。同时在公司与村集体签订合同时，应增加详细条款明确利益分成、风险承担占比、争议解决途径等，确保村集体或村民个人在维护自身合法权益时有据可依。

4. 培养建强“头雁”队伍，发挥核心示范联动作用

坚持年轻化、知识化、创新化要求，把党性强、观念新、想发展、能发展、能带动的优秀党员选为村党组织带头人，用活政治待遇和经济待遇两个杠杆，激发“头雁”

干事创业热情。提升“头雁”本领并充分发挥其带动作用，打造一批核心示范基地。在此基础上，探索推行“组织跨村联建、能人跨村帮带、产业跨村联营”的经营模式。

5. 健全资金监管制度，统一土地流转核算标准

进一步完善协议的规范性，明确分红比例，做到农户增收与发展壮大村集体经济的双赢。规范财务管理，贯彻党务村务公开规定，保障农户对资金运转的知情权和监督权，保证村集体经济健康发展。同时对于“三过”土地流转现象进行排查与清理，制定统一核算标准，保护农民土地流转权益，激发积极性。

博士团成员考察什寒村民宿情况

农业有机废弃物资源化利用技术效益惊人

——琼中沼气产业存在的问题及对策

张越　中国农业大学农学院

2018年7月4～11日，我十分荣幸地作为中国农业大学博士团成员之一参加“百名博士老区行——走进琼中”科技服务活动，一周的实践，回忆起来仍记忆犹新。我很荣幸地被分配到县农业局，作为第四组的成员一起开展课题为“农、畜产品开发”实践调研。我们实践调研期间去到了琼中县的红毛镇、湾岭镇、长征镇、和平镇4个农业大镇。炎炎烈日，如我们的心一样火热。满腔激情的韦经理向我们介绍了肥圆可爱的小竹狸、高耸直立的槟榔树与满身是宝的益智草、满山遍野的香甜绿橙、自给自足的种猪场、地处深山的养鹅场、生态养殖的文昌鸡风景、如画的养蜂场、文艺气息的咖啡基地，还冒雨拜访了野猪社等都历历在目。在整个调研期间，大家彼此互补，共同学习进步。

实践过程中，我们根据自身不同专业均提出了琼中县农业发展过程中的问题，分为疾病预防、饲养管理、机械设备、循环农业五个方面。

（1）畜牧业未形成科学养殖流程。琼中县竹狸、文昌鸡、黑山羊等养殖业具有一定规模，且主打高质量品牌，但缺乏科学的免疫程序，目前合作社的疫情防治，还依赖于政府，并没有根据自身情况制定出一套免疫程序，进一步持续扩张，可能会诱发疾病，造成动物大批死亡，从而导致严重的经济损失。

（2）桑蚕产业未形成全产业链规划。琼中县家蚕饲养产业作为县级扶贫的重点项目，饲喂周期短，效益高。但目前养蚕过程中桑枝和桑叶未提前分离。不仅增加了蚕沙清除的次数，而且蚕沙处理若不及时，蚕感染疾病风险增大。桑枝未被充分利用，直接丢置或焚烧。

(3)养殖业缺乏生态理念。养殖用地紧张，基地长期养殖，并没有轮休，导致基地内土壤硬化，无法继续种植，不符合生态可持续的发展理念，所以该县不适合特大规模化养殖，但常规类型小型养殖风险大，相对大型企业劣势明显。养殖模式较为传统，缺乏科学的指导。

(4)果蔬采摘山地机械欠完备。琼中地处海南省中部，主要以丘陵山地为主，琼中绿橙果园基本分布在山地上，地势非常陡峭，摘果、挑肥上山、挑果下山，都需要大量的劳动力。随着人工费用越来越高，种植成本也随之增加。果实、肥料、农药等物质运输难度的增加，成为影响水果产业发展的因素之一。

(5)琼中沼气发酵原料单一。琼中沼气设备均建于养殖场内，其原料仅为单纯的畜禽粪水。沼气的副产物——沼渣，虽经过厌氧发酵，但仍存在大量未被分解的有机物及镰刀菌等致病菌，直接使用会造成植物烧苗和病害，需要后期二次腐熟。

在调研期间，小队成员每日晚间开会总结，积极讨论，及时发现问题并给出相应的解决对策。例如采集家畜粪便，通过实验室测定，及时制定相应的防空策略。桑枝是一种被公认的中药材，富含纤维素、粗蛋白等多种营养物质，其理化性质可作为食用菌的培养基质，发展小而精，并结合当地实际情况走特色化养殖道路，走特色化林下养殖路线，这样产品利润高，而且市场相对稳定畜禽饲养管理参照现有标准并结合实际情况制定一套适合的标准。如根据畜禽不同生长时期分群饲养，饲喂不同饲料。加强养殖过程中重要环节的管理，如鸡鸭育雏期，仔猪与山羊的保育期等。根据果园种植规模选择运载能力相匹配的机型，根据果园实际生产情况，选择最合理的轨道布局，在果园实际运用中发挥出最佳效益。要考虑到果园后期管理中将运输机利用起来，通过搭载喷雾机、果枝修剪机等进行作业，将山地果园轨道运输机进行综合利用等。

作为一名生物质工程专业的博士生，我对琼中县的沼气产业也进行了深入思考：

1. 琼中县沼气现状

(1)沼气工程规模小。琼中县的沼气产业均与各大养殖场配套，作为环评保护的必要环节。但由于养殖规模不大，故沼气设备规模较小。此外县内养殖场分布较为分散，集中回收难度大，交通及人工成本高，应继续以养殖场为单位配套沼气，应按照养殖规模科学设计罐体大小。

(2)厌氧发酵底物原料单一。琼中沼气设备均建于养殖场内，其原料仅为单纯的畜禽粪水,优势明显。例如不会发生罐体堵塞、原料上浮等问题,不用外加搅拌设备等。但适量加入菌糠、秸秆等植物源农业废弃物,调节适宜 C/N,可有效提高沼气效率,也可一定程度上减轻处理农业废弃物的环境压力。

(3)产气设备投入成本小。由于海南四季温度适宜,微生物冬季仍能有效活动,无须外加保温加热设备即可连续运行,这将极大降低沼气设备前期投入。

2. 目前存在的问题

(1)沼渣有机肥发酵不充分。沼渣虽经过厌氧发酵,但仍存在大量未被分解的有机物及镰刀菌等致病菌,直接施用与土壤会造成植物烧苗和病害,需要后期堆置二次腐熟,利用微生物继续分解残留有机物并通过高温杀死致病菌。

(2)沼气产业链不完善。目前沼气只用来发电以供养殖场使用,虽能减少部分日常成本,但沼气建造成本高,需要对其充分利用,对沼气、沼渣、沼液三态产物高附加值利用。

(3)农产品发展方向不明晰。琼中生态环境良好,多为山区,地块较小,适合发展基于合作社模式的有机农业,种植高附加值的经济作物,走高品质、有机、安全的农产品发展之路,这样可在保护青山绿水的同时,显著提高农民农业收入。但目前县内的农产品没有严格按照农产品三级标准,即无公害、绿色、有机食品进行操作,导致产品分级错乱,高质量产品为售卖出高价格。

3. 解决对策

(1)科学生产有机肥料,保证产品质量。以动物干粪、沼渣为底物的有机肥需要科学按照腐熟标准进行堆质,并进行相关检测,达到国家有机肥标准,统一申请品牌,包装售卖。经过厌氧发酵的沼渣,仍存在大量病原菌及抗生素。好氧堆肥在高温期温度可达 55～70℃,可有效杀死致病菌并分解部分抗生素,提高有机肥品质。经过堆肥化高温过程杀死致病菌,使残余的有机物进一步被微生物消耗分解,降低其 COD。沼渣作为有机肥,用于土壤可改善板结情况,增加土壤有机质并改善土壤微生物的丰度和结构。

(2)延长产业链,工程或收益。目前沼气只用来发电以供养殖场使用,此外,沼气还可经过提纯,直接作为燃料使用。而沼气生产的副产物之一——沼液,经过二次好氧曝气,降低其化学需氧量(COD)后可作为有机液体肥料用于有机农产品的生产。沼渣可制成有机肥,或通过进一步处理后部分替代草炭用于蔬菜,水稻的育苗基质。该副产品均可作为商品进入市场售卖。目前沼液市场价格 500 元/吨,标准有机肥 500～1 000 元/吨,如此可为合作社或企业增加部分收入。

(3)生态农业理念,力争可持续发展。农产品应按照国家标准,定制发展目标,利用当地优势的地理自然环境，并结合有机肥料等农业投入品，发展高品质有机果蔬，找准销售市场，在保护生态的同时，增加农民的收入。

这次难忘的博士行，我结实了诸多朋友，他们博学多才，让我学习到了很多专业以外的知识，从而引发了我对自身发展、主攻专业，对整个农业系统有了更深刻的思考。

(1)学以致用。从工科走到农学，研究生的学习让我逐步深刻认识到农业是一个极为复杂的系统，每个村庄都有每个村庄的问题，但归根结底是农业的问题，我们作为硕士，作为博士，研究方向往往都极为单一，这样要想解决农业问题必然是螳臂当车，但农业若想向前向强发展，也一定离不开像微生物，转基因、高精尖细致的研究，这就要求我们作为新时代的研究者，不能只局限于自身专业，要站在农业系统的高塔之上，由面到点深入开展自己的科研课题。而爬上高塔的途径就是要深入基层，了解乡村，把握住乡村人文、地理、种植等多个方面，从实践中找到问题，认识问题，然后通过科研解决问题，这是我们作为农科学子能真正做到理论实践相结合的道路之一。

(2)资源整合。当我们走入各行各业，就是走进了不同的人生旅途，俗话说隔行如隔山，我们个人的力量是难以解决问题的，哪怕是一个。此次实践活动，来自不同院校、不同专业的同仁同聚海南琼中，大家各抒己见，积极交流，从而找到发展症结并给出相应对策，这就是资源的整合。我的合作指导老师倡导的“3O 有机农业”，即有机社会，有机社区，有机生产，是集农业种植、畜牧养殖、村房建筑、人文关怀、儿童教育、乡村组织架构于一体的系统性建设理论。在整个大系统中除了需要我们高校为主的科研人员与广大学子外，更需要政府机构、建筑师、新闻媒体、人民教师、农民百姓等多种人群参与，整合资源，共同完成。单单靠一个人，或者一个团队是难以支撑这样宏伟的工程是十分艰难且缓慢的，我们需要通过多种途径，将这些志同道合的能人聚在一起，共同搞建设，共享建设成果，而资源的整合是一门艺术，需要我们一生去学习与总结。

小队成员听取猪场负责人介绍沼气设备

在青山绿水中走特色化养殖道路

——琼中畜牧业发展方向的研究

周克　中国农业大学动物科技学院

作为一名中国农业大学动物营养与饲料专业博士研究生，通过这次学校组织的活动对琼中畜牧业发展状况进行了一周的实地考察，这次考察不仅开阔了视野，丰富了实践经验，了解到琼中人民脱贫攻坚的急切性，同时也看到了畜牧业发展过程中存在的一些问题。针对这些问题，根据实际情况并结合所学专业知识，提出了自己的看法与意见。

一、琼中畜牧业发展现状

由表1可以看出，琼中县是个典型的农业县，全县经济总产值中农业过半，畜牧业的比重多年来在波动中基本不变，维持在20%左右。“十二五”期间，琼中县畜牧业产业化发展取得了明显成效。主要包括猪、鹅、琼中野山鸡、田东黑山羊。并通过专业合作社形式壮大农民养殖规模、交流养殖技术，共同开拓市场。

表 1　农业总产值及部门比重

年份	农业总产值（万元）	占 GDP 比（%）	种植业比重（%）	林业比重（%）	牧业比重（%）	渔业比重（%）	服务业比重（%）
2000	39 081	63.08	57.9	20.6	19.1	2.4	0.0
2001	40 882	57.19	56.7	20.9	20.0	2.4	0.0
2002	44 656	57.67	56.1	22.1	19.5	2.3	0.0
2003	40 095	56.41	56.7	15.8	21.0	3.2	3.3
2004	48 897	53.51	54.3	18.8	21.1	2.9	2.8
2005	50 400	50.92	53.3	18.2	21.9	3.1	3.5
2006	59 123	51.91	53.1	21.0	19.3	2.3	4.3
2007	66 924	50.30	50.2	20.3	24.9	2.0	2.6
2008	77 126	48.85	51.3	18.3	24.9	2.8	2.7
2009	81 496	48.28	59.3	15.8	19.7	2.5	2.7
2010	103 512	50.58	53.9	21.7	19.3	2.6	2.5
2011	129 175	49.70	50.4	24.4	20.3	2.5	2.3
2012	140 793	48.00	52.6	22.7	19.6	2.6	2.5
2012	234 472.4		38.9	39.2	18.8	1.5	1.5
2013	243 789.2	52.44	42.2	34.7	18.7	2.7	1.7

数据来源：统计数据参照《琼中县统计年鉴 2014》，自 2012 年起，数据包括农垦数。

琼中县全县 2017 年全年生猪出栏 14.64 万头，比上年增长 2.2%；肉牛出栏 0.63 万头，增长 3.7%；羊出栏 2.01 万只，增长 15.3%；鸡出栏 115.74 万只，下降 1.5%。肉类总产量 1.71 万吨，增长 5.1%；蜂蜜产量 718 吨，增长 54.0%；蚕茧产量 729 吨，增长 3.4%。

二、畜牧业发展过程中主要问题及对策

由于调研时间有限，我们走访了以下具有代表性的养殖场，红毛镇种桑养蚕合作社——蚕的养殖，海南琼中大地农业发展有限公司——竹狸养殖，琼中东成畜牧有限公司东成种猪场——商品猪养殖，琼中农源畜禽养殖专业合作社——马岗鹅养殖，琼中长征合利畜禽养殖专业合租社——黑山羊、樱桃谷肉鸭、罗非鱼养殖，琼中县长征原什仍养蜂场——蜜蜂养殖，琼中新市顺发野猪养殖专业合作社——野猪养殖，琼中兴民养鸡专业合作社——文昌鸡养殖。

通过这几天的实地调研走访发现，近年来琼中县畜牧业发展呈持续增长的势头，尤其是猪、羊、鸡、鹅，数量增长较快。但琼中全县森林覆盖率高达 83.6%，主要地形以山地为主，橡胶以及槟榔种植广泛。养殖用地紧张，饲养模式主要为小型养殖场，规模大小不一，畜禽品种比较丰富，养殖管理水平参差不齐，盈利状况也各有不同。畜禽养殖过程中主要存在以下几方面的问题：

1. 饲养过程较为粗放，饲料利用不充分

养蚕过程中桑枝和桑叶没有提前分离，增加了蚕沙清除的次数，如若蚕沙处理不及时，蚕感染疾病风险增大；桑枝被丢弃或者被用做燃料，没有充分被利用。桑枝不仅可以作为中药材而且可以作为食用菌培养基加以利用。桑蚕养殖场所也比较简陋，没有温度湿度检测等装置，环境控制相对较差。竹狸养殖环境也相对简陋，没有通风装置，缺乏统一的规划管理，没有建立科学的配套系，全靠老板自己摸索，浪费时间也达不到预期的效果，应加强与农业院校以及科研院所的合作，利用科学的方法对竹鼠进行选育，明确目标与选育方向。

2. 畜禽养殖品种各式各样，缺乏统一的规划

琼中长征合利畜禽养殖专业合租社所养的鸭品种为樱桃谷肉鸭，尽管该品种具有生长速度快，饲料转化率高，瘦肉率高，抗病力强等优点，然而该品种肉鸭饲养广泛，养殖环境也要求不高，缺乏特色和市场竞争力。在琼中养殖的话没有充分利用到本地地理位置与自然环境优势，市场风险较大。海南动物资源丰富，发展小而精，并结合当地实际情况走特色化养殖道路，种质资源有海南黑猪、文昌鸡、加积鸭以及东山羊等本地品种。饲料资源丰富，结合特有的林地，走特色化林下养殖路线，这样产品利润才高，而且市场相对稳定。

3. 饲养管理模式相对比较传统，缺乏统一的技术指导与支持

琼中新市顺发野猪养殖专业合作社进行特种野猪养殖，特种野猪肉富含多种维生素、蛋白质和亚油酸，脂肪、胆固醇以及糖分含量相对较低，而且具有抗病力强、瘦肉率高、肉品质好、养殖成本低、经济效益好等优点。

目前该合作社特种野猪存栏量约为 200 头，主要为海南本地野猪，其中母猪 80 头，没有进行分群饲养，近亲繁殖现象较为严重，没有合理地进行杂交，导致杂交优势不明显，生长较为缓慢，同时野猪生长发育情况也不尽相同。仔猪成活率较低：母猪一年可生 2 胎，每胎 5～6 头，然而由于缺乏管理经验，仔猪多被冻死或者病死，尤其是冬天情况更为严重，仅成活 1～2 头/年。日粮营养结构单一，不能满足其生长发育需要，饲料原料主要为木瓜等青绿饲料，没有进行合理精料的补充，导致野猪生长缓慢，饲养管理粗放。免疫程序与疾病控制方案也不是很完善。

畜禽饲养管理参照现有标准并结合实际情况制定一套适合的标准，并聘请专业技术人员对养殖户进行养殖技术培训。如根据畜禽不同生长时期分群饲养，饲喂不同饲料。加强养殖过程中重要环节的管理，如鸡鸭育雏期，仔猪与山羊的保育期等，做到用科学的方法发展特色养殖。

4. 畜禽产品销售模式比较单一

经过这几天的调查走访发现，基于本地良好的自然环境，所生产的畜产品品质优良，同时也极具地方特色。但销售渠道比较单一，在琼中县城各大商超基本很难见到本地特色农产品的销售，网上也难觅其踪影，如琼中县长征原什仍养蜂场所产蜂蜜，纯天然无污染，品质良好，但没有进行统一的包装并形成品牌，缺乏产品竞争力。琼中本地居民数量较少，消费能力有限，游客也只能起到宣传推广作用，不能保证稳定的销量。如果想要真正开发并扩大消费市场，首先应重点打造一个特色品牌，并强化管理，开通网上销售平台，最终带动产业的发展。激活一个产业光靠补贴是不能达到目的的，要让广大贫困户看到畜禽养殖所带来的利润，充分调动广大群众的积极性，这样才能壮大规模，带动产业发展。

三、对策与建议

根据琼中目前的畜禽饲养管理状况，主要有以下六点建议：

(1)走特色化、精品化养殖路线，合理规划畜禽养殖的类型与规模，绿色养殖，生态养殖，走循环农业道路。

(2)政府定期组织饲养管理技术培训，为各个畜禽养殖企业配备专业技术人员进行指导，重点培养技术骨干，带动广大养殖户。

(3)充分利用饲料资源，合理进行利用发挥其最大价值，鼓励农民采用生物饲料、蛋白饲料和绿色、安全、高效的饲料产品。

(4)借鉴琼中绿橙发展经验，借助媒体或者举办大型活动加大宣传力度，发展地理标志畜禽产品。

(5)引进畜禽加工企业，进行畜产品深加工，提高其附加产值，同时也能方便运输与销售。

(6)充分调动广大群众的积极性，让他们积极主动参与畜牧业养殖过程中来，从根本上改变其落后的思想和观念，只有从思想上脱贫，才能在现实生活中脱贫，一味地靠政府脱贫就会越来越贫。

博士团成员与养殖户进行交流

第五篇　江苏宿迁泗洪县

2018 年 7 月 9 日,“百名博士泗洪行”活动启动

积极调整农业产业结构，促进农村集约化发展

——泗洪县金锁镇农业生产现状调研及建议

曾巧　中国农业大学资源与环境学院

一、金锁镇农业发展现状

2018 年 7 月 8～18 日，中国农业大学实践分队实地调研参观了金锁镇的双湖居、金所居、曹宅村、沈庄村、白庙村等地，参观了解了软籽石榴—马铃薯、水稻、草坪、桃树、葡萄、甜瓜、蔬菜等的种植情况，也到马铃薯冷库、金锁镇农机库进行了调研。由点及面，对当地的整体情况有了更清晰的认识。

1. 以种植传统作物为主

金锁镇属于农业大镇，耕地七万余亩。土壤为沙、淤二合土，肥力充足，土壤处于中性至弱碱性范围，适合绝大多数作物生长。金锁镇以种植传统作物小麦、豆类、水稻为主。

2. 于农业生产结构调整初期，政府大力扶持特色经济作物种植

近年来，为推动当地农业发展，提高经济效益，金锁镇积极做好农业产业结构调整工作。积极探索“高＋矮”种植模式，重点打造双湖居“软籽石榴＋马铃薯”套作园区，总面积 2 160 亩，栽植苗木 12 万株。2018 年，金锁镇从内蒙古引进“荷兰15”优良品种进行种植，经过精心培养，亩产超过 3 000 千克，亩均收益 5 400 元，预

计总利润超过400多万元。由于鲜马铃薯含水量高,不易储存和运输,易发生发芽、霉烂现象,3 600 米²、仓储量7 200吨的金农保鲜库就是特地为保存马铃薯而修建,可控制温度在−1～5℃,收获的新鲜马铃薯在此低温暂存。2 500 米² 的加工分拣库、500 米² 的展示厅正在紧锣密鼓的建设中,建成后主要用于马铃薯分拣、包装、展示等,助力产业结构调整上规模成特色。"软籽石榴+马铃薯"套作是整个泗洪县大力发展的特色创新农业模式,实行三级补贴:国家耕地补贴、泗洪县种植软籽石榴补贴、金锁镇种植马铃薯补贴,每亩补贴金额最高可得1 300元。目前,软籽石榴处于种植初期,政府特地从外地聘请技术人员指导施肥和种植,施肥由水肥一体化系统完成。此外,农民可以用土地到当地银行进行抵押贷款,获得投资本金。另外,政府采购了常用大型农用机械,农民可低价租借,大大降低了农民的种植成本。

3.狠抓农业污染,注重环境环保

金锁镇开展了生态保护专项行动,多方面推进环保工作。植树造林、畜禽治污、"百河千渠"治理、村庄绿化、绿色通道建设一一跟进。在招引企业时,也会首先考虑其可能造成的污染情况,拒绝高污染企业入驻,并且定期会对其进行污染考核。

二、现阶段金锁镇农业生产存在的问题

1.农业生产经营方式单一,种植未形成规模

金锁镇正处在农业生产结构调整的初期,除了打造"软籽石榴+马铃薯"种植基地外,其余的桃、葡萄、甜瓜、蔬菜等经济以小户种植为主,种植大户较少,也未形成农村合作社。这样很难产生规模效应,经济效益不高。

2.粗放管理,生产效益较低

金锁镇的种植农业,普遍存在不同程度的粗放管理。具体表现为:人手缺乏,不注重疏果、除草、打药等田间管理;农田规划不合理,机械化程度不高。一桃园占地380亩,由一名种植大户承包经营,仅有两人管理。桃树坐果后,没有进行疏果管理,导致有的桃树上桃的数量多、果实小,而且人手欠缺,导致田间杂草遍布。在正值收获的时节,路边却倾倒了大量烂桃,产量下滑,影响农户收益。葡萄地主要是人工管理,基本无法实现机械化操作。由于前期设计未考虑周全,葡萄行距较窄,树架搭建不合理,因而生产效率较低。

3.农户缺乏种植技术和专业知识

当地农户没有接受过技术培训,缺乏专业知识,大多凭经验种植。当很多见所

未见的实际问题出现时，农民们就摸不着头脑了。调研人员在参观蔬果种植大棚时，发现甜瓜叶片和藤蔓存在枯死的现象。在对枯叶的正面和背面以及根部进行了细致的观察后，发现叶片呈斑块状枯黄，正面和背面均有灰白色粉末，有微小的蜘蛛爬行和虫卵分布，根部无异常。

经过植物病理学相关人员分析，初步判断为枯萎病，而且叶片有害虫红蜘蛛。瓜农开始认为是白粉病，大量用药后无果。

4. 农产品滞销，缺乏深加工

金锁镇的农产品缺乏特色，知名度很低，未形成品牌。基本还是靠传统方法销售，销路不畅，尤其是马铃薯。虽然政府特地修建了保鲜库，但也没能从根本上解决马铃薯滞销的问题。而且当地几乎没有农产品深加工企业，产品附加值低，商品价值未能充分体现出来。

三、建议

1. 尝试多种生产方式结合，土地规模化经营

随着农业生产结构调整不断推进，金锁镇可以根据当地自然条件、经济效益等因素，有选择性地引进最适宜该地种植的经济作物。首先通过土地流转和城镇化建设，整合耕地，打造连片种植基地，为规模化种植打下基础。其次发展多种生产经营模式，如家庭农场和农民专业合作社两种主要形式。其中，家庭农场是以农户的家庭为基本组织单位，以市场为导向的具有一定规模和竞争力的经济实体。农村合作社是同类农产品的生产经营者和同类农业生产经营服务的提供者及利用者自愿联合的互助性经济组织。一般管理者较少，其主要作用是为自愿参与的农户提供系统的服务，目的是在规模上形成明显的优势，尽可能地提升经济效益。

2. 完善设施，提升技术，促进集约化生产

严格保护耕地，合理调整土地利用结构，深入挖掘土地利用潜力，走节约集约用地之路，才能满足经济快速发展的资源需求。耕地集约利用实质上是耕地利用主体增加单位面积的劳动投入和资本投入以期获得更多经济产出的过程。影响耕地集约利用的因素很多，主要包括农户自身特征（劳动力年龄、受教育水平、家庭收入数量与结构等）、自然因素、社会经济因素（科技、制度等）以及政策制度因素几类。结合金锁镇的实际情况，要解决粗放生产现状，提高耕地集约度，应该从农户自身特征以及社会经济因素两方面下手。在作物种植之前，沟渠、田坎、田间道路、管道、作物种植行距、株距等需要精心设计，方便后期施肥、灌溉以及机械化作业。充分调动种植大户的积极性，可以采用种植大户带动普通农户方法，保证人手充

足，利于生产。

3.提升农户素质，培育新型农民

政府牵头，每年组织农业基础知识培训，提升农民整体素质。聘请相关专家来金锁镇进行培训，最有效地指导种植技术。定期组织专门的人员去外地学习考察，学习先进技术和经验。针对病虫害治理，农业管理部门可以牵头，形成村—镇—县三级信息汇总平台，利用互联网把农户联系起来，实现信息的流动。农业发展也需要与时俱进，不断创新。因此，可以出台更具竞争力和吸引力的人才政策，引进有志于投身农村广阔天地的综合性人才。以他们的专业背景和知识储备结合科技力量，在创新创业方面定能大展拳脚，助力农村发展。招引新型企业入驻，形成集群效应，带动当地企业发展也不失为有效的举措。以此优化农业生产结构，提升农业从业者的整体素质，增加农民就业岗位，带动当地农业发展。

4.打造品牌，线上销售，招引深加工企业

农产品销售注重标准化和差异化以及产品信任，对此打造特色品牌。很多时候，消费者更看重产地品牌，所以怎样形成产品特色，凸显地域标签是非常重要的。相关营销和品牌服务团队在这方面相对专业，初期可借助相关平台打造品牌。标准化主要体现在口感、形状、克重、包装、设计方面，只有在这些方面下足功夫，本地的农产品才能脱颖而出，受到消费者的青睐。后期利用各种大众媒介使产品走入广大消费者的视野，并且形成记忆点。

对于农产品滞销问题，拓宽销售渠道就能有效地解决。互联网线上销售，可以解决农户与消费者之间信息不对称的情况。产品信任问题可以通过拍摄手段解决，记录产品生产过程的实时信息，展现给消费者。这样一来，地域不会成为销售的限制因素，而且可以根据消费者的具体诉求，为其量身打造销售计划。销售效率也得到极大提升。当然物流运输是首先考虑的问题，农产品的运输量、冷藏、保质期等是农产品在运输途中最关键的要素，只有保证最短的运输距离和合适的运输量才能在保证农产品不变质的情况下送达目的地，从而保证产品的销售不受影响。当形成特色、打造品牌成功后，借助知名网销平台，打造独特的农产品销售馆，建立多个生鲜食品仓库，避免中间环节，以直销的形式进行供货。这样不仅降低农产品的物流成本，而且保证了产品质量，也可以将农产品定点定时地配送至大型商场和超市。

如今，各国饮食文化渗透融合已成为普遍现象。如马铃薯加工食品深受我国民众喜爱。目前，马铃薯深加工产业链与主要开发产品包括：淀粉及其衍生物（变性淀粉）；速冻食品，如薯条、薯饼等；油炸食品，如油炸薯片；干制品，主要为雪花粉和颗粒全粉;膨化、休闲食品;其他食品。对于水果的深加工产业链及主要开发产品包括:果汁、果脯、糖果等,黄桃的特色深加工企业为罐头制作,葡萄的加工涉及酿酒、保健品生产、色素提取等。当地政府可以有针对性的引进农产品深加工企业,提升产品附加值,增加收益。餐饮业也属于广义的农产品深加工方式,在我国用马铃薯制作的菜肴品种繁多,花样百出。

四、展望

金锁镇地理位置优越,气候适宜,土壤肥沃,林木覆盖率高,污染较少,适宜农业发展。加之政府牵头,积极进行农业生产结构改革,带动该镇由稻麦等常规作物种植向种植经济作物转变。金锁镇正确认识了自身发展现状,积极优化农业发展模式,以改革促发展。明天的金锁潜力无穷!

金锁镇小分队进驻对接座谈

让“绿水青山”变成金山银山

——洪泽湖生态旅游度假区发展现状及对策建议

石香雪　中国农业大学资源与环境学院

洪泽湖生态旅游度假区位于泗洪县，总面积约18千米^2，背依国家级洪泽湖湿地自然保护区。度假区内生态环境优美、旅游资源丰富。2017年7月有幸参加“百名博士泗洪行”。与景区领导沟通后，对园区各景点进行了实地调研，在感叹洪泽湖风景秀丽的同时，也深深意识到这里的旅游业发展存在着很大的阻碍。因此，本文分析了洪泽湖生态旅游度假区发展的现状和存在的问题，针对园区内部规划，提出具体的解决方案。

一、洪泽湖生态旅游度假区的发展现状

1. 起步较晚，发展迅速

自2011年9月以来，洪泽湖生态旅游度假区以“湿地养生、休闲度假”为发展的方向，经过几年的发展建设，度假区的旅游业带动作用明显。洪泽湖生态旅游度假区被评为国家4A级旅游景区、中国十大生态休闲基地，已经成为全省最具代表性的新兴生态旅游景点之一。景区虽然起步较晚，但是依托丰富的自然资源、得天独厚的地域优势在几年期间发展迅猛，成为知名的具有生态特色的生态度假区，吸引大量游客游览驻足。

洪泽湖生态旅游度假区

2.定位精准，主打特色景点

洪泽湖湿地旅游度假区位于洪泽湖西岸，生态是度假区最大的旅游资源。目前，景区已有千荷园、湿地博物馆、湿地芦苇迷宫等景点。

3.湿地资源丰富，发展生态旅游

作为泗洪旅游发展的核心区域，生态是度假区最大的旅游资源，泗洪洪泽湖湿地是我国代表性的内陆湿地，拥有丰富的自然资源。湿地内每年产生的氧气可供600万人呼吸。洪泽湖湿地森林温泉度假村，坐落于万亩水杉林之中，温泉井口出水温度达52℃，日出水量达3 500米^3，所出水质经权威机构检测，多种有益矿物质及微量元素含量均列江苏第一，达到了国家医疗热矿水浓度，可以用于医疗、洗浴等。

泗洪洪泽湖湿地

二、洪泽湖生态旅游度假区存在的问题

洪泽湖生态旅游度假区拥有秀美的自然风景和丰富的自然资源，旅游业的发展潜力巨大。然而，景区依旧存在一系列的问题，很大程度上限制了景区未来的发展。本人认为主要有以下问题：

1. 景观相对单一，特色不明显

千荷园是洪泽湖夏日赏荷的好去处，园内种植了 1 000 余种荷花，因而得名千荷园。而另一景点荷花大观园内种植了 10 万余株荷花，修建了原生态的木栈道，三座品字形的凉亭，是夏日避暑赏荷的好去处，也是画家写生的首选。千荷园以荷花品种众多为主要观赏点，而荷花大观园以水面开阔，荷花数量取胜。但经实地调查发现，两处景点除去荷花几乎没有其他观赏花卉，游客在游完千荷园后基本不会特意去荷花大观园游玩。

千荷园

在道路景观方面，绿植单薄，道路两侧没有相应的绿化景观设计，且道路铺设材料单一，趣味性差。在雕塑景观方面，数量少、特色不明显且无代表性。除此之外，购物点的售卖的商品多为配饰、零食和玩具，如丝巾、遮阳帽、渔网、影视剧卡通玩偶，没有特色和代表性，建议设计专门的湿地旅游纪念品售卖，让游客观光的同时能带走湿地的物质回忆。

此外，因为研究区域内的观光主要依赖于自然生态资源，呈现明显的季节差异，如可供观赏的很多鸟类在冬季会迁徙南方，各种水生植物呈季节性枯萎。观赏性强但时间较短，最明显的是深秋到初春季节无景可赏。

2. 游客互动项目较少，缺乏参与性

景区自然资源丰富，但是可游玩的地方少，缺少互动性、参与性。人文活动和亲子活动较少，游客活跃度不高。

3. 宣传力度低，缺乏品牌意识

从2002年开始，每年的"螃蟹节"都如期举办，并会邀请当红明星参与开幕式，洪泽湖的知名度从某种程度上为湿地的观光宣传奠定了基础。同时，大批专家、学者对湿地的考察以及国务院批准成立保护区吸引了众多普通民众的观光兴趣；加上当地政府适时推波助澜、大力宣传，对湿地旅游做到了极大的推广作用。因此使得泗洪洪泽湖湿地在社会上享有相对较高的知名度。但是本人认为这样的宣传力度太小，辐射范围也较小，以泗洪县本地游客为主，品牌效应不够，对外地游客吸引力不大，尚未做成全国知名旅游品牌。

三、洪泽湖生态旅游度假区发展建议与对策

洪泽湖生态旅游度假区有着明显的地理环境优势，加上富饶的自然资源禀赋，在未来的旅游开发建设中有很大的发挥空间。本文就以上提出的问题，做出以下对策建议：

1. 增加景观多样性，突出特色

千荷园，位于湿地公园西南部的小岛上，占地88亩，是从2003年成立的"荷花繁育中心"发展而来，现已成功培育出多种荷花。入园的大门是用防腐木建造的拱形门，绘有水彩荷花图案，门旁写有中文、英语、日语三国语言对千荷园概况的文字介绍，总体感觉质朴，但缺乏植物和其他景观装饰，显得单调。可以种些花花草草，营造乡间野路之感。本人游玩后，开始还饶有兴致，走完一段，便觉千篇一律，体感疲劳，失去很多兴趣。建议增加人造景观，增加趣味，在荷塘中间设置有靠椅的露天平台，让游客可以坐下来仔细感受荷塘气息，还可以将介绍咏颂荷花诗词的小品广告栏换成诗人雕塑并结合水下的小喷泉来营造气氛形成景观节点。

此外，还可以考虑在水中增设浮岛以增加景观多样性，浮岛是一种类似筏子的人工浮体，在上面栽培一些水生植物，它的主要机能可以归纳为四个方面：净化水质；创造鸟类、鱼类的生息空间；增加景观多样化；消波效果对岸边构成保护作用。

2. 增加游客互动项目，创建参与型生态旅游

洪泽湖区丰富的鱼类资源，可供旅客参与垂钓等一系列生态旅游活动。湖区的滩地资源，生长着大量的牧草，也是鸟类的重要栖息地，是开展观鸟、麋鹿养殖等

生态旅游活动的最佳场所，可满足游客观光和亲身体验活动的需要。利用湖面开展游泳、赛舟等水上运动可充分利用湖区的运动型旅游资源。

3. 增大宣传力度，加强品牌意识

针对景区知名度不够，品牌效应较差的现象给出以下建议：通过宣传提升景区的知名度，进一步提升影响力。一是撰写好景区宣传文案。二是做好景区所在地的宣传工作。当地人的口碑是最好的宣传媒体，是吸引更多游客的关键，做好政府门户网站、政府旅游推介会等。三是加大网络宣传力度，利用途牛、去哪儿等相关网络平台，不断引流。四是园区可以与专业的品牌营销公司合作，打造洪泽湖湿地生态旅游知名品牌。

四、结论

由于时间和水平有限，只提出了对泗洪洪泽湖湿地的观光设计的一点建议和某些设施的设计构思，尚未形成全面的具体设计方案，文章内容细节之处还有待完善。此外，由于知识的局限、参考文献的匮乏，看待问题的角度和深度都有一定的不足，因此需要继续加强个人文化基础，以写出更高质量的文章。

乡村振兴视域下家庭农场生产情况分析研究

——基于江苏省泗洪县上塘镇的实地调研

李阳阳　中国农业大学人文与发展学院

一、引言

在城乡之间巨大张力的作用下，当前农村青壮年劳动力呈不可阻挡之势外流，导致农村大面积的土地撂荒，土地流转成为以地养人的一大趋势，其为家庭农场的出现提供了规模耕作之必要性基础。同时随着收入增加，食品结构由粮食∶蔬菜水果∶鱼肉的8∶1∶1向4∶3∶3进行着结构性的转型，这无疑为家庭农场的经营方式提供了高值性生产的方向。同时，农业现代化生产工具与生产方式的大规模应用，一方面极大地解放了生产力，同时也存在现代农业外在的强大推力下对于劳动者素质的严格要求。此外，那种独在异乡漂泊的孤苦，以及对于家乡味道的熟悉与思念，成为萦绕在留守乡村的农场主的心灵寄托。乡村振兴战略方针的实行进一步推动了家庭农场在祖国大地上生根发芽，遍地开花。简而言之，在多种拉力与张力的综合作用下，家庭农场最终处于一种动态的平衡之中，它的发展牵动着我国农业的走向。

此次的调研地江苏省泗洪县上塘镇有18个行政村，133千米^{2}土地，改革开放初期率先实行了家庭联产承包责任制，享有“改革发展第一村”之称。在2013年文件提出创新农业生产经营体制时，当地政府就充分发挥改革发展的精神，积极着手培育发展当地的家庭农场。届时江苏省泗洪市上塘镇通过土地流转，已经形成了80多家家庭农场。那么不同的家庭农场是如何在这5年内逐步发展并进行组织生产的，这对于后发的家庭农场有什么经验启示，我们带着这些疑问开始了对江苏省泗洪县上塘镇为期一周的实践调查。

二、基本情况介绍

家庭农场是“以家庭成员为主要劳动力，从事农业产业的规模化、集约化、商品化生产经营，并以农业收入为家庭主要收入来源的新型农业经营主体。”为规范家庭农场的管理与服务，当地的政策文件对于“家庭经营”“规模适度”“科技先进”“管理规范”等进行了细致的解释。本文主要从以下几个方面来详细介绍当地家庭农场生产发展的具体情况。

1.家庭农场的人员构成

家庭农场以家庭为基本经营单位，生产经营活动主要依靠家庭成员，继承了传统家庭经营的优势，同时在当地的家庭农场调研中发现，当地的农场所有者并不局限于本地农户，约有60%的人为外来人口，且多为山东、河南、安徽等农业大省的农民，他们通过当地政府招商引资的政策优惠，即3～5年内土地租金减免，因此他们选择再次背起行囊，从一个农村走向另一个农村。农村的差序格局，远近亲疏的关系网确是难以带走的，因此当异乡人来到当地务农时，面对同样的土地不同的面孔，那种区隔感与在城市工作的疏离感似乎多了土地的陪伴。然而，家庭农场主与当地人的沟通交流几乎是空白的，大家生活在一个陌生人的世界，彼此没有利益交换，互不相识，没有沟通，这样的农场像极了学者们所言的“农业工业化”，农民仅仅是农业生产链上的一环。

诚然，并不是所有的农民都能够成为农场主，都能够经营好自己的农场。申请考核制的家庭农场对于农场主亦是如此，它要求家庭农场主既要具有相当于高中及以上学历或相应的农业生产技能，3年以上农业从业经历，年龄不超过60周岁，还要近两年接受过相关农业技能培训，并持有相关部门颁发的专业证书或相关证明，规范化的农场主日益向着新型职业农民的道路跨进。此外，文件规定家庭农场的常年雇工数不超过3人(设施蔬菜、园艺等劳动密集型家庭农场可适当放宽)。调研中发现，当地家庭农场的雇工人数根据种植经营的品种而异，从蚯蚓养殖建立的生态循环农场需要100个临时工，10多个长工，到2 000亩小麦生产大户仅仅在收割时需要2～3个机器手。可见，家庭农场的外部人员很大程度上受到作物种类与程序的限制，参与环节与参与时间都是有限的。同时，家庭农场还拥有留守老人的劳动力价格优势，它利用农村的关系网，家庭农场的农场主只要联系到一位雇工，就能找到由这位雇工带来的其他相似劳动力，几乎不存在用工荒的问题。

2. 家庭农场的经营

家庭农场得以规模种植与当地的自然地理条件有着不可分割的关系。泗洪县位于北纬 33°08′～33°44′，东经 117°56′～118°46′，地处苏北平原西部，洪泽湖西侧，拥有洪泽湖 45％水面，属于陇海经济带、沿海经济带、沿江经济带的交叉辐射区。北亚热带和北暖温带季风气候区，四季分明，光照充足，雨量丰沛，决定了作物种类的多样。当地地形多为凸凹起伏但高差不大且较平缓的岗阜地，因此土地平整的成本较低，使得土地得以集中连片的流转，便于进行规模经营的机械化生产。同时当地的土壤为具有很大黏性的酸性土，蓄水时间长，土壤肥力大，旱地与水田作物皆能得到很好的种植，因此水稻、小麦、玉米等作物的复种指数很高。

调查发现泗洪县上塘镇有 80 多家挂牌的家庭农场，家庭农场有生态循环、种植业、养殖业也有种养结合类型，也正因为当地的农场主多为异乡农民，使得全国多地的农业获得了在某一地集聚的可能性，这对于当地农户经营品种的多元有很大的促进作用。同时，家庭农场的规模经营对于地区特色农业产业的带动作用不可小觑，目前当地依托家庭农场形成了四河蔬菜、峰山碧根果、魏营西瓜、车门蚕桑等地域特色农产品，最近正在打造的中草药种植基地、杜仲基地、蚯蚓养殖基地等也在逐步形成自身的产业链。

此外，家庭农场的套种也很是常见，单一的作物种植在当地几乎是不存在的，土地被当作黄金一样对待，每一寸土地都饱含着收获的希望。在西瓜基地，西瓜不仅与大豆套作，在西瓜未开花之前并与葫芦进行嫁接，以提高西瓜的收成。或是单纯出于经济效益考虑的无花果与花生套种。同时人们很早就认识到了对于土地的保护以长期实现增产增收的重要性。通过与不同类型的家庭农场的合作，农场间的循环与场内的循环同时进行着。当地的蚯蚓养殖家庭农场与附近的奶牛场进行合作，奶牛场直接通过管道将粪便部分排到蚯蚓养殖家庭农场的苹果园内，部分通过堆肥的方式供给蚯蚓食物，被蚯蚓品尝过的土壤成为富含有机质养料的蚯蚓土，同时用于养鱼与杜仲园的肥料。可见源于对于收成的渴望与寄托，农业生产所具有的高度缜密的组织化程度，都蕴含在了生产的每一步骤中。

3. 家庭农场与市场的对接

家庭农场与市场的对接不仅仅是农场向市场出售农产品，还有市场向农场出售一系列的种子、化肥、农药、机械等，双方是在供求关系中维持着利益的平衡。在与市场的对接中，很大一部分是农场主自己寻找市场，同时随着规模种植的大范围出现，小麦、玉米等粮食基础性作物的收购站也一并兴起，在调研中时常能够看到来自河北石家庄等地的大型运输车满载而归的场景。街道两旁的粮食收购站也鳞次栉比，种子购买公司也随之增多。同时，介于传统农业与企业农业之间的家庭农场具有很大的灵活性，当他们意识到基础作物的低值性时，他们逐渐继续对农业生产的上游产业进行投资，调研中发现，当地的农作物烘干场、包装厂等逐渐兴起，并且很多生产基地都在修建自家的烘干厂房。

调查发现，当地养殖类的家庭农场与企业合作的比率高达90%，其中与温氏集团合作的比率最高为90%，当地科技示范户养猪农场吴场主选择与温氏集团合作，由温氏提供种猪、饲料以及培训，并有定期的农业技术员的检查，吴场主负责将猪养好，猪最后要以固定的价格而非市场价卖给温氏集团，现在一年稳定收入为20万元。同时也有蚯蚓养殖基地与高校科研对接，为科研提供蚯蚓以及蚯蚓土的案例。在家庭农场中，农场主通过各种方式展现出了其将农业资本变现的能力。

三、当前本地家庭农场生产发展中存在的问题与解决对策

1.缺失的技术与遗忘的保险

家庭农场与以往的小农户农业生产最主要的不同在于规模经营，从土里刨食的生活所带来的土地情感一代一代冲淡了，家庭农场是守住我国农业发展的重要举措。农民大规模生产的收益与风险并存，尤其是当生产中存在任何一个环节的失败，一个小小的错误对于农业种植来说都会是不小的损失，调研中西瓜基地的农场主因为去年腐烂的瓜秧没有处理，直接腐烂在了田里使得病菌滋生，加上连续几周的高温潮湿使得病菌大面积繁殖，导致瓜田颗粒无收，农民只能将一年的辛苦埋在眼泪里。可见，不仅是农业作物还是家畜疾病的防治工作都需要农业技术与科学知识的普及，定期进行农业技术的培训以及农业技术人员的下乡指导，利用信息技术的平台，寻求高校科研人员的帮助势在必行。同时，当农民独自一人承担规模生产的风险时，农业保险的保障也是必不可少的。

2.自愿参与与回得去的故乡

家庭农场发展中内部存在的一些技术方面的小问题，通过一定的培训时是可以避免问题再次发生的，家庭农场的市场衔接问题也是可以通过沟通得到解决的，但是我们不能由于家庭农场的发展而忽视个体小农户的农业生产与发展。发展家庭农场的目的是实现乡村的发展，然而它一方面在促进经济发展的同时又在极力地促使一部分农民回不去家乡，以往农忙时节一家人的团聚也变成了泡沫，他们成

为往返于城乡之间的没有土地的农民。同时由于受恋地情结、升值预期和规避风险等因素的影响，大多数农户倾向于短期流转，以三五年居多，有的甚至一年一租。据调查，某省60%以上的种粮大户土地流转期限是1年，20%的流转期限为3～5年，但是当地的中草药以及果树种植本身需要较长的时间产生效益，过于短期的土地流转不仅会大幅度减少种植品种的多样化，而且地权关系不稳定对家庭农场的运行效率和经营效益都产生了显著的负面影响。因此家庭农场土地流转要自愿进行，不仅要规模适度，时间也要适度，政府要做好守门人的职责，使得农民出得去，也回得来。

3.农场主经营与跑路问题

家庭农场的所有劳动都压在一个主要的经营者身上，农场主势必要全身心的投入这几百亩的土地，与以往一家一两亩的土地不同，这种多种经营考验的是农场主的市场与管理经验。家庭农场的收益与风险并存，尤其是当大规模种植一种经济作物时，当地的中草药种植需要三四年的时间才能走向市场，三年前的市场与三年后的市场需求不同，价格自然不同，导致农场的投入可能难以收回成本，农场主跑路成为农村社会问题。同时，农场主对于土地存在两种心态，一种是把一年的收成都寄托在土地上，以至于一家人全天看守农作物，心力交瘁，一旦农业收成不好就会放弃，所以当地土地流转率很高；另一种是以投机心理对待土地，外地农场主本想利用当地政府的优惠政策，赚取收益，当地土地流转给外地农民，由于农场主没有认识到农业是一种需要人全方位照顾的工作，反而将家庭农场仅仅看作其投资的一部分，人在外地，对于农田管理秉持雇工原则，但是杂草丛生使得长时间的雇工成本太高，最后不仅仅造成了撂荒，更是农业资源的浪费，农民的土地租金也难以交付。对于家庭农场主的资格审核要严格按照规范程序，在针对外地农场主跑路问题上，借鉴农民工工资保证金制度的办法，承包土地提交一定的保证金，建立土地流转专用租金账户。

四、总结与反思

我国的家庭农场起源于20世纪80年代，从政策上是对于规模生产的支持，但是对于个体小户生产也不能忽视，不论是大规模种植还是小面积生产都是农业生产的重要组成部分，国家都要充分重视，在一代又一代人进城之路，家庭是代际剥削的受害者也是必要承担者，农业生产为进城之路一直默默做着基础性补给，在外出获得经济收入的情况下，经济价值最终会在从事生产的家乡逐步转化为社会价值。土地流转来的家庭农场使得一部分农村青壮年劳动力难以归家，农忙时分的家庭团聚消失在家庭农场的雇工劳动中，“有家的地方又没有工作，有工作的地方没有家”，而家庭农场的出现、发展、壮大，一方面为农村挽留下了部分人才，为家庭团聚找到了理由；另一方面乡村振兴的主体不是从事乡村研究、提出建议与意见的学者，不是作为政策制定者的政府，它最终还是要回归到农民本身，家庭农场给农民提供了一条将农业、情怀、家乡与经济收入有机结合的道路，但并不是全国农村各地都适合发展，并发展好家庭农场。家庭农场的发展需要适宜的地理条件、经济发展条件，更需要有知识、有情怀的农民参与，朱启臻老师说“家庭农场是我国农业未来发展的方向”，我们要给家庭农场时间。

金锁镇板皮加工企业技术遇“瓶颈”

——金锁镇板皮未来发展趋势研究

邵明玺　中国农业大学工学院

金锁镇位于现泗洪城区正北 20 千米外，与最大的乡镇曹庙乡西边接壤，与归人镇、梅花乡东边相交，背面隔河相望宿迁宿城区，总面积约 79 千米^2，耕地以水田为主，总计 7 万亩，有水面积约 3 万亩，总共有 18 个行政村。

《泗洪县志》记载，金锁镇为南北往来要冲，地处江北，为兵家必争之地，城关锁钥，同治元年即 1862 年，清政府派遣驻军约 500 户屯兵驻守，陈临惠建城寨于此又名金锁关亦名公安镇。

当地有大小不一的板皮加工企业合计 500 家以上，仅仅白庙村一家便有加工白皮 100 多户，金锁镇板材加工行业近几年发展迅速远销海内外，但基本都是处于产业最底层，且多为农民自发性创收产业，季节性强，没有大的资本介入。

金锁镇之所以成为江北板皮生产基地主要是本地具有很好的林业资源。地处江北淮河流域，濒临洪泽湖湿地，气候温润宜人，适合速生杨、泡桐等苗木生长，这为板皮加工提供了大量原材料。金锁镇政府充分利用自己的地域优势和资源优势，鼓励群众大力发展木材加工，倡导私营经济个体经济。在政府的带动和扶持下，很多作坊工厂发展成了市级农业产业化企业，成规模的私营企业注册有 16 家，板皮个体工商户交税注册 167 家。私营经济成为金锁镇的一个经济增长点。同时，金锁镇开展党员带头创业，三套班子成员加上村委成员大力扶持，改善经营环境，加大招商力度，内培外引，创造无限商机。截至目前全镇工行户 728 家，私营企业110家，特别是洋青路、金梅路沿线，已经形成了1.5万千米^{2}的商业带，板材、粮食、棉花深加工企业为金锁镇提供2 000多个就业岗位，成功地转移农村剩余劳动力，增加了农民收入。

一、现状

金锁镇主要调研对象为白庙村，这个村具有最大规模的板皮加工企业，共有100多家。板皮加工在金锁镇具有两大优势，一地处苏北地区与鲁西南交接，林业资源丰富。因为板材厂家具厂企业众多，产品销路不成问题。二金锁镇政府大力支持基地建设，已经建成200亩的工业园区吸引企业入驻。板皮主要用于生产合成板以及木地板，金锁镇规模过千万板材的企业有8家。板皮加工厂规模都不大，基本属于作坊加工，以家庭为单位组织生产。充分利用本村的劳动力，以及原材料(速生杨)组织生产。同时，加工的边角料可以用于纸浆造纸，也可用于生产生物质燃料，价格400元/吨，属于环保重点关注对象。工人工资每人60～70元/天，劳动力价格有待提高。

江苏的集聚创造了非常优越的条件，具备了这些产业集群的有利条件之后，作为江苏省北部的一个重要交通枢纽，宿迁市现有将近3 000家规模不等的板材加工企业，其中大中型企业近500家，2012年全市板材加工企业共创造了1 500万米^{3}的产量和344亿元的产值，人造板的产量在全国居于前列，占到全国人造板总产量的7%左右。在宿迁市，刨花板和细木工板的生产主要集中于贤官周边，单板的生产集中于洋河一带，密度板和胶合板的生产则主要集中于众兴、临河周边。

1.原材料优势

在金锁镇有着大面积的速生杨种植基地，分布着大大小小460家板皮企业，产能巨大，素有“板皮之乡”的美称。板材产业是金锁镇的工业特色产业，占整个工业生产的90%。我们实践小队参观了两大龙头板材生产公司：鑫源木业有限公司及大兴庄建材科技有限公司。鑫源木业主要利用当地盛产的杨树的枝丫以及木材废料，加工成中高密度的板材半成品，用于制作家具、复合地板、雕刻板材等，销往江苏、浙江、上海等地，年产值可达1.2亿元。大兴庄建材科技有限公司主要生产多层板皮，用于生产木质地板、装饰板材。原材料经过精心挑选，选自广东和广西特产的桉木，再结合松木共同压制成多层板。大致的生产流程是旋切机切割板皮，涂胶后进行冷压初步成型，再经过热压加固。

2.政策优势

金锁镇十分注重招商引资，特为此打造工业园区，占地18.42万米^2。工业园区是一个中小企业孵化基地，目前入住率已经达到百分之百。

3. 市场优势

我国板材加工获益于低廉的劳动力价格，这为我国板材加工行业提供了优势。第一，我国国内木材的供应量不能够满足国内板材加工产业迅猛发展的需求，在这一背景下，通过从国外进口原材料缓解了这一矛盾，保持了板材加工产业的稳定发展；第二，随着我国板材加工产业的发展，市场对于木材制品的需求量和供给量均处于稳步上涨的势态；第三，从地区性差异的角度而言，我国北方地区和南方地区板材加工产业的发展存在一定的差异。

二、制约板皮加工企业发展主要问题

近年来金锁镇板皮产业发展非常迅速，但我们在实地考察调研过程中发现板皮生产仍然存在一些问题，主要表现以下五个方面：

1. 劳动力年龄偏大

板皮生产仍然属于劳动密集型产业，但由于劳动环境的恶劣，很难吸引年轻劳动力加入，而且在调研的企业中发现四十岁以下的工人很少。

2. 技术附加值低

在白庙村的 90 多家作坊式企业中，采用的设备基本属于半自动人工上料辅助加工的设备。没有采用自动化程度高的先进设备，因此，工人工资会成为厂方的一项重要支出。板皮的加工利润低下。

3. 厂房的规划不合理

在参观的板皮企业中，基本都属于自留地搭建板房，虽然金锁镇已经建立园区但不能满足如此大规模企业入驻，同时考虑成本以及用电，在农村使用农业用电成本低，所以大部门企业都建立在村子周围，采用的都是简易板房，缺乏消防措施。针对 90 家企业成立中小企业孵化基地，统一管理，防止同质竞争。

4. 板皮生产处于产业链低端

板皮生产的处于产业链底层，缺乏自主定价以及干预价格优势，基本受上层板材加工以及建筑行业的发展影响，很难有竞争力。

5. 环保影响资源不足

由于速生杨春天开花造成杨絮的空气污染，现在已经逐步限制速生杨种植，金锁镇板皮生产面临原材料短缺的影响。我国板材加工产业的发展受到抑制或是即将受到森林资源不足以满足产业发展需求这一严峻的问题。

三、建议

金锁镇位于苏北，与安徽、山东接壤，拥有十分丰富的亚热带气候优势，当地工业几乎没有污染型企业，正好是总书记的双山论提出的大好时机，即绿水青山才是金山银山，金锁镇空气清新，适合发展无污染加工型的板皮产业。更多的年轻人和劳动力的加入是企业获得生存的主要动力，要向群众多宣传，鼓励企业主改革经营思路，勇于创新。同时，政府积极实行行业标准，增加产品种类，以及寻找替代原材料。

1. 做好设备引进

政府应该主导，推介一些新型自动化设备。更新厂房以及配套设施，实现企业的可持续发展。

2. 推进企业转型

合理利用本地板皮生产资源，政府主导建立或者扩建板材加工企业，实现板皮到板材到家具或者地板生产一条龙。取得价格主导优势，保护板皮行业生产以及业主的积极性。

3. 合理规划

标准化是工业和农业的重要区别，即使现代农业已经要求精准和标准。对于属于工农结合型的板皮加工企业，应该合理规划厂房建设，消除安全隐患，改善工作环境。

4. 树立品牌意识

目前白庙村的板皮企业有 100 多家，但都没有自己注册的商标，这样各个企业的质量也难以统一，所以标准化之后就是打造自己的品牌，提高产品附加值。

四、对金锁镇板皮产业发展的展望

江苏省林业产业的经营方式别具一格，板材加工产业已经成为江苏省最具潜能的产业之一。自从 1978 年实行市场经济体制和改革开放以来，尽管江苏省农民收入在整体上获得了较快的发展，但仍然有着不同地区之间的差异日渐扩大、与部分沿海发达地区的农民收入之间存在一定程度的差距等亟待解决的问题。在这一背景下，研究江苏省板材加工产业发展与农民收入的关系，对于加快城镇化进程、增加农民的工作机会，进而促进农民收入提高，特别是江苏苏北地区的农民增收具有重要的意义。

金锁镇具有很好的自然资源以及政策扶持，也有比较完善的产业服务体系，更有中国农业大学的科研支持，希望充分利用好这些资源，发挥本地的人力优势和产业优势，促进金锁镇的板皮产业发展。

当地板材厂机械化情况

如何加快提升农业生产效率和农产品品质

——泗洪上塘镇有机循环农业生产体系调查研究

仝利红　中国农业大学资源与环境学院

上塘镇目前已经形成了种植＋养殖的有机循环农业生产体系，已经成为该地区的特色产业。2018 年 7 月中国农业大学"百名博士泗洪行"暑期社会实践活动上塘小分队以"种养结合有机循环农业"为核心，对上塘镇养殖企业和种植大户进行了实地走访调研，详细了解畜禽养殖废弃物资源化利用及有机循环农业发展现状，并针对存在的问题提出了一些建议，为当地推进有机循环农业发展提供参考。

江苏省泗洪县处在长三角经济区和江苏沿海经济带的交叉区域，淮河的下游，东临洪泽湖，季风气候显著，四级分明，生态资源丰富。江苏泗洪县在 2005 年以"江苏生态旅游第一县"为总体目标，坚持将生态恢复和绿色产业相结合，开创了一条生态效益与经济利益双丰收的可持续发展道路。

石油农业由于化肥和农药的过量使用，导致土壤肥力降低、土壤环境及农产品受到严重污染、自然生态系统遭到破坏，严重威胁着人类健康。有机农业的兴起受中国传统农业千年兴盛不衰经验的启发，是可持续发展农业模式中的经典。当地政府为了保护生态环境，合理利用资源，实现农业生态系的持久发展，努力推进畜禽养殖废弃物资源化利用和有机循环农业的发展。有机农业虽然发源于自然农业，然而是高于自然农业的一种可持续的农业种植方式。该种植方式将种植、养殖和加工生产体系充分结合在一起，不仅提高了生产效率，而且还能合理利用废弃物、提高土壤质量、防止水土流失、保护农村环境和生态平衡，同时又向社会提供了优质无污染的食品。

一、上塘镇农业生产现状

上塘镇全镇面积 133 千米^2，耕地 6 539 公顷。镇属岗阜地区，岗丘、洼地交错起伏，农业生产多根据地势条件选择合适的作物类型和品种。上塘镇内水资源丰富，一共有 8 面水库和 40 面塘口，其中向阳水库是宿迁市最大的水库。上塘镇农业生产主要种植水稻、小麦、花生和西瓜，而且畜禽资源丰富，是江苏重点商品牛养殖基地，全镇每年饲养秦川牛、西门塔尔牛 3 万头，出栏 1.8 万头。根据上塘镇实地调研结果，发现上塘镇发展有机循环农业具有以下优势：

1. 土地流转为有机农业提供了保障

上塘镇总共有 15 个行政村，大约有 5.4 万人口，受城市化发展潮流的影响，上塘镇农村青壮年多以外出打工为主，农村多以老、弱、幼、妇女留守，从而造成上塘镇农村劳动力缺乏、种植方式传统、作物品种单一、生产效率低等问题，严重阻碍了该地区农业的发展。为提高农业生产效率、增加农民收入，土地流转已成为该地区的主流。土地流转一方面是打破了土地边界“壁垒”，为集约化、特色化农业生产提供了土地保障，另一方面是能显著提高农业的生产效率。有机农业是采用有机种植方式从事种植、养殖和加工的可持续发展的综合生产体系，土地是有机农业的核心资源，要完成有机农业体系内的各项职能需要大面积的土地，才能保证体系内的供给，使有机农业体系处于良性、稳定地发展。

2. 国家和当地政府支持

近些年来，当地政府以“生态旅游第一县”为出发点，引导农业生产方式向生态农业、旅游农业、有机农业的方式转变，为解决“三农”问题做出了巨大的努力。在以往农业生产中，为追求粮食高产、高效，长期过量使用化学农药和化肥，使当地环境污染严重，自然界生态平衡被打破。20 世纪 80 年代泗洪县年使用农药的总量为 32 吨，年施用化肥总量折合纯量为 42 098 吨，短短 10 年间这两个数字分别增加到 795 吨和 86 064 吨。大量的化肥、农药的流失，造成水体、土壤和生物污染、生态链被破坏、自然灾害加剧、生态平衡失调、生物多样性消失。为建立人和环境协调统一的农业生产方式，以推动农业可持续发展，当地政府大力推广生态农业、绿色农业、有机农业。为吸引优秀企业及个人来当地发展种植业及养殖业，当地政府将会对前 3 年的土地承包费每亩补助 400 元，及其他一系列的优惠政策。

3.“种养结合”带动当地有机循环农业发展

近年来由于上塘镇政府的积极引导,传统农业生产模式已向“种+养”模式变革,已实现了农业的资源化利用及可持续发展的目标。上塘镇最大蚯蚓养殖基地,常年消纳两家养殖场的牛粪和附近打包稻秆,共养殖蚯蚓 300 余亩。经过 3 个月后,蚯蚓完成其生育期,不仅自身具有很大的药用价值,而且产生了大量的蚯蚓粪,是品质极佳的有机肥,可用于培肥土壤,改良土壤结构。蚯蚓养殖结束后不仅蚯蚓本身带来了巨大的经济效益,而且产生的蚯蚓粪可作为有机肥料施用农场承包的 200 亩杜仲田、200 亩山芋田、水稻田、小麦田及鱼塘,不仅提高了土壤肥力,而且减少了化肥的投入、改善了该地区的生态环境。该农场主将养殖与种植有机地结合在了一起,不仅提升了该农场的经济收入,而且将废弃物进行合理利用,培肥了土壤,改善了土壤结构及生态环境,真正实现了农业的可持续发展。

二、上塘镇有机循环农业发展存在的问题

1. 前期投入大,回报期长

有机农业不是回归自然农业,相反需要大量的科技、机械化以及经济的投入,而且有机生产没有常规农业高效,一般回报期较长,风险较大,加上天气灾害或经营不善等原因,可能导致“半途而废”。

2. 技术较为落后

有机农业是可持续发展农业中的经典模式,是未来我国可持续农业发展的主要方向。有机农业的核心则是土壤质量,它是通过生态系统循环原理及物质能量流动规律培肥土壤、提高土壤质量,并且利用现代农业科学技术显著提高了农业生产效率、促进了生态系统的良性循环,从而达到实现农业可持续发展的目的。有机农业不是将农业交给“自然”,任其自由发展,是运用先进的科学技术在保证生态循环的基础上尽可能提高农业生产效率和农产品品质的一种农业生产方式,该生产方式需要一整套生产技术保障,与传统农业相比,技术要求高、投入多且难度较大,而在该地区技术相对比较落后。

3. 有机肥自身风险

有机农业能否可持续,取决于能否使土壤肥力持续提高,并保证作物的优质、高产。长期有机培肥不仅能增加土壤有机质含量,还可提高土壤综合肥力质量。随着社会的发展和时代的变迁,有机肥已经不是过去的有机肥,由于饲料中添加了大量的重金属和抗生素等,导致现含量严重超标,成为污染土壤的头号“杀手”。

4.劳动力成本较高

有机农业由于禁止使用农药、化肥，因此在农业生产过程中需要投入大量人工，主要体现在杂草控制、病虫害防治。随着人力成本的增加，过多劳动力的投入必将引起有机农业成本增加，从而使有机农产品要高于常规生产的农产品。

5.农业生产中“高素质”劳动力缺乏

有机农业集中了大量的科学技术和科学成果，对于劳动者的要求更高。由于当地农村人口流失严重，从事农业生产的多为中老年或妇女，且教育程度偏低，极大地限制了当地农业的发展，所以当地急需一批“高素质”的青壮年从事有机农业生产。

6.缺乏配套的加工体系

在当地有机产品与传统农业产品相比，竞争处于劣势，有机产品的销售是制约当地有机农业发展的最大问题。我国有机产品市场多集中在北京、上海、广州等大城市，因此，需要建立有机农产品的加工体系，有助于农产品运输及销售。

三、对上塘镇有机循环农业提出的建议

1.加大政策扶持

有机农业生产不同于常规农业方式，小规模生产无法保证有机农业的持久性，但由于其前期投入具大、科技含量较高并且又要承担巨大的经济风险，需要当地政府的支持和政策上的引导，才能加快当地农业方式的转变。

2.有机农业与特色产品相结合

有机农业不仅是一种农业生产方式，更是一种生活方式、一种精神文化，需要与特色蔬菜、水果、休闲旅游等产业相结合，这样不仅能提高农业的经济效益，提高农业生产的附加值，而且能够促进整个生态系统的良性循环。

3.发展有机农产品深加工

随着城市化建设的推进和生活水平的提高，生活水平早已摆脱了只满足温饱的状态，而是要求吃的食物更加健康，因此城市内对有机农产品的需求越来越大，但是农产品不同于其他商品，不耐贮藏和运输，因此需要发展有机农产品深加工。应大力发展有机农副产品的深加工，这对于当地有机农产品销售及农民增收具有十分重要的意义。

4.增加宣传力度

互联网的发展完全颠覆了人类的生活方式，使人类生活方式更加便捷。该地

区应重视农产品在互联网上的宣传，提高当地有机农产品知名度，将该地区有机农产品打造成为当地的“名片”。同时可借助当地生态优势，提高当地有机农产品知名度，拓宽销售渠道。

四、上塘镇有机循环农业发展的展望

通过实地调研了解到上塘镇改变了以自然环境为代价的传统农业生产模式，开始向生态农业生产模式发展，虽然发展规模较小，但发展潜力巨大。泗洪县上塘镇具有得天独厚的生态优势，在发展有机循环农业过程中，希望上塘镇人民能够坚持初心，严格遵守有机农业生产标准，根据不同土壤类型，因地制宜地制定土壤培肥措施，并且制定出有机农业的标准及管理法规，建立良性的有机农业生产体系，有机农业的生产效率才能得到提高，才能发挥改善生态环境、促进农业可持续发展的目的。相信在上塘镇政府的带领下，上塘镇的明天会越来越好。

基于资源潜力视角的地方优势作物发展浅析
——泗洪县种植业发展现状及对策

王冲　中国农业大学农学院

金锁镇地理位置较优越，位于泗洪县的北部，总面积约79千米²，其中耕地面积占7万亩左右，水域面积约3万亩。金锁镇地质肥沃，土地以沙土和淤泥混合土为主，因此适合于种植多种经济作物，如棉花是金锁镇种植的主要经济作物，有"泗洪老棉区"之称，传统作物以种植小麦、水稻、豆类等为主，同时金锁镇大胆尝试，重调农业产业结构，以"加强板材业、优化种植业、扩大流通业、升级产业化"为主题进行全面改革发展。并以"三扩＋一发展"为手段进行大力改革，其中"一扩"油菜，使复种面积达到0.7万亩，"二扩"瓜菜，要求复种面积达到2 100万亩。"三扩"棉花，种植面积达到1.1万亩。"一发展"为种植中药材，共种植3 000亩。花卉和食用菌的种植也得到了较大程度的发展，分别种植500亩和65亩左右，由于土质肥沃，金锁镇树木资源丰富，品种类型较多，但多为木质优良的杨树，作为板材加工的重要原料。

一、发展现状

金锁镇由16个村居组成，种植业是当地一特色产业，且发展具有较大优势，其中树木种植4万余株，生态廊道建设栽植泡桐8 260株，绿色通道建设栽植榉树6 160株，杨树改造面积550亩，共栽植软籽石榴树苗7 000株，以达到农田集中连片、设施升级配套、生态环境良好的目的来促进增收提效。

1. 新兴“软籽石榴＋马铃薯”

在当地政府积极的引导下，金锁镇正在由以种植常规作物为主向以种植经济作物为主的方向发展，种植多样化的尝试，表现出金锁镇村民的大胆创新。其中以软籽石榴套种马铃薯为特色，总面积 2 160 亩，从 2016 年开始进行种植，经过前两年的经验，农民已基本掌握马铃薯的栽培技术、管理手段、种植方式等。在建设马铃薯保鲜库的基础上，新建分拣库一座，展示服务中心一座，主要用于马铃薯的分拣、包装、展示等，产量约 23 吨/公顷，效益相对较高，给当地农民极大的获得感。而软籽石榴成熟时间在 3～5 年不等，需要时间较长，软籽石榴也一定会带来不小的经济效益。

2. 桃园基地

金锁镇何宅村道路旁约有占地 380 亩的桃树地，其中水蜜桃占地 80 亩，出售单价为 3.5 元/千克，黄桃占地 300 亩，出售单价为 2.5 元/千克，桃子向外直销至上海，黄桃是制作罐头的主要成分，桃子的销售直接提高了何宅村的总经济收入。由于今年是桃树成熟的第五年，所以村民已经掌握了从种植到收获整个流程的水肥技术、病虫害防治技术、套袋技术及疏花疏果技术等，不仅使桃子的产量提高，而且调动了农民的积极性，促进了桃树产业的有序循环进行。正值桃子成熟之际，雇用了大量临时工，分别进行采摘、分拣、装卸等工作，其中采摘和分拣工作者每天雇用费为 60 元，装卸工作者每天雇用费为 100 元，虽然人工费用相对较高，但获利依然较大。

3. 葡萄园区

葡萄园占地约 150 亩，共有 248 个大棚，葡萄品种 5 个，每串葡萄大概 0.75 千克，其中“醉金香”品种是市场上的优势品种。在葡萄的生长过程中，病虫害的防治尤为重要，在 7～8 月份降雨较多的季节，一周需要 2～3 次的药物治理，农药喷施已经全部机械化，大大节省了劳动力。销售来说，批发价格在 1～2 元/千克，由于受到市场的冲击，葡萄价格创造了历史新低，虽然销售价格达到“谷底”，但村民没有失去信心，分析了品种更新换代的重要性，基本栽培技术和专业知识的不可缺少性，并学习葡萄管理技术，以促进葡萄增产。

4. 韭菜田

韭菜作为金锁镇何宅村一个较大的蔬菜产业，占地 100 多亩，生长速度快，每 20 天需要收获一次，由于收获速度快，导致了滞销，造成了韭菜的大量浪费。

二、存在问题

1.秋季作物产量较低

种植农作物的目的是取得效益，取得效益的前提是产量高。当地以种植水稻和玉米为主，水稻效益较高，其中稻虾种植模式具有特色，由于水稻田中虾的存在，所以水稻是无公害水稻。二者共生长的模式，不仅水稻无害，而且虾的效益高，带动了当地产业的发展。但收获水稻之后，气候变化较大，常年雨季较多，并常影响着作物的生长，尤其在每年的7～10月份雨量较大，导致秋季作物产量较低，急需生育期相对较长或相对较短的作物种植，进而避免降雨对作物收获时期的影响。

2.作物销售受阻

马铃薯是当地新兴作物，继马铃薯为主粮化后，全国马铃薯栽培面积显著提高，同时产量也大幅度升高。该地响应国家政策，集中种植马铃薯，学习栽培技术和管理手段，了解马铃薯生长习性，建设冷藏库、展示厅等，加大投入，促进马铃薯产量的提高，但受到市场的冲击，马铃薯销售受阻，导致收获的马铃薯大量存储起来，难以售卖，沉重地打击当地农民的积极性。韭菜同样是当地的特色作物，但由于韭菜换茬较快，大约20天，上一茬韭菜没有售完，下一茬韭菜又成熟，如此积累，造成韭菜滞销，损失严重。

3.劳动力减少

当地农业多为集体合作，以村支书为代表进行承包土地，土地集中种植作物，全方位机械作业，不仅节省人力、物力，还增加效率，导致人口流失严重，大部分年轻人外出务工，留下老年人进行小面积种植作物。老龄化严重，致使乡村发展缓慢，故需要扩大产业结构，吸引更多年轻有为的有志青年为家乡做出贡献。

三、合理化建议

1.引进中高端人才

中高端人才作为城乡发展的关键因素，其人才的数量和质量是构建城乡人才结构的重要基础。在城乡发展过程中，人才引进是前提，需要战略的进一步实施，以完善人才引进机制，加强人才质量的提高，大力推动城乡发展。同时重点扩大高端人才的引进与培养，必须与城乡发展战略相关联，充分发挥当地资源优势与人才政策，积极引进高端人才。其中，国内外知名度较高的专家学者、经验丰富和团队意识强烈的人才、擅于经营生产的管理者、有大胆创新意识的人才、市场开发较强的人才等均属于中高端人才。

2.顺应当地气候，合理种植作物

二氧化碳、温度、光照、水等与农业的生产密切相关，气候条件是影响作物生长的不确定因素，其影响程度甚至大于人类对作物生长的影响。应利用有利的气候条件，克服不利的气候因素影响，为农业生产发展和农业经济调整提供农业气候资源。我们要依据当地经验积累相关的农业知识，加强作物管理技术的改善，发挥当地有利优势、减少不利因素，更好地服务于农业生产。

3.政府实施利民惠民政策

“三农问题”一直是党和国家工作的重中之重，大力推广“强农”“富农”“惠农”政策，是解决好农民最关心的现实问题。无论党和国家怎么做和做什么，但最终的目标就是让老百姓过上好日子，生活得更富有、更美满、更充实。农业作为农民的生活基础，作物生长良好，粮食丰产，农民从种植农业的过程中得到了想要的利益，农民才会喜爱农业、乐于干农业，加之政府的大力扶持，不仅可以促进农民对农业种植的积极性，还可以加大农民对农业的重视度。

四、致谢

感谢中国农业大学给我们这次去江苏调研的机会，通过这次亲身经历，我们了解到江苏省泗洪县的发展情况，希望通过我们的专业知识能为泗洪县发展贡献力量，在金锁镇期间，感谢金锁镇对我们的悉心照料与盛情款待，金锁镇人民的热情好客，深深感动了我们，我们会尽微薄之力为金锁镇谋发展、创辉煌、共进步。

加强配套设施建设　巩固发展特色经济

——对泗洪县金锁镇冷库建设的质性研究

王大鹏　中国农业大学工学院

一、研究背景

泗洪县地处江苏西北、淮河下游，东临洪泽湖，水资源丰富，气候条件适宜属于温带季风性气候。金锁镇的位置在泗洪县城的北方 19.50 千米以外，土壤是沙土和淤泥的混合土，特别适于种植各种经济作物，如棉花的主产区是泗洪。近年来县政府引进了马铃薯与软籽石榴的种植，并加大力度进行补贴。因此，泗洪县委、县政府特别重视冷库的建设，并出台了冷库发展的相关政策，以此来推动农业经济的新一轮的发展。

二、冷库发展的现状及问题分析

冷库的种类主要有：恒温库温度为 5～15℃、冷藏库温度范围为 5～－5℃、冷冻库则为－18～－25℃、急冻库为－35～－40℃、超低温库更低为－45～－60℃、保鲜库为 5～－2℃。

1. 冷库建设现状

金锁镇目前已建成一座千吨冷库，位于金锁镇双湖居，配套的分拣中心正在建设中，冷库主要功能是冷藏农副产品，全镇目前正在大规模推广马铃薯和软籽石榴的种植，冷库现阶段主要贮藏马铃薯。冷库刚建成一年，政府前期允许农户免费使用冷库，待农户种植的愿望稳定后，再收取一定量的租金。据实地调研了解，每年马铃薯收获后，由于市场价格的原因，冷库往往处于满负荷运转，待价格合适再清空库存，软籽石榴还没有进入挂果期，暂时没有贮藏的压力。同时电费是冷库目前最大的开支，满负荷运转时每月需15万元，平时月份需要7万～8万元，这也是当地冷库存在的问题。金锁镇的马铃薯和软籽石榴种植，主要以少部分种植大户为主，管理协调方面比较方便，也容易形成规模效应。在种植蔬果已经形成一定规模的地区，冷库是必不可少的，冷库不但具有冷冻以及保鲜的功能，而且可以延长农产品的保鲜度，并降低烂果率和烂菜率，保障了农产品的贮藏，均衡并解决了远程运输的问题以此来扩大经济效益。

2.冷库的优势

从冷库可以取得的经济价值来看，冷库对一个地区甚至一个产业的发展具有很强的拉动作用，主要体现在以下六个方面。

一是扩大由农民组成的专业性合作社经营规模，以及催生小型企业的产生。冷库建设属于基础设施建设，有了保障的基础农户可以尝试种植其他高附加值的经济作物以及蔬果，随着越来越多的种植会呈现规模效应，甚至催生规模化企业的出现。

二是减少蔬果的烂果、烂菜率。加强相应的经营者去抵御市场风险的能力，还可以借助冷库的保藏功能来增加农产品的保鲜度，增加果品保险系数，储藏产品均衡供应市场，稳定销售价，提高农产品附加值，稳定经商者经济收入，增强农业产业化发展后劲。

三是保障稳定的收购商家，强化从业者进行规模化生产的信心。在完成冷库的建设后，就形成了稳定的收购市场，从而形成稳定的产品市场，保证了农产品的价格，从而提升了农户的积极性，稳定了基地的种植规模，以此来强化农业产业的发展基础。

四是可以延长产品的保鲜度，货物充足以供应市场，并可以满足消费者的需求。通过保鲜处理来延长产品的保鲜度，增加运输的保险系数，增强市场的竞争力，拓展市场的空间，按照市场的需求来配送货源，满足了消费者的需求，为农业的产业化的发展找准了方向。

五是延长了农产品的保鲜期，增加了农产品的运输距离，强化了市场占有率，冷库冷藏农产品后将有助于远程的运输。

六是可以拓宽农户的就业渠道，增加了家庭收入。冷库投入后，正常的运行需要相应的技术人员管理,操作人员可负责生产服务。可以吸收相应的农村的剩余劳动力,从而有更多人加入冷库的服务工作中,既可以解决部分农民的就业难题,也增加了家庭经济的收入。

3.存在问题

(1)技术方面。全县的冷库产业也刚刚步入正轨,配备的技术人才不到位,对冷库的管理技术的掌握程度不高,操作的技能也不强,在冷库运营中会经常遇到一些难题,操作不当而引起维修率较高,管理费用也占很大比重。

(2)利用率方面。由于季节性地货源缺乏,导致了冷库的间断运行,运转的损耗较大。金锁镇的冷库主要是储存马铃薯,马铃薯一旦过季,使得冷库形成一段时间的闲置期,资源利用率降低。

(3)从业者素质。部分生产者的农产品质量管控意识不够强,样式较多,缺乏核心竞争力,形成不了自己的市场竞争力。相应的生产者也大多是农民,文化素质普遍不高,观念比较落后,生产的方式也多元化,在田间管理和收获打包的环节标准也不统一,导致了上市的农产品的形状各异,规格不一,缺乏美感,市场的竞争力大打折扣。

(4)信息不对称。产业的从业者与市场的需求不对等影响了冷库的物流。由于缺乏完善的种植计划,加上农户对市场的信息不通,没有结合市场的需求来选择品种的合理种植,存在幻想的冲动,盲目地跟风种植大行其道,导致了种出的产品没有市场从而形成“产品的过剩”,而有生产省外的市场正需求的产品甚至无货供应,形成的产业基地品种也与省外的市场需求不对等,造成供求的矛盾。

三、未来发展对策及思考

1.加强冷库的设施管理,维护冷库的运行秩序

研究确定冷库的管护措施,出台相应的优惠政策,建立冷库的产权制度,明确冷库的产权主体,保护冷库经营主体的合法权益。合理地配备冷库,引导冷库的管理走小型企业的模式路子,促进产业的协调发展。

2.加强冷库的操作技能培训,提高冷库的管理水平

建立冷库的培训平台,定期开展关于冷库的专业技术培训讲座,提高相应从业者的专业基础知识和生产的技能,为冷库的正常运行提供强有力的技术保障。通过举行培训班,邀请技术精湛、经验较足、指导能力强的专业人员前来授课,传授先进技术知识,增强保鲜技术本领,从而整体提高冷库管理水平。

3.加强冷库的地区性带动作用，巩固本地发展特色产业

着重围绕着全县已经确定起来的主导产业，孵化和推动一批以专业保藏农产品为核心竞争力的成规模、高起点、外向型、带动性强的保鲜冷库，对现有的部分基础性条件好的冷库，按照规模化要求来进行强有力的扶持，从而转换为微型的企业，增强冷库的带动能力。以订单的形式来巩固发展当地的特色产业，形成企业与种植户的利益链条，促进企业、种植户与商户的关系朝着紧密型转型，开拓产品的市场，加强农产品市场的效益。

4.加强市场的对接，争取产业的基地以满足省内外的大市场需求

鼓励有资源条件的经销商参与产业的建设当中，以多样化博览会的形式为桥梁，为产业以及客户创造更宏大的平台，缩短广大的市场与产业生产基地之间的距离，让有竞争力的生产基地找到更宽广的消费市场，使种植户可以找到相应的市场从而促进产业的生产，做到市场在心中有数，主攻的特色品种的规模化销路要有把握，实现整个满足省内外的大市场的需求。

5.加大培训的力度，提高从业者的生产水平，增加科技的含量

大力推进科教兴农的战略，鼓励农户不断学习，更新现有的知识储备，从而增加产品的核心竞争力。多建立示范基地，让更多的农户实实在在地看到成果的产出，从而鼓动更多的农户投入，形成产业的核心竞争力。

产业融合发展，提高发展的稳定性和可持续性

——泗洪青阳镇一二产业融合发展分析

徐虎博　中国农业大学工学院

江苏省作为我国经济发展的前沿阵地，在引入博士团开展科技服务活动进行有益的探索。产业结构的合理布局和优化对于地方经济健康平稳发展具有重要的现实意义。其中农业产业结构的调整和优化，对于地方的稳定和发展具有基础作用。泗洪县作为江苏省苏北地区重要的农业大县，目前正处于农业产业升级和工业产业提升的重要阶段。通过博士团成员的专业所长与地方经济发展所需相结合，对地方经济发展建言献策和博士研究生实践锻炼具有重要意义。

初到泗洪，给我的印象可以用三点来概括，"生态环境特别美，城镇的基础设施建设特别好，基层干部工作干劲特别足"。青阳镇地处泗洪县主城区，北接濉河，南邻汴水，也是县委政府驻地。我有幸同湖南农业大学苏小军教授、周倩教授以及来自其他兄弟院校的3位同学组建了一支团结协作的队伍。经过近10天的科技服务，我对泗洪的发展产生了如下的一些不成熟的看法。

一、农业产业

1. 林果业

泗洪县由政府牵头，种植了软籽石榴等规模较大的林果业项目。其中，软籽石榴种植基地面积达3 000亩，植株苗由河南省农业科学研究院提供，品种选育优良。单果重约 500 克,每株挂果约 100 个,单果价格 20～30 元,主要销往北京、上海等一线城市,销量旺盛,经济效益明显。种植软籽石榴具有良好的市场前景,而且实现了大量土地流转,增加了农民收入。

但在调研中也发现,由于泗洪独特的地理和地质特点,在其他果品种植中,有不少具有一定种植规模且有当地特色的种植,如桃子、葡萄、梨,这些果品的种植户大多有自己成熟灵活的销售渠道和较为丰富的管理销售经验。作为青阳镇农业发展板块的龙头之一,江苏省首农林业股份有限公司近年来发展迅猛。主要涉及优质黄金梨品种的种植、百分百果汁的加工以及有益菌发酵饮品的研发等。从山东省农科院购买的优质黄金梨专利品种,不仅口感酥甜,而且产量很高,单果重达 1 千克,每棵树的产量达 200 个。百分百果汁的研制,体现了其研发团队的智慧,由于企业主打百分百纯果汁、无添加的品牌,无添加会使梨汁的口感不佳,为解决这一问题,他们研发了与果汁匹配的伴侣。根据消费者口味需求,对果汁进行调味。为解决不添加防腐剂,果汁贮藏时间短的问题,他们通过车载榨汁机的研制,在运输过程中对果汁进行榨制,一定程度上提高了果汁到达销售市场的新鲜度。通过对国外优良有益菌的引进,多达 92 种有益菌对黄金梨果肉进行发酵,改善口感的同时,极大提高了黄金梨的保健价值。

尽管江苏首农林业股份有限公司在诸多产品研制上,进行富有创新的探索,在诸多方面依然有进一步探索的空间。比如,在食品风味的探索上,建议通过校企合作的方式,进一步提高黄金梨饮品的口感。百分百梨汁的价格相对昂贵,这会限定消费者群体和市场,可以通过采用配方饮料的方式,降低产品的成本,拓宽市场;提升产品的知名度。同时,可以在产品种类上继续做文章,比如,开发用于止咳的保健用梨膏。

在企业的发展过程中,也会遇到一些与政府配套政策息息相关的问题,比如,土地流转没有补贴、电费是工业用电,每度 3 块钱太高,不能继续购地扩大再生产等问题,建议我们的县镇两级政府,多倾听企业主的心声,在不违反国家政策的基础上继续支持企业的发展,规范、增加企业的税收。通过优惠政策来引导企业扩大生产,通过扩大生产增加政府税收,让政府财政收入增加,这样一来才能形成政府与企业发展的良性互动。这就意味着泗洪林果业中,政府引导项目和本地农户种植两种形态并存,因此,在引导上建议,要充分尊重当地差异化种植的模式,无论是政府投资项目还是农户根据自身的判断选择的种植品种,应当给予相同或相近的政策,这样有利于保护农户和民间资本投资林果业的积极性。林果业市场具有明显的波动性和盲目性,极易受到自然灾害、病虫害和市场的影响,比如,其他县市看到软籽石榴经济效益好,可能就会一起进行该项目,这会导致软籽石榴市场价格波动明显，由于种植规模大，对林果业的发展产生的影响也将非常明显。因此，多元化的种植模式是泗洪县林果业发展的特色，也是稳定发展的重要保证。

在泗洪县的林果业调研中还会发现一个重要现象，下游产业即食品企业相对缺乏。而食品加工企业是减少市场对农产品价格影响，增加政府税收的重要环节和重要组成部分。同时，食品加工企业的形式可以非常灵活，可以在县城、乡镇，甚至是乡村的“小作坊”，这样一来，既可以减少鲜果市场的压力、增加政府财政收入，又可以在不同层次上吸纳就业，增加老百姓的收入。在销售上，泗洪的销售模式较为单一，虽然有线上线下不同的销售模式，但均为内销。为了进一步拓宽市场，要探索出口和内销两条腿走路，但这都离不开高水平的食品加工业的保障。因此，提高食品加工业水平是减少鲜果市场压力、增加政府财政收入、拓宽就业渠道以及增大出口的必然要求。在销售方向上，可以就近在日本、韩国等东亚或南亚国家。

2. 渔业

“潘大虾”，作为青阳镇养殖业的龙头企业品牌，主要养殖荷塘小龙虾和稻田小龙虾，规模约 1 500 亩，每亩产量 80 千克，批发单价约 500 克 20 元，产量大，经济效益可观。同时，经营者创新经营理念，通过进一步对小龙虾深加工，为市场提供龙虾饭、龙虾卷等创意食品以及保质期达数月的冷冻小龙虾，加热即食。拓宽了小龙虾销售渠道的同时，增加了产品的附加值。作为一个品牌渔业养殖产品，“潘大虾”在南京、杭州等地也开办了品牌餐厅。增加了产品收入，也有一定的宣传效果。

通过与负责人沟通过程中发现，“潘大虾”真正做到了熟悉产业链的每一个环节，同时，对未来的创意式发展充满了自豪，但也流露出了对市场一旦出现波动，需求量下降，资金链断裂风险的担忧。从这一点来看，养殖、深加工、销售等长链条的运营模式，或许不适宜于真正把生产做大做强，这就要求环节要分工，分工要细致。养殖的就要提供有量有质的产品，做深加工的就要提供产销两旺的创意食品。让产业链变短，减少资金压力，提高资金的使用效率。

“潘大虾”在一定程度是成功的，说明泗洪具有很好的渔业发展的基础，但总体而言，泗洪的虾和蟹的品质非常好但产品品牌依然缺乏。外界所熟知的是盱眙的小龙虾和阳澄湖的大闸蟹。当地会将本县的蟹运到阳澄湖销售，虽然借力提高了产品的价格，但不利于渔业产业的良性发展。所以，建议当地政府要善于讲泗洪产品品质的故事，做产品宣传的文章，质优的产品，有竞争力的价格，使之产生一定的社会影响力和美誉度。

3. 畜牧养殖业

蒙牛奶源基地是青阳镇重要的畜牧养殖业代表，也是招商引资的成功案例。

该基地占地600余亩，饲养良种奶牛千余头，年产值过千万。通过对该企业的调研，以下问题值得注意。

尽管奶牛饲养数量较大，产值很高，但据了解该企业的纯利润较低，经过调研发现，企业所使用的挤奶流水线等关键设备均属于进口，价格昂贵，后期维护成本非常高，这严重制约着企业利润提升。建议通过高校、地方和企业三方合作，借助高校的技术优势，企业的管理经验，地方的政策扶持，共同培育有市场针对性的奶业设备，这将有力地推动行业的发展，同时，也是为本土民营企业的培育探索了新道路。

污染问题是该企业发展过程当中的重要问题和隐患，也是政府是否允许企业继续扩大规模的关键。因此，企业排弃物的合理处理是解决该问题的关键。通过建造沼气池来解决该问题，或许是不错的选择。中国农业大学拥有先进的生物质发酵技术，可以通过校企合作，提升该企业污物处理能力，让投入增加的同时，也会进一步提升效益。

4. 家庭农场与合作社

在与樱桃、葡萄和桃等种植的家庭农场主交流中发现，农技农艺在泗洪县应用水平比较高，老百姓已经成为种地专家，这主要得益于政府多年来在农民技术培训上所下的功夫。当我问道，是什么作为动力，让你加入家庭农场的种植模式中来的？农场主的回答让我印象深刻，不加入哪来的这么多信息和培训！这充分说明，生产、销售的信息是农户所需要的，先进的农业技术培训是农户所需要的。因此，我们的泗洪县政府，在这两方面应当进一步加大支持力度，如与电商合作，进一步拓宽销路。把高校、科研院所的专家请到田间地头，向农户传授先进的种植和管理经验。通过调研，发现政府做了大量工作外，还有大量的其他工作做。以此做下去，泗洪县的农业产业定会有更大发展。

我本人是机械工程专业，研究方向是智能检测装置研发，这与播种机、收割机等农业机械的研究差异还是比较大的，但是长期在农业院校工学院学习，耳濡目染了很多农业机械的相关知识，能够为对方提供一些力所能及的技术支持。在农机合作社调研过程中，发现不少让我触动的地方，合作社所种植的1 500亩有机稻，从播种、田间管理、收获再到仓储完全机械化，施肥过程可监控，产品销售可溯源。上述的生产特点，充分使水稻产量有保障、产品有销路。从跟负责人的交谈过程中，也听到了他们对智慧农业的需求，这也是我们高校农业机械化目前发展的方向，也对农业机械化人才培养提出了更高的要求，要做到人才培养要领跑于农业产业的需要。同时，我也看到了合作社内使用的各类农业机械国产化非常高，也听到了国产货不比进口差的声音，感受到了国产农机近年来的高速发展。

二、工业产业

1. 制造业

机械工业作为制造业的核心产业，是城市发展的重要组成部分，更是国家繁荣富强的基石。泗洪机械工业产业园代表了施工工业发展的最高水平，因此，对机械工业园的调研旅游重要意义。在史纪新县长的带领下，我们参观调研了机床生产企业、电机外壳加工企业、纺织机械企业和机床刀柄生产企业等，总体效益较好，但也受到上下游产业的影响。

通过对泗洪县机械工业产业园的调研，能够感受到政府对制造业的重视，同时，企业也在努力实现自身的发展，但总体上所涉产品多为铸造、粗加工、机床配件以及整机的组装，产品的附加值还比较低，使用的设备较为先进，但工人的基本能力较低，不能充分发挥出设备的最佳性能。这会导致企业效益上不去，很容易被淘汰。因此，提高产业工人的基本素质，提高成套装备的集成度和创新独特性，以此为客户提供优良产品的同时，增加客户对企业的依附度。通过对设备的故障和老化维护，企业将持续获得利润。提高生产的自动化和智能化是泗洪县未来制造业发展的着力点。当然，生产的自动化和智能化，不是纸上谈兵就能实现的，应当从如下两个方面做文章，一是通过合理的土地使用政策和有吸引力的税收减免政策，引入高新技术企业，在泗洪县投资建厂，借窝下蛋，发挥产业带动作用。二是加大人才引进力度，重点扶持具有发展潜力的制造业企业，提高其员工的整体技能和素质。同时，可以打通企业与事业单位甚至政府部门的人才流通渠道，让人才来到泗洪，尽其所能，任其发展，真正做到，“使用了人才，培育了人才，成全了人才”。把研发和创新能力，作为评估企业发展潜力的重要指标，也是确定扶持力度的重要标准，因为，创新才是企业持续发展的内在动力。在促进智能化发展的具体方式上，可以打造具有泗洪特性的“智能小镇”，培育微小智能制造企业，着力推动泗洪的工业化。

2. 电商业

电商业是目前市场经济的活跃组成部分，通过线上交易，可以迅速、高效完成产品订单。因此，发展电商产业是一个城市经济发展中的重要组成部分。泗洪县电商产业起步较晚，但已初具规模，目前，已有百余家电商入驻产业园，同时，需求还在不断增加。一方面是产业需求，另一方面也是政府的优惠政策和扶持，通过两年店租减免、政府小额贷款担保等政策极大鼓舞了老百姓进入电商产业的积极性。泗洪县电商产业园涉及的营销产品主要包括纺织品、五金配件、农副产品、床上用品等。到目前为止，基本没有出现经营困难而倒闭或退出产业园的情况。

尽管泗洪县电子产业发展前景广阔，政府也做了很多扎实的工作。但依然存在这样或那样的问题，同时，针对这些问题我也提出一些意见，以供探讨。泗洪县电商产业毕竟刚刚起步，应当在政策上进一步扶持，在扶持过程中引导。电商能不能做好取决于经营对象本身的质量，同时也取决于是否有良好的营销策略。一方面经营者可以自我学习、改善，另一方面县政府可以定期组织电商营销策略培训，营销技能大赛等活动，以提高经营者的营销技能并促进相互之间的经验分享。电商产业作为第二产业的一部分，结合泗洪县的实际情况，应该着力打造具有泗洪县第一产业特色的电商品牌，泗洪荷叶降压茶、泗洪稻米香、泗洪小龙虾等，做强第二产业的同时，也带动了第一产业的发展。

三、展望

泗洪县的第二产业较第一产业薄弱，基于此要大力培育本土的民营企业，因为外资赚到钱或赚不到钱都可能走，但本土民营企业强大了之后，只会走出去，这是泗洪县工业化的必由之路。通过对以上措施的推进，可以有效解决泗洪县劳动力流失的问题，加快城镇化的进程，促进房地产产业的蓬勃发展，有力地增加政府的财政收入。同时，泗洪县主城区要大力发展文化、娱乐、体育事业，这是满足老百姓精神文化的内在需求，也是提升城市品位的外在动力。

博士团与当地政府座谈反馈

“空心村”要花“绣花针”功夫去打造

——泗洪县空心村土地整治现状探析

卓志清　中国农业大学资源与环境学院

一、发展现状及“空心村”成因

1. 现状

近些年来，泗洪县政府大力扶持新型材料、节能环保、现代装备制造等新兴产业，以上各产业年销售收入均突破10亿元。但受实体经济发展动力不足及资源要素的制约，产业转型升级压力较大，农业产值及农业人口仍占较高比例，农村劳动力外流严重，乡村衰落问题日益突出。

2. “空心村”主要成因

“空心村”是我国城镇化过程中原有村庄聚落退化性演变的一种特有形态，其主要表现为因农村生产和生活缺乏活力从而导致的乡村人口空心化；因村庄格局混乱，建新不拆旧，房屋闲置等导致的村庄空间布局空心化。“空心村”形成的原因主要有以下三个方面：

(1)宅基地闲置空缺。宅基地作为农村居民的主要财产，在农村生活上及乡村文化上具有一定的传承性。随着城镇化进程的加快，虽然部分农村中的房屋已经因长期无人居住而破旧、损坏，但出于对农村传统观念和经济利益的考虑，原农村居民在异地新购房产的同时仍对原籍住宅进行长期保留。因此，泗洪县空心地块存在的直接原因是原有村庄人口到市区或外地居住却依然保留旧宅。

(2)城镇化发展不平衡。由于城镇化和非农化进程之间存在不平衡性，当地大量的农村人口向市区以及苏南地区迁移，并且在当地购买了新的住房，实现了自身由农村向城市的过渡，原有村庄出现人口空心化。但由于原村民土地所有权尚未形成有效退出机制，即使个人及家庭已经完全融入城市生活，仍然会对自己原有的农村住宅予以保留，这是农村形成“空心村”的主要原因。

(3)人才流失，制约农村发展。泗洪县各乡镇的人才流失是制约经济发展的一个重要因素，特别是受过高等教育的青年在大学毕业后大多留在市区及苏南各市，大量优秀的农村劳动力不断流失，导致当地农村的管理水平落后，许多有利于农村的政策措施实施困难，尤其是一些新的发展思路、发展理念以及一些新的发展成果难以在落后地区的农村落实和推广，导致当地农村的社会经济发展缓慢，成为农村土地综合整治工作的障碍。

二、土地整治及面临问题

1.“空心村”土地整治

随着当地耕地资源的数量不断下降和农村闲置房屋数量的增加，“空心村”土地资源浪费现象较为严重，因此，通过实施“空心村”土地整治工程，一是可以解决占补平衡指标，而且能够享受土地增减挂钩试点政策，解决建设用地指标；二是有助于提高农用地质量，优化土地利用结构，促进土地集约节约利用；三是有助于改善农村的生产、生活条件，加快美丽乡村的建设步伐。通过调查，泗洪县目前下辖3个街道，13个镇，9个乡，162个居委会，159个自然村，各自然村到各镇中心的距离不超过15千米。根据泗洪县2010年变更调查数据，2015年农村建设用地整理规模约为2 333公顷，预计截至2020年，农村建设用地整理规模约为8 221公顷，主要涉及万泉村、任园村、从庄村、何宅村、七里村等众多村庄，可新增耕地面积约1 348公顷，当地农村居住用地集约利用潜力较大(表1)。

表 1　泗洪县农村建设用地土地整理情况　　公顷

农村建设用地整理					
乡镇	整理规模	可补充耕地面积	乡镇	整理规模	可补充耕地面积
半城镇	106.86	19.41	青阳镇	2 078.58	762.10
曹庙乡	786.66	184.22	上塘镇	1 292.59	529.03
车门乡	668.47	204.43	石集乡	468.71	78.48
陈圩乡	645.52	30.70	双沟镇	604.52	244.64
城头乡	424.42	62.59	四河乡	616.07	47.89
归仁镇	1 192.00	292.45	孙园镇	917.95	297.71
洪泽湖农场	105.69	20.75	太平镇	638.62	171.52
界集镇	651.79	70.62	天岗湖乡	754.93	200.86
金锁镇	1 152.85	562.75	魏营镇	858.81	370.51
临淮镇	87.43	15.27	五里江农场	355.09	73.46
龙集镇	595.02	58.67	瑶沟乡	651.44	209.52
梅花镇	793.49	340.93	朱湖镇	574.75	34.48

2.面临问题与挑战

在全县内对年轻劳动力流失严重且耕地面积较大的“空心村”开展土地整治工作，整治后实现对已复垦达标土地的有效流转，不仅有助于补充当地耕地的数量，实现对现有土地的规模化经营；也可守住 18 亿亩的耕地“红线”，持续提高土地利用效率。另外，泗洪县是全国生态示范县，通过“空心村”土地整治，缓解了土地后备资源开发的压力。但在开展土地整治过程仍面临技术问题、经济效益问题及社会问题，且具有综合性(图 1)。

(1)技术问题。由于泗洪县各乡镇所辖的各“空心村”空心化形成的机制、空间分布结构、演变格局以及土地利用的结构等存在明显差异，因而需要充分地考虑其区域性的特征，制定出既能反映“空心村”用地需求特征，又能适应“空心村”整治区域现有潜力的调查和评价方法。通过科学的适宜性评价和复垦潜力测算，解决“空心村”“土地利用的现状是什么、土地整理的潜力有多大”“开展整治工作的先后顺序”等问题。

(2)经济问题。泗洪县各乡镇的“空心村”建设用地通过土地整理复垦为耕地，不仅可以实现耕地的占补平衡，还可以与发达地区通过换取指标满足经济发达地区的建设用地需求，在一定意义上缓减了对土地后备资源开发的压力。但通过该

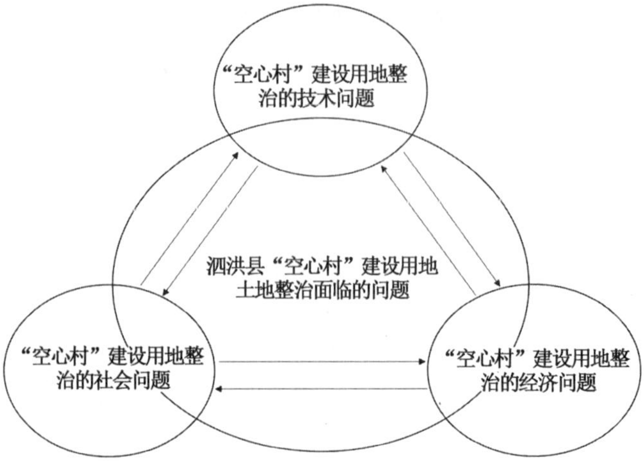

图 1　泗洪县"空心村"土地整治过程中面临的问题

方式所获取的收益对当地经济发展能起到的作用仍值得思考。未来本县的建设用地规模和规划如何，能否满足自身的需求，是否还有巨大的复垦潜力都需要提前布局。此外，复垦为耕地的地块，在短时间内能否实现粮食的高产、稳产，对新增耕地的质量有没有硬性的考核指标都需要明确说明，不能占优补劣，以次充好。

（3）社会问题。在实地调查走访的过程中发现，当地的"空心村"土地整治过程中还涉及许多备受村民关注的社会问题。如利用"空心村"地块统筹发展集体经济后如何分配利益，"空心村"整治改造的工程持续时间，改造后能否重新分得宅基地，被拆闲置房屋的补偿标准是否合理等问题，这些疑问直接影响村民的自身利益和工程的推进程度，解决好以上问题对工作的稳定推进至关重要。以泗洪县金锁镇下辖的某村为例，整治工程中对房屋的补偿是以房屋高度及建筑用材及结构为评判标准，共分为四级，最高补偿为一级房屋（高度≥3 米）550 元/间，每级房屋高度相差 0.2 米，补偿相差 50 元/间。众多村民对政策了解不清楚，原本也是当地村民的骆书记都进行了详细的政策宣讲。

三、对于"空心村"土地整治的建议

结合国内农业生产区域空心化现状，调查泗洪县"空心村"整治潜力和优先度，分析"空心村"整治区域土地收益和补偿分配机制，探索宅基地整治资金筹集方式及"空心村"土地整治路径，对下一步工作具有一定意义。

1. 整理县内"空心村"的基础数据，因地制宜，合理推进

根据县内有关"空心村"数据和空间分布的已有研究，调查并收集各乡镇的"空心村"基础数据资料。利用卫星影像及无人机拍摄的方式，并结合实地调查，进一步识别"空心村"，根据区位条件和"空心村"宅基地的基本潜力，结合泗洪县土地规划纲要，列出"空心村"整治的先后顺序，因地制宜地合理推进整治工程。

2. 拓展"空心村"土地整理资金渠道，吸纳社会资本

"空心村"土地整治后土地的增值收益十分可观，这就给"空心村"土地整治的投融资带来新的机遇。当前泗洪县在"空心村"土地整治的资金来源主要靠政府投资，运作机制也比较单一，未能充分发挥当地农民和村集体的主导地位，还未引入社会资本参与。建议通过引进社会资金，化解空心村土地整治中缺乏资金的局面。

3. 建立有效的补偿机制和利益分配机制

目前"空心村"土地闲置以及村落宅基地整治较难，主要是整治后农户权益少，农户积极性普遍不高，导致工作推进难。农村住户的拆迁经济补偿，例如房屋评估，房前屋后园、林，农民的生产、生活用具以及水井等的补偿都应该有具体、明确的标准。建议当地主要以实物补偿为主，在城镇合适的地方统一安置，调动其腾出宅基地的积极性。这有助于加快"空心村"拆迁进度，经整治后的土地也可马上可以用于生产。

4. 制定符合当地实际情况的整治标准

当前县内开展"空心村"土地整治，最终目的是以还原为耕地为主，涉及这些土地利用类型的土壤质量应该有相应的技术标准。如"空心村"宅基地整治为耕地，根据该地块种植作物的适应评价提出具体参数标准，如土壤质地、田间灌排设施，耕层厚度，有机质含量、土壤 pH 以及土壤环境类的指标要求。建议在《农用地分等定级规程》和《耕地质量等级》的基础上，结合整治后的土地性状，制定出符合泗洪县实际情况的县级"空心村"土地整治标准，采用定性和定量的方法评定土地整治的效果。

四、结语

在调查泗洪县各乡镇的"空心村"建设用地土地整治工程之外，我们还参观了板材加工、现代农业种植园、奶牛养殖场以及农机合作社等企业和社会组织。各乡镇的年轻劳动力流失在各行业均是普遍存在的现象，特别是在一些劳动密集型的企业，如板材加工个体户、现代种植园等，参与劳动者的年龄均在 50～60 岁，有的

甚至年龄更大，而年轻人很少。一方面年轻劳动力的外流影响了当地的生产及技术推广，另一方面这也为劳动力长期外流的村庄进行建设用地整治提供了条件。通过对泗洪县各乡镇“空心村”形成原因、当地人口流动以及就业条件的综合分析和思考，可以发现泗洪县各乡镇长期空心化的农村，其原有居民均在现居地，包括县城和各市区具备了长期生存的条件，相当一部分人已经购买了住宅、多数人在城镇有了基本的社会生活保障。通俗一些讲，这部分群体已经融入了城市生活，人口出现向原籍回流的可能性已经很小，这便为农村建设用地土地整治工作提供了契机。

与东部相对发达地区的“空心村”土地整治不同的是，部分欠发达地区的“空心村”表面形态上与泗洪县的空心村看似一致，但其形成原因是不同的。该类村庄的村民多以外出打工者居多，是短期性、季节性出现“空心村”，村内还有孤寡老人和留守的儿童，外出打工者还没有在城市中获得较为稳定的工作机会和较好的生活环境，缺乏社会保障。当城市失业率升高时就有可能出现在外出人口大量的回流现象，这类村庄在现阶段是不宜开展农村土地整治工作的，如农村原有宅基地通过土地整治后会复垦为耕地的，土地属性同时也发生了变化，常年靠打工为生的农村人是不会同意原宅基地属性发生变化的。综上所述，泗洪县“空心村”建设用地土地整治工程可以视为在相对发达地区的一种模式，有其地方特色，可为类似地区农村土地整治工作所参考。

党委副书记宁秋娅与参加泗洪活动的同学们合影

第六篇　云南临沧镇康县

2018 年 7 月 4 日,“百名博士老区行——走进镇康”活动启动

多举措助推镇康优质农产品走出“滇”门

——镇康木场乡农业发展现状及相关建议

黄扬明　中国农业大学理学院

2018年7月2日从北京出发，晚上八点到达云南省镇康县。7月3日上午，镇康县科研服务活动仪式启动，启动会结束后去考察边界——南伞国门，大团队共16人，包括带队的老师在内。边境危险系数还是比较高的，据带队人员介绍国门的另一侧——缅甸境内的一栋楼，楼墙充满弹眼，这是打仗留下的印记，而且地下发现还有不少地雷，那是历史的遗迹。看着看着，很多同学包括我都有较大的感触：国家稳定繁荣比什么都重要！当天下午，小团队3人包括本人与木场乡乡长、农服中心秧主任、负责乡内农产品销售的相关领导见面。刘乡长他们向我们详细地介绍了木场乡的种植结构、产品种类以及村落分布等基本情况：木场乡是贫困乡，正处于脱贫攻坚决胜期，木场乡由10村组成。目前乡内主要发展种植业，种植作物主要是甘蔗、咖啡、泡核桃、冬桃等经济作物，但是由于销售渠道、产品保质期、病虫害及加工工艺等问题，导致木场乡面临“好货难销”的问题，由于木场乡高海拔而发展立体种植结构，同时乡内发展集体经济。调研具体的产业以及各个村的具体情况都由农服中心秧主任带领我们。交流到最后，刘乡长对本校的支持和帮助给予了高度的评价和感谢。

1. 四天的主要工作内容及相关建议与看法

第一天：在农服中心秧主任陪同下，考察了若干个村子的主栽作物。在村主任和种植能手的介绍下，了解到当地作物面临着许多技术上的难题，首先是中草药——重楼，这是云南白药的主要配方，属于高效益作物，效益达 10 000 元/亩，但由于雨季打不了药而面临病害，其次是在育苗年限长，初期投入成本高等问题。冬桃是中国农业大学科技小院在木场乡的一个项目，目前也面临着挂果多而不实的现状并存在一定程度的病害。草果是当地效益较高的主栽作物，效益达到 10 000 元/亩，村内也购买了智能烘干装置，总体草果产业问题较小。魔芋种植于 1 600～1 800 米海拔高度的地区，也是高海拔的主要作物，目前面临严重根腐病问题。除此之外，红菇、菜籽油等产业也还都存在加工工艺、产品认证、对外销售等问题。关于这些问题，初步建议大型烘干装置能够村村共享，资源同享，加工工艺要升级精炼，食品卫生安全还需提高从而达到产品认证要求。秧主任介绍乡内发展思路，即一村一特色作物，短期作物—中期作物—长期作物共同发展，达到风险最小化，效益最大化。

第二天：上午调研小组就调研考察情况做了简单的梳理和归纳，对已有问题进行总结。下午本小组在秧主任带领下来到了木场乡海拔最低的三个村，分别是散路坝村、勐撒村和杨柳桥村，这三个村海拔高度在 700～800 米，主要种植作物基本一致，主要有金果和甘蔗。零星种植玉米和橡胶，橡胶近两年由于国外市场橡胶的大量涌入，对当地橡胶产业造成很大冲击。其中，杨柳桥村目前还在乡政府的指导下，试验性种植柑橘。目前，三个村子面临大致相同的问题，金果的管护技术有待提高，出现卷叶和落花落果等现象，但致病机理尚不明确，金果目前效益大概在 3 000 元/亩，但若通过改良技术和改善病情，效益有望达到 10 000 元/亩。由于金果产业发展还不够成熟，短期作物甘蔗成为高海拔主要经济支撑，由于甘蔗种植历史悠久，山地甘蔗一亩地产量在 4～5 吨，坝地产量能达到 9～10 吨，厂里收购农户甘蔗会有保底价 420 元/吨。因此村民的甘蔗种植技术较为成熟，且很乐意种植甘蔗。值得一提的是，杨柳桥村还计划投资建设红糖厂，将原来的原料供应转变为产品供应，为农民增收致富，这一发展思路符合国家的 2018 年提出的乡村振兴战略，有利于推进农业品牌化、特色化和特色农产品优势区的建立，有利于开发农业多种功能，延长产业链，提升价值链，完善利益链，让农民合理分享全产业链增值收益。通过本小组与当地村支书的深入交流，发现当地产业发展还存在很多现实问题，主要有：产业规模上不去、产业技术性低、产业管理发展不规范、产品安全认证难、小农思想较重，难以做到户户统一。

第三天：秧主任陪同本组考察了木场乡最后四个行政村，打拢村、乌木兰村、芹菜塘村和龙塘村，这几个村的种植作物和发展模式基本一致，以泡核桃、山茶为主，其中除龙塘村外所有泡核桃都用作榨油，由于前面提到过的加工工艺及安全认证等困难，产品主要采用内部销售；乌木兰村还种植一定面积的烤烟，并有自己的烘烤工厂，目前烤烟病害虽有特效药，但是连续阴雨导致烤烟病害加重，据了解烤烟效益并不算很高，通常由烟厂直接收购；龙塘村还有少数农户养蜂自制蜂蜜，但也都存在好货难销的问题。通过今天与村支书的详细交谈，我们还发现木场乡有很多土地属于荒地，无法种植经济作物，这无疑给当地经济雪上加霜。青壮年外出务工，乡内主要劳动力是老年人，劳动力素质的缺失也是阻碍经济发展的重要因素，扶贫更要扶智。此外农产品销售主要依靠私人老板采购，压价严重缺乏保护，价格连年走低，农民苦不堪言。因此小组一致认为农产品销售模式亟待改善，产销对接减少中间环节，切实为农民增收致富是关键。

第四天：作总结报告。将近些天的考察对象、工作主要内容总结并在乡里进行汇报。总结如下：木场乡位于镇康县东南部，乡域面积大，境内海拔相对落差达2 268米，大部分处于高海拔地区，雨量充沛，但降水时空分布极不平衡，其主要经济作物有甘蔗、泡核桃、魔芋、冬桃、金果、草果和烤烟等。通过调研，当前低海拔地区种植的魔芋虽然经济效益高，但是产量不稳定。镇康县几个月的连续阴雨天气容易导致严重的根腐病，尤其在8～9月份发病加重，再加之魔芋的种植方法依靠传统经验，缺乏科学的管护技术，这极大地降低了魔芋的产量，目前当地政府已经配发了氯溴异氰尿酸和高氯甲维盐两种农药，但效果不理想。魔芋的根腐病防治重在源头，种植前应用适量的石灰处理土壤，进行土壤消毒，并在田间开好排水沟，保证排水通畅。适时播种，施足底肥，在发病前期，使用特效药对魔芋块根进行处理。在雨水集中期，做好田间排水工作，防止根系泡在水中。此外，还可以与玉米等作物轮作，可有效减少根腐病。在木场这种气候条件下，做好土壤处理和雨季排水工作，从源头消灭病菌，对于防止根腐病极为有效，效益可增加1 000～2 000元/亩。在木场乡打拢村，参观了村里的核桃油加工作坊，相关负责人表示，核桃油的营养价值极高，但由于拿不到安全卫生许可证，这么好的农产品进不了超市，只能任由其滞销过期。至于为什么拿不到许可证，他表示目前作坊规模较小，存在加工卫生环境得不到改善，加工器械劣质，产品外观品质差等问题，这都是拿不到许可证的主要原因。“有产品，没销路”这种现象，负责人表示若再解决不了会对当地经济产生严重影响。针对这个情况，团队仔细研究后并提出，集中资金优先解决加工工艺和安全卫生问题，只有产品安全卫生达标并拿到许可证之后，便可以拓展销路，对于此，一致认为走产销对接模式才是可行的举措，通过乡村能人对接当地超市和社区商店，在保证质量前提下，适度提高价格。通过调研，团队成员感触颇深：山区农村发展面临着许许多多的现实困难，缺少科学、缺少技术、缺少人才是最根本的制约。山区农村的发展与青年学子的使命担当还任重道远。

2.镇康县农业产业升级改造体会、建议与展望

四天基层调研使我深刻感触到，在学校从事研究工作虽然也算是实践，但更多地偏向理论，只有来到最基层才能知道农民在实际生产中遇到的问题，需要的技术支持，非常感谢学校给予此机会去了解基层，扩展自身视野并帮助农民解决实际困难。虽然农业升级转型取得可喜的成果，但我们应该清晰地认识到产业转型中存在的问题。参考相关文献，应做好以下几点：

①积极对接和响应好政府政策。

②企业务必有文化讲故事、讲信用重质量、立足生态抓合作，在未来发展中才能立于不败之地。

③企业生产管理上立标准，增加培训环节。

④农户合作上抓农村能人，借助政府之力或资金，创新合作模式。

⑤重点培养和选用企业未来发展需要的人才。

⑥借助社会资本和政府扶持政策，发展多种销售模式，打造区域品牌。

⑦当地大多使用高毒农药，希望云南省农业厅能推荐一些低毒高效的农药，针对云南的气候，开发抗淋洗的农药制剂或者供应内吸性强的药剂。

⑧因地制宜，构建多元化的高原山地特色农业发展模式。

⑨受农民生活习惯，生活方式等因素制约，大都采取粗放经营，建议适当增加培训，产值可增加20%。

⑩缺少人才的带领调动农户的积极性，以及教育存在较多问题，当地13～14岁的男女孩辍学结婚，教育资源落后。

⑪基础设施加快建设，公路等，要想富，先修路。

⑫相当部分产业刚起步，不能定位太高，但可以通过专家评价获得相关资质以方便生产与销售。

⑬农副产品的加工应该更加细节化。

⑭不应该以小作坊的形式进行生产，初期以村集体形式，后续扩大规模——“乡的形式”。

讲到这也快要结束了，很感谢临沧市政府、镇康县政府，以及中国农业大学提供我这次学习的机会。很感谢木场乡的各位公职人员以及各位农户、我的小伙伴以及帮助我的人，谢谢大家。很感谢美丽多情的镇康县给予我认识的机会。

博士团成员在木场乡调研农产品销售情况

云南镇康县高原特色农业转型升级的路径模式研究

寇光涛　中国农业大学理学院
曲丽华　刘军　初宇　中国农业大学研究生院

一、镇康县现代农业的基本状况与产业特点

1. 基本状况

镇康县结合实际，立足丰富的土地资源，立体的气候资源，充裕的劳力资源，以产业精准扶贫政策为导向，千方百计调整优化农业产业结构，按照“调结构、转方式”和“绿色、优质、生态、安全”的现代农业发展总体要求，科学合理布局，坚持稳定面积调结构。2017 年全县完成粮食播种 48.2 万亩，实现粮食总产 9.1 万吨；建成糖料蔗核心基地 4 万亩，实现甘蔗农业产量 97.4 万吨；烤烟产业连续 3 年取得突破性成效，完成烤烟收购 3.1 万担；蔬菜、草果、冬桃等特色产业得到培育，新增农业产业基地 20.5 万亩，实现茶叶产量 6 550 吨、橡胶 2 900 吨、咖啡豆 1.3 万吨、核桃 2.2 万吨、坚果 3 567 吨。2017 年实现农业总产值 20.6 亿元，同比增长 6%。

2. 产业特点

(1)结合区域生态多样性，发展高原特色农业初见效果。因地制宜，构建多元化的高原山地特色农业发展模式，农户收入来源广，抗风险能力强，有茶叶、玉米、烟草、甘蔗、坚果等收入来源。建成“一村一品”专业村1个，以坚果产业为主“一县一业”专业县正在培育，新增高原特色农业产业化基地6.3万亩，实现春茶产量0.25万吨。加强咖啡产业管理，妥善解决咖啡生产各类纠纷，稳定咖啡面积13.1万亩、蔬菜种植面积达2.7万亩，实现蔬菜产量2.9万吨、水果产量3.6万吨。

(2)扶贫工作落实到位，培育区域特色产业造血细胞已有基础。2017年，全县争取到的涉农资金2 000多万元，整合资金1.64亿元，用于产业扶贫资金5 380万元。木场乡新植冬桃5.17万株、草果130万株、重楼4万株，新植树头菜、火镰菜等特色产业7.62万株；南伞镇以1 172户建档立卡贫困户为对象，新植澳洲坚果9 000亩、咖啡1.09万亩、砂仁1 000亩，菠萝蜜、魔芋、木薯等新兴产业5.1万亩；忙丙乡重抓蔬菜产业，新植豌豆800亩、辣椒900亩、四季豆500亩、橘子800亩、魔芋150亩、杨梅150亩、车厘子400亩，“短、平、快”特色产业初见成效。

(3)稳定粮食种植生产，保障当地“米袋子”供给安全。为保障当地粮食供应，落实抓好“两区”划定工作，涉及粮食种植的面积为59万亩，其中：划定30万亩粮食生产功能区和29万亩重要农产品生产保护区；优化种植区域布局，建成耕地质量提升与化肥减量增效示范区2.05万亩；大力开展绿色高产高效创建，粮食作物实现最佳节令栽种，粮食作物播种面积48万亩。

(4)发展生态养殖，提升区域畜牧产品供给质量。抓实畜禽品种改良、动物疫病防控、畜产品质量安全监管等工作。2018年新发展规模达100头以上肉牛养殖大户2户；实现生猪出栏10.3万头、肉牛出栏0.92万头、肉羊出栏1.72万只、家禽出栏74.5万羽、肉类总产达0.87万吨、禽蛋产量达0.016万吨。高原淡水渔业加快发展，全力打造镇康高原生态淡水渔业品牌，水产养殖面积达0.6万亩，实现水产品产量达0.44万吨。

二、镇康县发展高原特色农业的意义与SWOT分析

1.建设意义

镇康县农业正处于战略性调整的重要阶段，发展高原特色农业已经是现阶段镇康县农业产业结构战略性调整的主要方向，对其未来现代农业转型升级的意义重大。一是发展高原特色农业有利于生态环境保护，要实现经济效益与生态效益二者和谐发展，就必须加强生态环境保护。二是发展特色农业有利于调整和优化地区农业结构，重点发展特色明显、优势突出、可持续的特色农业，拉动农业经济发展和增加农民收入。三是镇康县摆脱贫困已经成为当前最为紧迫任务，要实现经济跨越式发展，就必须充分利用资源优势，大力发展特色农业，加快镇康地区脱贫

致富及边疆和谐稳定。

2. SWOT 分析

运用SWOT分析法可以准确地找出自身具备的优劣势，以及外部环境中所面临的机会与威胁，并将特定的外部要素与内部要素相匹配，在制定战略中充分发挥自身优势、弥补劣势、抓住机遇、回避威胁，更好地实现整体目标，利用实地调研和资料分析，对镇康县发展高原特色农业进行SWOT分析，如图1所示。

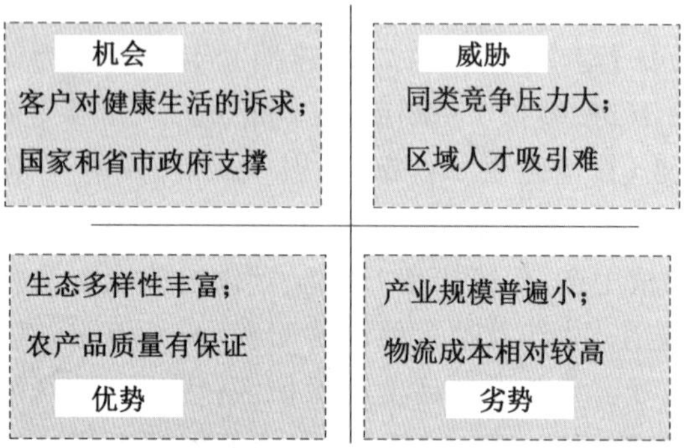

图1　云南镇康县现代农业的SWOT分析图

(1)发展机会分析。消费者对健康安全农产品的需求持续增加，为镇康县发展高原特色农业带来了机遇。目前人们的消费需求从量的要求到质的要求的转变，要求吃得好，更要吃得健康，吃得安全。因此，未来的农产品要走高质量、高品质的路线，绿色产品、无公害产品、有机产品以及各种功能性产品等受众市场越来越大，为镇康县发展茶叶、坚果、核桃、蜂蜜等产业带来了机会。

镇康县发展高原特色农业的政策优势十分明显。特色农业是国家新一轮西部大开发和“三农”政策的重点发展的优势特色产业之一，并出台了一系列优惠政策。随着国家新一轮西部大开发、东部沿海地区产业向中西部转移、“三农”建设、云南“桥头堡”建设等一系列政策实施，为特色农业的发展营造了良好的政策环境。

(2)发展优势分析。生态多样性丰富，各产业协同互促发展。截至2017年底镇康县高原特色农业产业种植面积达200万亩，其中甘蔗、核桃、咖啡、茶叶、澳洲坚果、橡胶等已经初具规模，取得了较好的经济效益和社会效益。

农产品质量高、品质优。镇康县农产品质量安全检测站有序推进，“三品一标”农业品牌工作取得了新的成效。全县有效使用“三品一标”标志的农产品达到21个，其中：无公害农产品17个、绿色食品2个、有机农产品1个、农产品地理标志1个。

(3)发展威胁分析。农产品市场竞争力偏弱。由于物价不断上涨,造成农资价格、运输成本及人工成本大幅度上涨,使镇康特色农产品的生产成本上升过快。加之市场基础设施建设滞后,尤其仓储设备、保鲜设备,运输设备等不完善,在一定程度上削弱了镇康特色农产品的市场竞争力。

缺乏现代农业人才吸引的机制。镇康地区虽然拥有较丰富的低端人力资源,但中高端的人力资源却严重缺乏,特别是科技和经营管理的人才缺乏更为严重,中高端人才短缺已成为制约镇康特色农业发展的瓶颈,从根本上影响了镇康特色农业的可持续发展。

(4)发展劣势分析。农业龙头企业少,产业规模小。当前镇康农业龙头企业数量少、规模小、综合实力弱、经营水平低、生产成本高、加工技术水平低、科技成果转化率低等问题普遍存在,特别是跨区域、跨产业和跨部门的高档次、标准化、精深加工和大规模的龙头企业相对较少。镇康特色农业以家庭农户生产为主,产业生产规模小,产业布局分散,仍以家庭为单位的小规模分散经营为主,家庭经营的农户比例较大,不利于小生产与大市场的衔接。

物流成本高,农产品品牌打造难。由于镇康大部分特色农业分布在偏远的地区,而现阶段镇康的交通设施建设滞后,交通运输方式和设施单一,道路狭窄与无道路情况依然存在,这样一来给农业耕作者带来诸多不便,增加产品成本,影响农产品的顺畅流通。另外,镇康高原特色农业生产者与经营者难以获得准确的市场需求信息,难以按市场需求提供农产品,容易导致产业雷同、产品质量下降等问题,成为制约品牌打造的重要因素。

三、镇康县发展高原特色农业的战略模型设计与选择

基于当前镇康县高原特色农业的优势与机遇,威胁与挑战的分析,结合国家的乡村振兴战略,利用蓝海战略理论和系统分析的哑铃模型,在现场调研和专家研讨的基础之上,构建镇康县未来发展的战略模型,如图 2 所示。主要包括生态聚合战略、品牌增值战略、服务创新战略、示范带动战略和产销共赢战略。

1. 生态聚合战略

坚持生态优先的原则,将生态、绿色、健康的发展理念作为镇康县高原特色农业发展的前提,镇康县发展现代农业和产业脱贫的过程中,要结合当地的生态环境资源,以保护自然生态为核心,调整产业结构,优化产业布局,在产业提质增效上下功夫,利用高原山地生态产品的稀缺交换和满足大都市的市场和消费。在产业扶贫的过程中,实现“养血、造血、活血、补血”四措并举,实现生态效益、社会效益与生

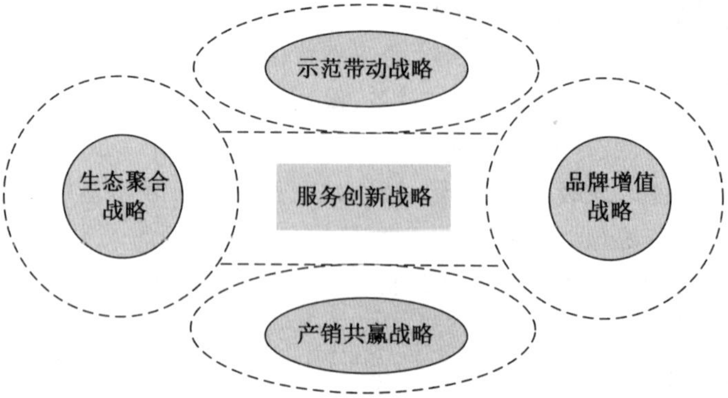

图2　镇康县高原特色农业的战略分析图

态效益的协同发展。

2.品牌增值战略

镇康县高原特色农业的转型升级，未来需要走品牌增值的道路，以镇康县马鞍山的茶叶为载体，借助农业龙头企业的信誉、企业文化和区域文化、不同档次的茶叶产品、质量控制体系、科技投入等重要信息凝练成一个品牌符号，打造企业品牌、产品品牌和区域品牌，实现品牌聚集品牌、品牌创造品牌、品牌增值品牌，着力塑造“马鞍山茶叶”的社会知名度和美誉度，通过品牌提升茶叶全链条的价值。

3.服务创新战略

全县以扶贫工作为导向，从产业发展的根本需求出发，政府搭建现代农业创新服务平台，大力发展现代农业的政策服务、信息服务、金融服务、物流服务、人才服务和科技服务等，通过整体服务打包，降低原有现代农业服务成本，加强农业标准化生产示范基地建设，利用现代服务业引领现代农业发展，促进现代农业的一、二、三产业融合互促。

4.示范带动战略

镇康县结合自身生态自然优势，根据周边国家的资源情况，充分利用“两种资源，两个市场”，通过挖掘当地高原特色农业种植技术、链接安全食品标准体系，发展适应当地实际的高原特色农业，坚持种植、养殖和农产品多元化经营，搭建基地，打造平台，形成镇康模式，树立好高原特色农业发展的标杆，以此种模式分区域分阶段在临沧市和云南省进行示范推广。

5. 产销共赢战略

围绕大都市绿色生态和健康生活的需求，建立镇康县优质农产品从生产加工到流通消费的全程监管机制和可追溯体系，切实保障消费者舌尖上的安全。由政府主导，加强产区和销区的协作，在农产品的主产区和销区建立起长期稳定的区域合作机制，可以考虑区域订制、集团定制、社区订制等营销策略，确保镇康县优质农产品优质优价，实现产销共赢发展。

四、镇康县发展高原特色农业的路径策略分析

镇康县高原特色农业的有效发展，需要充分利用资源环境优势，通过统筹规划，合理布局，着力于发展优势突出，特色明显，市场竞争力强，经济、社会和生态综合效益高的特色优势产业。为了进一步落实前文设计的五大战略，借助系统分析的三横三纵模型，如图 3 所示。镇康县高原特色农业的发展路径，三条横线主要包括：完善基础设施建设、加强资金人才支撑和健全市场品牌体系，责任主体主要为政府；三条竖线主要包括：发展优势产业、壮大龙头企业和落实品牌战略，责任主体主要包括涉农企业、新型经营主体、种养大户和农户等。上述主体组织通过实行产业化经营等，推动镇康县高原特色农业的可持续发展。

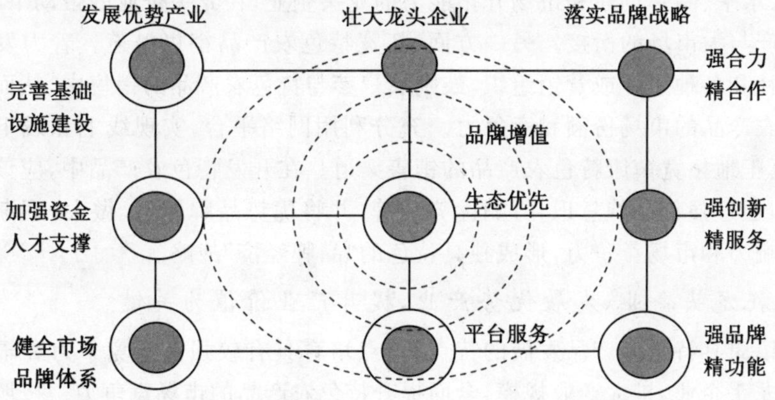

图 3　镇康县高原特色农业路径策略分析图

1. 完善基础设施建设为前提

完善的基层设施是高原特色农业可持续发展的必备条件，它不仅有效地改善农业生产条件和提高农业生产效率，而且推进特色农业产区与市场的衔接，降低交

易成本，提高特色农产品的市场竞争力。政府还可以通过直接投资、转移支付、吸引外资等方式，加大基础设施建设投入支持力度，重点加强农田水利设施、中低产农田改造、通信网络、交通等基础设施建设，改善农业生产的基础设施、提高农业信息化水平和抵御自然灾害的能力，从整体上为镇康高原特色农业的发展提供有利的条件和环境。

2. 加强资金人才支撑为手段

镇康经济基础比较薄弱，融资渠道窄，资金短缺已经成为制约特色农业发展的主要因素。需要创新投资模式和扶持机制，通过政府投资、社会融资、银行贷款、农民出资等多种方式，拓宽资金投入渠道，建立起国家、社会、个人为一体的投融资体系，形成多主体共同出资的格局。从镇康高原特色农业优势产业的多样性特点和要求出发，强化科技队伍的建设，着力培育一批科技创新领军、骨干人才，以及组建创新团队，大力培育技术创新与应用型人才队伍。同时，着力创建乡镇科技协会或论坛，从根本上提高乡镇农业科技队伍的水平，提高科技应用率和科研成果的转化率。

3. 健全市场品牌体系为目标

一方面，着力培育特色农产品龙头企业。重点培育一批具有较强的带动力、竞争力、加工水平、品牌创建和市场开拓能力的龙头企业，在龙头企业的带动下，最终实现小生产与大市场的衔接。另一方面，拓宽特色农产品销售渠道。着力发展农产品合作社和各种中介或营销组织，鼓励农户参与特色农产品的销售中，从而提高镇康特色农产品的市场份额和竞争力。充分利用网络平台，实现线上和线下相结合销售，真正地拓宽镇康特色农产品的销售渠道。在开发特色农产品中，应该实行品牌战略，通过强化品牌意识，打响优势品牌，并将优势品牌做强、做大，逐渐提高产品的影响力和市场竞争力，形成独具特色的“品牌经济”战略。

4. 依托龙头企业，发展优势产业，提升产业价值为关键

结合镇康县特色农产品发展的特点，重点培育具有较强市场竞争力和辐射带动作用的龙头企业，扩大产业规模，全面提升特色农产品的市场竞争力。按照产业化思路，在特色农产品优势区域，集中扶持建设一批特色优势农产品基地的建设，涉及的内容主要包括整合茶叶产业、巩固甘蔗产业、提升咖啡产业、壮大坚果产业、优化烤烟产业和培育林下经济等。如整合茶叶产业，以古树茶和乔木茶、生态茶园、茶文化园为主线，推进茶叶产业由散、小向优势区域、龙头企业集中整合，应该借助独特的马鞍山产业文化，积极申报“马鞍山茶”等地理商标，注重知识产权保护；加强与缅北地区跨境茶叶种植基地合作，把镇康打造成重要的优质茶叶生产、

深加工基地，培育具有地方民族特色的名牌农产品，进一步加大品牌的宣传力度，提高区域特色产品的知名度和市场占有率，提升镇康县的品牌优势和市场优势。

五、结论

镇康县高原特色农业受区位、资源、政策、市场等多种因素的制约，发展仍处于起步阶段，正处于传统农业向现代化农业转型的关键时期，还没有真正实现区域化、专业化和品牌化的现代化农业发展。在国家“桥头堡”建设、新一轮西部大开发、产业转移等背景下，应积极对接国家乡村振兴战略、强化顶层设计、落实生态聚合战略、品牌增值战略、服务创新战略、示范带动战略和产销共赢战略等，借助社会资本，加大在基础设施、资金技术、人才政策等方面的支持力度，加快高原特色农业发展的步伐，推进镇康特色农业集约化生产，提高农业的生产效率，提高产品的产量和品质，开拓市场，打造企业品牌、产品品牌和区域品牌，逐渐发挥产业的经济效益和品牌效应，从而促进农民增收、农业增效和区域经济跨越式发展。

政企联动打破农产品滞销僵局

——镇康木场乡特色经济发展建议

刘鹏　中国农业大学农学院

一、木场乡基本状况和特点

木场乡隶属于临沧市镇康县，位于临沧市西部，镇康县东南部，是一个地处山区的乡镇，村落之间相距较远，分散极为不均衡，分散面积广，导致乡政府的政策实施难以执行到位。全乡人民几乎都以种植业为主，缺乏深加工体系，劳动力素质整体偏低，在党和国家的关怀下，近些年的农业经济得到了长足的发展，全乡实现农村经济收入 1.82 亿元，同比增长 8.3%，实现社会消费总额 6 930 万元，完成固定资产投入 3.3 亿元，同比增长 10%，农民纯收入平均达到 7 696 元，实现粮食总产量 0.96 万吨，农民人均占有粮食 479.4 千克。在经济得到发展的同时，木场乡的医疗卫生和教育也得到了强有力的发展，在健康方面，有 1 个乡镇卫生院，编制 12 人，有正式职工 11 人，其中男 5 人，女 6 人。中级职称 2 名，初级职称 9 名。医院设有 10 张住院病床。全区共有村卫生室 10 个，村医生 20 名，其中男医生 10 名，女医生 10 名。完成希望小学建设若干，解决了留守儿童的教育问题，引进了一批优秀青年教师，为山区的孩子带去了新的知识。目前木场乡拥有巨大的资源优势和民俗文化资源，这些资源都缺乏整合和利用，若是能利用得当，则会对木场乡的经济发展和人文教育起到无可替代的巨大推进作用，这需要政府和当地企业的联动，更需要广大有志青年的加入。

二、木场乡农业经济发展面临的困难

(1)病虫害的致病机理不明确,连续阴雨,难以有效防治;育苗、栽培、管护技术依靠经验,缺乏科学指导。据我们调查了解,由于当地天气这一客观因素,导致各类粮食作物和经济作物的病虫害十分严重,而针对这些病虫害,从政府部门、科研单位以及农民自身都没有找到很好的方法进行有效的防治,依靠传统经验进行防治,效果不显著,对灾害的抗性弱,极有可能造成大面积减产甚至绝收,病虫草害是对当地作物生长和产业发展的主要限制之一。当地的育苗及栽培方式还处于落后的阶段,基本依靠经验和村民自己摸索,尤其是育种方面,当政府提供不了良种时,落后的育种方式极大地限制了产量潜力。当地的科研单位对接乡里遇到的实际情况不够到位,一些实际生产中遇到的问题无法及时解决,一方面是问题太多科研单位力有不逮,另一方面也是由于科研单位本身的科研实力不足,导致问题不能真正解决。

(2)产品加工工艺传统,设施老旧,安全卫生不达标,自产自销,难以可持续发展。我们调查发现作物收货后的加工阶段也存在大量的不足,以榨油为例,榨油车间简陋,规模过小,效率低,仓房储存方式不当,对干燥的油料作物不利。工序不够严谨,且存在卫生安全问题。设备陈旧老化,效率低下且浪费严重,造成出油率低,成本上升,不利于产品的市场竞争。除此之外,由于卫生安全问题带来的办理许可证难是阻碍当地农业产业化发展的又一大重要因素。卫生许可证办不下来,导致产品无法进入超市销售,这对本身就很难深加工转变为产品的农业土特产又是雪上加霜,缺少销路村民只能把产品原料低价卖给商贩,这也极大地损害了农民的积极性,而且产品销售方式主要依靠自产自销内部消化,很难对农业产业有推进作用。

(3)主要劳动力科学文化素质低,思想意识保守落后,工厂运作管理及先进设施技术要雇工,人力成本增大。目前木场乡也存在一个国内农村普遍存在的问题,就是青壮年劳动力严重缺失,年轻人不愿意与土地大山打交道,都外出务工,导致乡内主要劳力都是老一辈农民,一方面导致劳动效率低下,提升时间成本并拉低经济效益;另一方面综合素质较低,新技术新思想难以接受,和政府工作人员及外来扶助人员沟通较难,思想落后;农村农业产业化进程需要开设中小型加工工厂,本意上是想对原材料进行深加工以达到更高的经济效益,但由于设备的使用维护,新方法的实施都需要雇佣外来工人,这大大地提高了劳力成本,对当地的经济形成制约,总的来说,都是人才流失,导致农村留不住人才。

(4)土地质量不均一,荒地分布不规律,阻碍规模化进程,土地规划不够完善。

在进一步的调查研究中，我们还发现乡内很多果园林地的土地养分质地不统一，不均匀，导致很多果树种下去多年都不结果，同一片区域内，同一批果树的长势和产出大相径庭，这说明在土地开垦种植之前并没有对土地进行考察，一方面碍于当时技术的落后，另一方面缺乏事后补救的措施，并且由于土地质量的不均一，大大影响了农业规模化、产业化的进程，也体现了当地的土地规划方面还有待加强。

(5)农产品销售模式单一，主要依靠私人采购或内部消化，价格被压低，利润逐年减少。上文提到由于深加工产品不能进入超市销售导致销售模式单一，且主要依靠自产自销，农民对农产品加工热情降低，转而销售原材料，而碍于当地交通和信息不便，定价权掌握在收购方私人老板手中，这也极大地降低了农民的经济收益，更有甚者在物价飞涨的如今，居然出现了农产品连续10年价格下跌。导致农民苦不堪言。

三、木场乡农业发展展望

(1)云南是一个少数民族聚居的省份。少数民族地区农村经济发展落后，结构调整缓慢，农民增收困难。形成这一状况有多种因素，其中，劳动力资源没有得到合理利用是其因素之一。因此，促进农村劳动力资源的合理配置是镇康木场乡发展农村经济，多渠道增加农民收入的一条有效途径。除了积极促进农村剩余劳动力向经济发达的东部地区和大城市(可通称为现代部门)转移之外，还应积极发展地方特色经济，大力倡导有志之士扎根基层，为农村农业发展出谋划策，通过特色经济发展创造更多就业机会，实现剩余劳动力在本地农业内部和非农部门的充分就业。

(2)发展当地特色经济，是利用特定区域的自然资源优势条件，或运用当地特色技术和工艺，或利用当地特色人文资源进行经营活动，能够适应市场需要并形成产业的经济。特色经济具有以下几个特点：第一，特色经济是区域分工中形成的经济，发展特色经济必须强调“人无我有”“人有我优”“人小我大”“人弱我强”的比较经济优势；第二，特色经济是产业化发展的经济，应将其资源优势变为产品优势，将产品优势变为产业优势；第三，特色经济是面向市场经济，如果没有市场，那么再具有地方特色或独特性的产品，也不能给当地经济发展、社会就业带来正效应。在木场乡，可以发展的特色经济有很多，泡核桃及油料加工，特色山茶业，以重楼为主的中草药业等，这些产业在当地都大有可为。

(3)无工不富，无工不强。各级政府应充分认识到发展工业经济对地区经济起飞和实现小康社会的重要性，采取积极措施推进民族地区工业化进程。由于制造业产业链长、产业聚合能力强，投资拉动力大，投资周期短，投资主体和投资规模的多样性，市场需求大等特点，民族地区工业化进程应选择制造业作为新型工业化的主要实现方式，紧紧围绕当地的资源优势，构建有特色的产业体系。技术装备差，开发创新能力弱，是当前少数民族地区工业经济弱，市场竞争力不强，难以形成特色经济的重要原因。政府应大力扶持企业的技术创新活动，提高民族地区工业经济的科技含量，增强产品的市场竞争力。提高木场的基本加工设施等级，对厂房卫生改造、对人员技术培训都是最急需完成的任务，只有这样才能提高农民积极性，提高当地的经济效益，并且把好的产品卖出去。

四、对木场乡现有困难的建议

①由于云南独特的气候和地理条件，建议就近学习示范园或者其他县市的先进栽培、育苗、管护、防病技术，加强与外界沟通。

②投入资金升级加工设备，改善卫生条件，争取拿到安全卫生许可，做好包装宣传投入市场，扩大销路，注重与企业联合，切实解决好货难销。

③扶贫要扶智，基层领导干部做好村民思想教育工作，筛选可教育的村民进行一定的科学文化技术学习。

④注重测土配方，科学施肥，探索荒地利用方法，不合理的种植重新规划，走特色发展，不盲目扩大种植种类。

⑤山地种植成本高，销售模式单一会压缩利润空间，走产销对接，减少中间环节；初期建厂不建议规模过大，销路打开并稳定后，逐步增加规模。

⑥开发山区特色，如乌鸡、黄牛、千年古茶等特色产业，走品牌农业。

⑦开发山区旅游业，如山间越野车拉力赛，电影取景等，在一定程度上发展第三产业。

“三块砖”铺好勐堆乡产业扶贫路
——如何因地制宜实现农业“新升级”

史鑫蕊　中国农业大学资源与环境学院

勐堆乡位于镇康县西北部，国境线长 39.8 千米，国土面积 529.38 千米^2，拥有森林面积 44 万亩，有省级自然保护区 26 万亩，森林覆盖率 70.4%。乡政府所在地距县城 25 千米，东与凤尾接壤，南与南伞镇相连，西与缅甸掸邦第一特区果敢县磨傣乡和县塘乡接壤，北连勐捧镇。全乡下辖铜厂、彭木山、勐堆、帮东、蚌孔、竹瓦、大寨、尖山、蟒蛇山、茶叶林 10 个村委会，71 个自然村，93 个村民小组。全乡最低海拔 850 米，最高海拔 1 800 米，海拔高差 950 米，乡政府驻地海拔为 940 米。境内重峦叠嶂，沟河纵横，立体气候显著，光热条件好，雨量充沛，属亚热带季风气候，年均气温 19.2℃，年降雨量 1 620 毫米，霜期短，全乡现有耕地面积 56 304 亩，人均耕地面积 2.39 亩。

勐堆乡春粮食播种面积约 5.16 万亩，粮食产量 1.08 万吨。甘蔗种植约 4 万亩，工业入榨量达到 12.92 万吨。种植烤烟 1 903 亩，完成烟叶收购 3 897 担。种植坚果 5 000 亩、砂仁 779 亩、树头菜 150 亩、草果 60 亩。镇康县博士团勐堆小分队成员在乡里主管农业的李副乡长和李主任的带领下对 6 个比较有特色的行政村（勐堆、帮东、蚌孔、竹瓦、蟒蛇山、茶叶林）进行了考察，参观各村的主要种植作物，了解村民在生产中遇到的问题，并向其提供有效的解决方案。

一、主要种植作物

1. 玉米

玉米是勐堆乡主要种植作物之一，当地玉米种植管理比较粗放，播种前不翻耕土地，直接采用“挖洞式”种植。有的农户在播种时化肥一次性施入，浇一次水。平时施肥仍采用表面撒施的方式。农户一次性打完除草剂不再用心管理农田，粗放化管理导致了当地玉米缺肥现象严重，穗小、粒小、产量很低。

针对这些问题提出以下建议：种植玉米前对土地进行翻耕，合理安排好种植密度，尽量采用人工除草，减少除草剂使用。在施肥期采用垄沟追肥的方式，在玉米苗高 30 厘米时、玉米大喇叭期、授粉前后分别施一次化肥，这样能显著提高玉米产量。另外，村里可以尝试推广以玉米为主的间作套种技术，如和甘薯、花生、豆类等间作套种，提高空间利用率，这样的套种模式可在原来作物基础上增收。此外，勐堆乡海拔较高，通过地膜覆盖可以弥补温、光、水等资源的不足，减少玉米霜冻灾害，可增产近 30%～50%。

2. 砂糖橘

在蚌孔村调研时遇到了一位村民，该村民外出打工三年，之后带着打工存款回到家乡开始创业。刚回来的时候，尝试盖鸡舍养鸡，但由于管理不当，引进的鸡苗没几天就全死了。之后，又在当地尝试种植砂糖橘，他先去广西学习了两个月砂糖橘种植技术，并在网上查询了很多管理方法，但心中还是充满担忧。由于不了解当地海拔、降雨量和土壤酸碱度等信息，不知道如何施肥以调节土壤使其适应砂糖橘种植条件，担心创业再次失败。

针对这些问题，博士团查找资料并到砂糖橘地里实地考察。砂糖橘适宜的生活条件为：生长温度在 12～37℃，日照时数控制在 1 200～2 200 h，年降雨量控制在 900～1 100 毫米，空气相对湿度 70%～76%。另外，土壤含水量适宜控制在 60%～80%，适宜的土壤 pH 范围是 4.5～8。选择砂糖橘种植基时还应注意交通便利、水源充足，并具有良好的灌排条件，土质疏松肥沃。另外，针对种下的幼苗，建议幼苗只需要施稀薄的肥水，可用复合肥溶液，也可用人畜粪或腐麸熟水淋，施肥量不宜过多，容易烧苗。

3. 甘蔗

甘蔗是勐堆乡主要的种植作物之一，也是保证村民稳定收入的来源之一，勐堆乡共种植甘蔗 4 万亩。勐堆乡辖区内有南华勐堆糖业有限公司，该公司主要以甘蔗制糖为主，主要产品为“康白”牌白砂糖，综合产品开发为有机肥。现生产规模为日处理甘蔗 4 000 吨，全年产糖量达 3.5 万吨以上，出糖率 13%、白砂糖优一级品率 100%，产值达 2.27 亿元。该企业是一个典型的循环型企业，从制糖电能消耗供给、污水处理循环利用，再到蔗渣再利用造纸、滤泥堆肥发酵生产生物有机肥等整个过程，该企业做到了自给自足，减少了自身生产造成的环境污染和垃圾，并且高效节能环保。不仅如此，该企业还为当地村民带来了甘蔗覆膜栽培技术，经过覆膜，甘蔗增产率达到 30%。蟒蛇山村甘蔗产量亩产最高可达 7 吨，平均为 5 吨/亩。

甘蔗是多年生植物，农民通常采用的管理方式为每年收获一次，共收获 3 次，三年后将甘蔗宿根挖出，重新种植，地表残茬每年收获后用火烧尽。甘蔗对氮、磷、钾肥料的需求量很大，吸收量也大。甘蔗增施钾肥不仅可以明显增加产量，还能促进成熟、提高糖分含量。施肥时要施足底肥，农家肥不仅可以改良土壤质量，还可以让甘蔗吸收后变得更粗壮，是最好的营养肥料。早施提苗肥，以氮肥为主。分蘖期施肥情况要根据具体情况适当的调整施肥量和次数。甘蔗伸长期对肥料需求最大，是保证高产的关键时期，一般大量追施氮肥。每年生长后期，为了维持和促进后期生长，可以少施壮尾肥，还可以为下一年做基础。

4. 咖啡

咖啡也是勐堆乡的主要种植作物之一，种植面积约为 1.33 万亩。当地的咖啡种植面临一个严重的问题，由于收购商无法及时支付农民费用，拖欠多年，导致农民种植咖啡的积极性不高，大片的咖啡疏于管理，无人采摘。在山坡上可以看到很多咖啡地硕果累累却杂草丛生，造成了极大的资源浪费。

针对这个问题，政府应该建立健全相关规章制度，减少中间收购商赚取差价，尽量使农民与咖啡生产厂商直接交易，这样不仅可以避免拖欠支付农民费用，还能增加农民收入。此外，应加强咖啡树种植管理，杂草过多容易造成所需养分竞争，影响产量和品质，所以要及时除草，一般每月一次。在施肥方面，要注意选择合适的肥料种类和施肥量。咖啡树幼苗时期施肥应以氮磷肥为主，适当补充钾肥，可以促进根系向下生长，扎根较深，加速树冠形成，为丰产打下基础，施肥应少量多次。已经投产的咖啡树施肥与幼苗有所不同，应以氮肥和钾肥为主，配施少量的磷肥和其他微量元素肥料。

5. 茶

镇康县茶树主要种植大叶茶，以生产大宗绿茶为主。勐堆乡的茶叶加工多为一些小作坊或者农户自己炒茶，生产的茶叶部分自己使用，剩余地拿到集市上去卖，没有形成规模化的加工生产。茶树种植也存在一些问题，在调研中发现，当地农民不进行剪枝管理，任其生长，大部分茶树生长过高，很难采摘，不便于管理，病虫害也比较严重。茶树应定期剪枝，避免主枝疯长，剪枝还可以减少病虫害的发生和蔓延。

茶园大部分都分布于倾斜坡地，再加上降雨量大而且比较集中，水土流失比较严重。将茶园建成梯田的形式，可以有效减少地表水土流失。此外，还可以通过覆盖稻草、谷壳、蔗渣、锯木屑等有机物料来减少表土损失。在施肥方面，有机肥在增加茶叶产量，提高茶叶品质方面均具有明显的效果。具体的肥料施用量应根据茶园土壤性质、茶树类型及长势来决定。

二、问题及建议

从整体上看，勐堆乡发展较好，党和国家对边疆地区扶持援助力度很大，尤其是近几年内发展迅速，村民均夸赞国家政策好，生活水平得到显著提高。但是镇康县的发展还存在一些问题。

第一，交通不便，产品难以大量向外地售出，外面的新兴技术和产品也难以引进。镇康县还需要进一步完善交通等基础设施建设，加快高速公路和铁路修建。“要致富，先修路”，便利的交通是一切发展的首要条件。

第二，当地村民普遍安于现状，靠天吃饭，田间管理粗放，很多作物的产量偏低。政府可以定期为农民提供培训，根据村民实际需求，进行技术指导，很多作物只要稍加管理就可以获得产量的提高，从而增加农民收入。对于青少年，给予正确的引导非常重要，让孩子们通过知识走出大山，学习外面的新东西再回来建设家乡。

第三，农户之间收入差距很大，边境村和非边境村之间的发展也有很大差距。很多村民已经住上了整洁干净的小楼房，但是仍有部分村民住在破旧的房屋里，随时面临着房屋倒塌的危险。政府应将国家的扶贫政策真正落实到需要帮助的贫困家庭，让他们尽早住上新房，过新生活。

第四，现有资源开发力度较低，很多的珍贵资源得不到开发利用，比如茶叶林村的温泉，一直未得到开发，处于闲置状态。政府应通过招商引资的方式，提供更多优惠政策，吸引投资商来此建厂。企业可以帮助农民更快的摆脱贫困，不再单纯地靠天吃饭，寻找更多的就业机会。还要吸引更多的相关专业人才来这里搞发展和建设。

第五，网络平台也是脱贫致富的一个重要工具。针对当地农产品销路不好的问题，可以通过电商拓宽销售渠道，让更多的人了解镇康，了解勐堆。网络技术培训和技术答疑也是帮助农民解决实际问题的有效手段，可以使农民更加快捷地获取自己想要的信息和解决方法。

三、结语

镇康县是我国西南边陲的边境县，这里的山美、水美、人更美。为期一周的老区行实践活动虽已结束，时间虽短，但却是人生中一段非常重要的经历。在这里，感受到了祖国大好河山的美丽，感受到镇康人民的淳朴善良，感受最深的就是祖国的强大，即使不远处缅甸枪声不断，但是在这片中国的国土上我们的人民永远是安全的。有一句话铭记于心：党的光辉照边疆，边疆人民心向党！

农产品品质提升，农民增产又增收

——镇康县特色农产品干燥工艺现状与建议

孙庆运　中国农业大学工学院

红菇、草果、魔芋作为当地山区的特色农产品，是一种价值较高的农业经济作物，对农民的增收起到了重要的作用。干燥是将物料加热使内部水分蒸发，并由气流将水蒸气带走的过程，是特色农产品生产过程中的关键环节，有利于保持农产品的品质，延长贮藏时间，因此干燥工艺的好坏直接影响农产品的品质，以及产品的价格。目前当地的干燥工艺采用的还是比较落后的方法，严重影响了物料品质和干燥的效率。本文分析了不同农产品干燥工艺的现状，并分别给出了干燥工艺方面的建议。

1. 不同特色农产品干燥工艺现状

通过调研发现，镇康县木厂乡由于独特的地理位置和高海拔的地形地貌，当地生产多种特色的农产品，如红菇、草果以及魔芋等。但是由于干燥工艺技术落后，严重影响了产品的品质，不利于村民的增产增收。由于每一种农产品的特性不同，分别介绍了几种特色农产品的现状，并指出了目前存在的问题。

（1）红菇。红菇是担子菌纲（图1）的一种真菌，富含5种多糖、16种氨基酸和28种脂肪酸，具有较高的药用价值。目前干燥后品质较好的红菇市价每斤300元，但是由于目前采用的烟熏的干燥方法，使用自行搭建的简易装置，利用产生的烟气烘干红菇，干燥后的品质较差，售价仅每斤30元，严重影响了农民的收入。

图1　干燥后红菇的实物图

红菇的干燥现状：

①以木柴燃烧产生的烟气为热源，严重影响红菇的表观质量和品质。

②热源温度不可控，而且无热风循环，温度不均匀。

③红菇干燥为多层干燥，每层由于温度不一，干燥时间不同，干燥后的品质不可控。

④菌柄和菌帽差异较大，干燥不均匀。

⑤红菇为野生，产量较少，每次处理量几十斤，且只有几个月的生产时间。

目前存在的主要问题：热源不合适；温度不均匀；物料本身的差异性；产量少，小型设备就可以满足生产的需求。

(2)草果。草果是姜科豆蔻属多年生草本植物，分布于中国云南、广西、贵州等省区，栽培或野生于疏林下，海拔1 100～1 800米。草果是药食两用中药材大宗品种之一，草果作调味香料，全株可提取芳香油。草果在当地是较为重要的经济作物，产量较大。

目前草果干燥设备是由四川蜀冷冷暖设备公司研制的空气能热泵烘干机，是一种小型的烘房。干燥设备每24小时为一个批次，处理量为1.2吨新鲜草果(每3.3千克新鲜草果生产1千克干草果)，设备功耗为46千瓦/小时，干燥成本为每1 650元/吨新干草果，干燥温度设定为75℃。目前该设备可以满足现有草果产量的干燥需求，干燥后草果品质可以满足要求。但是存在干燥周期较长，成本较高的问题。

(3)魔芋。蒟蒻俗称魔芋，天南星科魔芋属多年生草本植物，具有降血糖、降血脂、降血压、散毒、养颜、开胃等多种药用功效，因此被大量用于食品、化工、医药、印染等行业，并越来越受到人们的重视和青睐。

目前魔芋采用烘床干燥，以木柴燃烧提供热源，使用风机强制对流。目前该设备可以满足当地对魔芋干燥的需求(图 2)。

不足：①烟气作为热源，影响产品品质。②烘床不同位置热风不均匀，温度存在差别，魔芋干燥品质存在差异。

优势：①热源为木柴，就地取材，节约了干燥成本。②设备简单，成本低。

图 2　现有魔芋热风干燥设备

2. 干燥工艺改进的建议

(1)红菇。目前还没有关于红菇干燥的研究，根据菌类物料的相关研究给出如下建议：

①目前常用的干燥方式中，远红外干燥和热风干燥较为合适，从现实状况来看，可采用热风干燥，温度 60℃左右为宜。

②热风干燥的热源可采用电加热的形式，利用风机强制吹风，加快热循环，加入温控器，实现温度均匀。

③根据目前量比较小的情况，可采用电热鼓风干燥箱，来进行红菇干燥。另外市场上还存在以远红外线、微波为热源的小型烘干机以及联合干燥机，成本较低，干燥效果较好，性价比高。

(2)草果。针对目前草果干燥周期长，干燥成本高的问题，可尝试采用不同干燥方式的干燥机，如红外带式干燥机、热风箱式干燥机。另外在保证草果品质的情况下，可适当提高热风温度，以此来提高干燥的效率。

(3)魔芋。根据魔芋干燥的现状提出建议：为了提高产品的品质与干燥效率，可以采用热风箱式干燥机，该设备与烘床结构类似，但是热风箱式干燥采用钢架结构，设备简单，拆卸方便，便于移动。并可以用电或者燃油为热源，加入控制单元可以控制热风温度，物料干燥更加均匀。而且相对于这种土法的干燥装置，热风箱式干燥机效率更高，干燥品质更好。

3. 总结

特色农产品的干燥，主要以干燥效率和干燥品质为指标，从而需要洁净的热源，稳定的加热温度，循环的气流，从而提高干燥物料的均匀度，提高干燥的品质。

①由于红菇产量较小，目前可以采用电热鼓风干燥箱进行干燥，成本较低，并可以智能控制干燥环境温度，并可实现内部的热风循环。目前根据菌类物料干燥的研究，干燥温度可以选用 60℃，在保证干燥品质的同时，可以适当提高干燥温度。

②如果草果产量增加，希望提高干燥效率，可以尝试采用红外带式干燥机、热风箱式干燥机进行干燥。

③关于魔芋的干燥，可采用热风箱式干燥机代替现有的设备，通过精确控制风温，保证热风的均匀，从而可以提高干燥的效率，以及干燥后的产品品质。

4. 当地经济发展的展望

通过对镇康县木场乡几天的调研，深入到农村一线的学习和生活，结合当地的现状，对当地农村经济发展提出了几点展望：

①进一步整合产业，对于原料种植村庄推广先进的种植技术，提高单产，降低成本。对于深加工的合作社尽量和企业合作，引进技术和资金，扩大生产规模和增加销售途径。

②开发山区特色，特色养殖如乌鸡养殖，肉牛养殖，如千年古茶树的包装宣传，带动当地茶树的种植，增加知名度。

③发展山区旅游业，与一些反响较大的活动商合作，提高当地知名度，如前段时间组织的山区越野赛车比赛、电影学院前来取景等，并完善配套设施。

发展特色农业,助力乡村振兴

——云南镇康县忙丙乡农业产业现状及建议

王兴　中国农业大学农学院

一、镇康县忙丙乡介绍

忙丙乡位于镇康县东部,面积 214.3 千米^2,全域东西较窄,南北狭长。其正处于横断山系南末端,属于滇西南中低山窄谷地貌,呈现出山大沟深,山支细碎的景观风貌,最高海拔 2 535 米,全域相对高差达 1 685 米。境内河流众多,均属于怒江水系,降水丰富。正是由于忙丙乡海拔高差大,水热等资源随地形变化呈现出明显的地带性和垂直分布。据此,全乡大体可分为温热低河谷坝区和冷凉山区,形成了具有云南高原特色的山坝结合农业生产模式。在忙丙乡农业产业结构中,除主要粮食作物(水稻、玉米、小麦)生产外,依托当地山坝资源形成了独具特色的六大高原特色农业产业(核桃、茶叶、甘蔗、坚果、咖啡以及烤烟等)。据政府统计,忙丙乡现有核桃 11.9 万亩、茶园 3.63 万亩、甘蔗园 0.68 万亩、坚果 2.47 万亩、咖啡 1.17 万亩、烤烟 0.2 万亩、高原蔬菜 0.22 万亩,水果 0.15 万亩,建成高原特色农业产业基地 20.26 万亩。其中,茶叶生产历来是当地农民生产增收的重要来源之一,随着市场经济的发展,当地茶叶生产在企业、合作社、农户的共同努力下不断创新发展思路,将当地名茶——马鞍山,打造成为区域名品,对拉动地方经济发展起着重要作用。近年来，忙丙乡所属行政村基本实现了水、电、网络、公路的通达，人居环境得到了大幅提高，促使乡镇经济发展与外界更广阔的市场融合互补，实现乡村经济的跨越发展，全面改善农村居民的生产生活条件。

忙丙乡作为全县脱贫工作的重点，要力争在2018年底实现全乡整体脱贫，任务繁重，尚有771户2 840人计划脱贫。如何做到贫困人口的有效脱贫，实现脱贫后不再返贫，忙丙乡党委及政府在不断探索和实践，其中积极发展高原特色农业产业，引导农户依靠农业合作社、企业等社会组织发展生产是一条符合当地实际，提高农业农村活力的有效路径。尤其积极发展六大高原特色农业产业，紧抓茶产业和烤烟的健康发展，加快农产品深加工，大力建设田园综合体，积极推动乡村旅游和文化发展，发展和依托电商物流等产业，推动农业与其他产业的相互支撑以及融合发展，让农村的质优产品，传统工艺走出去，让外界先进技术、优秀文化走进来，是促进当地农业兴旺、农村和谐、农民幸福的有效方式，有利于实现忙丙“产业兴旺、乡风文明、生态宜居、治理有效、生活富裕”的发展目标。

二、镇康县忙丙乡农业产业发展存在的问题

这段日子我们在忙丙乡蜜主任的带领下，对当地茶园、茶厂、各类农业合作社以及农户进行了调研，发现各农业生产主体都在肯定当地农业发展成果，但在品牌培育、生产技术以及产业链延伸等多个方面存在问题。

1.品牌意识、创新意识薄弱

当地农业合作社没有强烈的品牌意识，很多都采用马鞍山茶这个区域品牌而不注重自身品牌的培育，这不仅不利于马鞍山品牌的健康规范发展，也不利于合作社自身的长久发展。农业合作社生产很多都是沿袭传统，不追求产品改良，创新意识薄弱。

2.宣传力度不足，没有深挖产业潜力

质优农产品的宣传力度不足是很突出的问题。马鞍山茶作为当地乃至区域名茶，我们无论在网络上、实体商店都没有见到过，当地茶叶没有产生广泛的知名度，也就没有一个可供销售的更大市场。

3.农业基础设施落后，防灾抗灾能力弱

山坝模式，高海拔落差造成了山地部分很难见到农业基础设施的影子，而坝底也主要依赖自然条件，即使存在农业基础设施（如排水渠、灌溉渠等）也较为原始且损坏严重。农业基础设施缺乏加上农业技术推广滞后，很容易出现各种问题（如农田水毁等），严重制约当地农业发展。

4. 农产品产业链短，具有较大挖掘潜力

全乡农业产业几乎均为粗加工，农产品的产业链较短，造成了产品附加值的流失，具有很大的深挖潜力。

5. 交通不便，新鲜农产品外运困难

当地山大沟深，虽然忙丙全乡实现了所有行政村的公路通达，但是由于降水频繁，山体易塌方形成道路阻断，全乡的农业主要为粗加工，没有形成储藏新鲜农产品的能力，这对于未来拓展农业产业是一个瓶颈。

6. 当地农民的科学素质有待提高、乡村科技服务有待加强

当地农业产业发展的主要劳动力是打工以外的留守人员，文化水平普遍偏低，对于很多农业知识、农事操作等没有充分了解，接受农业生产新技术比较困难，多数仍依赖自身经验的积累和继承传统方法。农村科技培训较为缺少，基层农技服务人员也很缺乏，鲜有涉农院校的科技服务志愿者等组织，这在一定程度上限制了更多农业产业项目的发展，不利于农业生产模式的创新。

三、对镇康县忙丙乡农业产业发展的建议

茶叶产业作为当地的核心特色产业，发展主要依托忙丙茶厂以及各生产合作社，其需要更加积极对接和利用好政策，发挥企业优势，深挖当地茶叶文化，立足当地的生态优势，在生产管理上规范茶叶生产流程及分级标准，发挥企业的带头作用，培养和建立一套科学规范的产业技术标准，促进马鞍山茶品牌的良性发展。各类生产合作社应该更加依赖乡土能人，更加积极地参与企业生产环节，创新合作模式，探索适合于当地实际的发展模式。当地政府、企业以及各类社会组织应该积极培养和发掘一批农业发展需要、且有志于扎根基层服务企业发展的各类人才（返乡大学生、退伍军人、农村能人、挂职大学生等），与此同时也应该加强对地方农业技术推广人员，农业口负责领导的再培训，促使其开放思想，增进业务能力。政府和相关生产主体在开拓销售渠道和当地优品品牌打造上要更加积极主动，借助社会资本和互联网电商等外力，发展多种农产品销售模式，打造自己的产业品牌。另外不论是农户还是农业合作社，均应该充分利用当地资源，坚持种植、养殖和农产品多元化经营，能够起到分散生产风险，提高农业生产效益的作用。值得注意的是，农业产业发展的规划布局一定要结合当地的生产经验，全局把握，科学决策。产业结构上也应该注重短期作物—中期作物—长期作物共同发展，不可过度追求短平快的农业项目。

四、对镇康县忙丙乡农业产业发展的展望

镇康县忙丙乡有着独特的自然资源基础，有着多种多样的可供开发的农业生产项目，有着“马鞍山”茶区域知名品牌，有着勤劳好客的忙丙人民，在“一带一路”、乡村振兴、精准扶贫等一系列利好政策的大力扶持下，积极与云南省当地农业研究所、农业大学及涉农企业合作，构建长久的农业产业科技服务体系。只要我们充分利用政策、发挥农业生产优势，深挖农业生产潜力，忙丙乡农业产业的发展必将加速助推当地人民脱贫致富。

玉米要增产，就得这样种

——镇康县勐堆乡玉米种植现状及高产栽培研究

吴巩　中国农业大学农学院

2018年7月，“百名博士老区行”博士团成员来到祖国西南边陲的镇康县勐堆乡进行实践活动，开展科技服务活动和支教活动，并通过与勐堆乡负责农业的政府人员进行座谈，同时深入到每一个村落，与当地村干部及农民进行深入交流，了解当地农业发展状况及该村扶贫开发现状和存在的问题。作为农业科研工作者，我们发挥自己专业的优势，根据自己所学知识，对当地主要种植作物玉米种植中所存在的问题提出可行性的建议，以期为镇康县勐堆乡农业的发展尽自己的绵薄之力。

一、勐堆乡玉米种植现状

勐堆乡地处镇康县西北部，境内重峦叠嶂，沟壑纵横，立体气候显著，光热条件好，雨量充沛，属亚热带季风气候，年均气温19.2℃，年降雨量1 620毫米，霜期短。通过调研发现，由于缺乏系统的玉米栽培指导，当地农户主要采用粗放管理，种植的玉米主要用作饲料，品种较单一。由于甘蔗产量低、人工成本增加，乡里逐渐在扩大玉米种植以替代甘蔗，玉米种植面积逐年增加。

二、玉米种植存在的问题

1. 自然条件限制大

勐堆乡处于高海拔地区，全年降雨量丰富，季节分明，夏、秋季雨水较多，而冬季干旱缺水情况比较突出。同时，当地玉米主要以旱地种植为主，坡耕地面积大，无法实现机械化规模种植管理，只能通过人工种植收获，无法进行精细的施肥灌水管理，这些导致勐堆乡的玉米种植还是无法摆脱“看天吃饭”的境地。

2. 管理粗放，缺乏科学的指导

当地玉米播种前不翻耕土地，直接挖洞种植。同时缺乏系统的肥水管理，一般直接在播种时一次性施入化肥，浇一次水。不清楚当地的土壤肥力状况，及土壤中缺乏何种元素，盲目施肥管理。玉米病虫害严重，一般一次性施用高毒性化学药剂，严重污染当地生态环境。这些粗放化管理导致了当地玉米缺肥现象严重，穗小、粒小、产量很低。

3. 品种单一，良种覆盖率低

镇康县处于海拔较高的山区，地理环境和气候都比较特殊，同时，镇康县群众受教育水平比较低，文化素质不高，思想较为僵化，新品种推广比较困难，群众还是用自己当地老品种，而且传统种植习惯根深蒂固，无法学习引进栽培新技术，导致产量品质一直处于较低的水平。

三、对勐堆乡玉米种植栽培的建议

1. 翻耕整地

通过调研发现，勐堆乡农民在种植玉米时并不会翻耕整地，直接采用挖洞式的种植方法。这种种植方法比较粗放，不利于玉米种子的萌发，土壤环境没有得到改良。进行精细的翻耕整地，有利于毛管水流经种子，提高玉米发芽率。

2. 筛选适宜品种，大力推广

当地政府通过玉米品种试验，筛选出适宜当地地理气候条件的品种。主要选择抗性较强的玉米品种，因为勐堆乡处于海拔较高的山区，因此需要引进抗逆性强、高产量的优质杂交玉米新品种。利用当地农业推广员大力推广良种的种植，通过种植示范田等措施，加大良种的种植推广力度。

3. 取土分析，了解当地土壤基本特性

当地农业工作者应当对本地典型土壤进行取样，然后送到科研单位进行测定分析，了解土壤基本肥力状况及理化特性。这个对于当地农作物的种植至关重要，可以通过当地土样的理化性质选择适合种植的作物，也为施肥提供理论参考。

4.合理密植

合理密植对于玉米高产栽培至关重要，选用合适的种植密度，控制好株距及行距可以显著增加穗数，同时适宜的密度也可以让玉米获得最大的光照资源条件，光合作用增强从而获得更多的光合物质，实现玉米高产。我们通过调研发现，镇康县勐堆乡的玉米种植间距过大，没有充分利用好其光照优势，应当在当地进行玉米密度试验，确定最佳种植密度，从而达到增产的目的。我们必须考虑当地的土壤地力、品种等条件，综合考虑这些因素，才能确定最适合当地实际的播种密度。

5.合理的肥水管理

我们通过调研发现，当地玉米种植多只是在播种时施入一些氮肥，并且施入量很少。同时，并没有进行灌溉措施。对于夏玉米，我们应当注意的是以基肥为主，同时在拔节及大喇叭口期追肥。而且不能只施入氮肥，基肥时应当施入适量的磷、钾肥。同时需要注意的是应当以有机肥为主，化肥为辅。因为有机肥更易直接被作物吸收，更绿色环保，同时对于土壤地力也是一个很好的补充。在玉米播种前我们应当保持土壤处于湿润状态，否则很容易影响出苗。拔节到籽粒灌浆期都是玉米需水的关键时期，这时期缺水将严重影响作物的生长，造成减产。因此，我们应当依据当地年行，在干旱缺水时进行适当灌溉。肥水管理对于作物生长至关重要，适宜的肥水措施能给作物提供充足养分及适宜的环境，从而提高作物产量。

6.病虫害防治

玉米的虫害主要有玉米螟、黏虫、蚜虫、红蜘蛛、蓟马等，病害主要有大斑病、小斑病、黑粉病、病毒病、青枯病等。主要有物理防治和化学防治两种。

物理防治：我们在选择玉米种子进行播种过程中首先应当选择抗病性良好的玉米品种，通过育种手段培育出来的抗病品种可以大大降低病虫害发生的概率。试验显示，适量多施钾肥可以让玉米抗病性大大提高，同时轮作可以有效控制田间病虫害，这些多余控制病虫害都是很有效的措施。另外，我们必须加强田间管理，这对于病虫害控制至关重要，在田间如果发现感染了病虫害的玉米植株，应当立马进行铲除，并进行统一处理以防治其进行二次传播。药剂拌种，使用一定量的药剂拌种可以增强作物抵御病虫害的能力，是十分有效的措施。

化学防治：调研发现，可能当地气候环境等比较适宜于害虫等生存，当地玉米虫害较为严重。当地农民们通常使用大剂量的高浓度农药喷湿，虽然能暂时控制虫害，但是同时对于环境也造成了严重的损害。因此迫切需要当地农业工作者针对主要病虫害提出最佳化学试剂、相应浓度，喷湿量及喷湿时期，在控制病虫害的同时能对环境造成最小的伤害。比如严重的玉米地我们可以使用哒螨灵乳油进行田间喷施作业来针对红蜘蛛虫害。有条件的地方，可在早晨或者傍晚时气雾喷施杀螨剂，这是控制田间虫害很有效的方法。

7. 推迟收获

调研发现，勐堆乡农户对于玉米收获没有统一的标准，经常过早采摘玉米，造成产量和品质下降。玉米成熟可以收获的生理标志是玉米籽粒乳线消失，在籽粒底部出现黑色物质，也称之为黑层。在大田种植中，农民通常采用的是在玉米苞叶开始变白时就进行收获，这通常会造成产量下降。因此我们应当大力推广玉米适当晚收，大力宣传夏玉米推迟收获技术，教当地农民判断最佳收获时期的方法，等到玉米籽粒黑层出现，籽粒灌浆完全，充分挖掘玉米籽粒的库容潜力，从而实现玉米产量提高。

博士团成员在勐堆乡田间察看玉米长势，询问肥料施用情况

博士团成员在勐堆乡询问当地果农土壤状况

除草剂让农民很“受伤”

——镇康县杂草及除草剂使用情况调查

马慧　中国农业大学植物保护学院

杂草在农田中大面积生长严重地影响了农作物的品质和产量，草害产生的损失甚至超过病害和虫害带来的损失。因此，除草剂成为现代农业生产中不可缺少的农药。同时，如何选择合适的除草剂，如何高效利用、喷施除草剂也成为农民关注的热点。2018 年 7 月初，中国农业大学“百名博士老区行”暑假社会实践小队前往临沧市镇康县，对当地的杂草发生情况以及使用除草剂的情况进行了了解，并针对存在的问题提出了一些建议。

一、杂草发生情况简介

镇康县位于云南西南边陲，主要以热带、亚热带季风气候为主，平均气温 19℃，相对湿度 83%左右，镇康县境内最低点是南汀河军赛段大花桥旁，海拔为 510 米。最高点是木场乡的雪竹林山，海拔为 2 978 米，相对海拔落差约 2 000 米。这种自然环境适宜多种作物生长，具有立体农业的特点。

镇康县主要作物除常规作物有水稻、玉米、小麦，还有特色作物：甘蔗、烤烟、橡胶、咖啡、砂仁、澳洲坚果等作物，总种植面积 65 万亩（2017 年）。除农田杂草外，近年来，紫荆泽兰、薇甘菊、加拿大一枝黄花等入侵杂草发生严重，被入侵的地方，会快速形成优势种群，严重时会导致生态环境遭到破坏，生物多样性受到影响，从而会威胁到镇康县当地的人畜安全、生态安全和经济发展安全。

二、除草剂药害

近些年来，农业生产科学技术发展迅速，除草剂的应用也比较普遍，但同时也要清楚地认识任何农药对作物都具有一定的危害，除草剂也不例外，而除草剂药害也逐步成为关注的焦点。因此，除草剂的药害预防和药害发生后的救治必须得到重视。

1. 残留性药害类型

(1)残留性药害。镇康当地大部分的农作物种植规模相对较小，但也存在轮作种植。农户在众多除草剂面前进行选择的时候，并不清楚所选用的除草剂在不同的土壤中有怎样的表现、代谢方式和滞留时间，错误的除草剂的选择，有可能会使土壤中残留大量对后茬作物敏感的除草剂，导致后茬作物产生药害，不能正常生长，从而会对农户造成一定的财产损失。例如，常见的磺酰脲类高效型除草剂，虽然具有良好的药效，但是对于后茬的旱地作物烟草、玉米等都会产生较大的药害，即便对农田进行深度翻耕，在短时间内，也不能消除土壤中残留的除草剂对作物的影响。在田间喷施除草剂胺苯磺隆，也通常会导致后茬水稻发生比较大面积的药害问题。

(2)技术性药害。在除草剂的施用过程中，正确的喷施方法要得到重视，错误的喷施方法非常容易使农作物产生药害无法正常生长，从而造成经济损失。当地的药械都比较落后，大部分地区的农民使用最简易的喷雾器进行喷药，喷药时也经常会造成交界处重复喷药，同时还会存在喷施不均匀的问题，这些情况都容易使作物出现药害。在走访的大多数农户中，喷施除草剂时通常会使用高于推荐剂量的浓度，部分农户认为浓度高则除草效果就好。在喷施效果较好的除草剂时，尤其是多雨的天气时，对除草剂的使用剂量是有严格的要求的。事实上，并不是没有草，产量就会提高，增加药量的做法不但提高了投入成本，而且容易出现药害。

(3)漂移性药害。在众多除草剂中，会有部分除草剂漂移性较强，最常见的易漂移的除草剂就是2,4-D丁酯类除草剂以及与其相关的混剂，最远漂移距离可达到1 000米以上。近些年来，经常会发生由于2,4-D丁酯类除草剂的飘移而使农作物产生药害的问题，据文献调查，受漂移药害较轻的农作物减产高达40%左右，严重时甚至会造成绝收的后果。此外，风大时对于一些非选择性的除草剂，即使不容易发生漂移，也容易产生漂移药害。例如，非选择性茎叶处理剂草甘膦，正常情况喷药不会产生漂移药害，其雾滴的飘移能力较弱，但在风大的天气时，则容易漂移到附近的农作物上，从而产生漂移药害。

2. 药害救治方法

(1)淋洗和灌水。在除草剂使用药量过大或浓度过高时，针对茎叶处理剂应及时喷洒大量的清水，进行反复冲洗，不仅可以将作物表面的除草剂冲洗下来，还可以使作物充分吸水，降低作物吸收的农药浓度。针对土壤处理剂，可以用清水灌田并用锄头疏松土表，加速除草剂的降解，从而降低土壤中除草剂的含量。

(2)施用植物生长调节剂和肥料。植物生长调节剂可以促进作物生长，提高作物抗药害的能力。例如，赤霉素可以促进叶子和芽的生长，从而降低药害。肥料可以补充作物的营养，同样可以提高抗药害的能力，可以通过适量施用氮肥或叶面肥来减轻药害。

(3)施用保护剂。保护剂是随着除草剂的应用而开发的一种化学物，可以提高作物的抗药害能力，增加除草剂的使用范围。目前，已经开发出多种保护剂，缓解除草剂的药害问题。在实际应用中，对于卤代乙酰胺、对硫代氨基甲酸酯等类型的除草剂，使用保护剂可以有效地降低药害的损失。

三、科学合理使用农药草剂

1. 除草剂施用方法

(1)土壤处理剂。土壤处理剂通常是把药剂直接喷洒在土壤表面，也可以拌成毒土撒在土壤表面，一般在播种之前或者作物未出苗之前施用，一般施用后则不再翻动土壤。但值得注意的是，施用移动性差或者易光解、易挥发的除草剂时，应在播种之前施用除草剂，并在施药后，将药土翻至土壤4厘米左右的深度。

(2)茎叶处理剂。当作物出苗后，应尽量施用具有选择性的茎叶处理除草剂，应选用选择性较强的除草剂。选用非选择性除草剂时，应定向喷雾，尽量避免将除草剂喷施在作物上，一般在杂草苗期时喷雾。

(3)覆膜地施用除草剂。在播种之后施用芽前处理剂，之后进行覆膜，最后除草。值得注意的是，覆膜田中使用的除草剂药量要比正常使用时减少20%～30%。

2. 除草剂合理混配

在实际应用中，农户经常将不同的除草剂混在一起使用，增加除草剂的杀草谱，但并不是所有的除草剂都可以混配，因此混用除草剂时应注意以下原则。

①混配的除草剂应具有不同的杀草谱。

②混配的除草剂，在施用时期和施用方法应相同。施用量应为单一剂量时的

一半左右。

③不可以混配的除草剂，可以交替进行使用。例如，今年使用盖草能等除草剂防除禾本科杂草，明年再使用酰胺类除草剂防除阔叶杂草。

3. 除草剂施用注意事项

(1)严格按规定使用

①严格浓度。配药时，应结合标签的推荐剂量和实际经验确定浓度，一般标签推荐剂量都比较安全。

②适期用药。作物生长敏感期时抗逆性较差，此时施用除草剂容易产生药害。所以喷药时，应尽量避开敏感时期，在最佳时期喷药。使用茎叶处理剂时，最好在杂草3叶期左右喷药，此时效果最好。

(2)注意天气条件。夏季超高温时，下雨天气和大风天气时都不易喷施除草剂，高温和大风天气都容易产生药害，而下雨时则易降低药效。通常，喷药时应选择25℃左右晴朗无风的天气。如果在喷药的过程中起风，则喷孔的方向要与风向保持一致。走位要与风向垂直，且要先喷下风位置，再喷上风位置的杂草，防止药液随风飘移。

(3)查看土壤情况。不同的土壤类型，对农药的吸附与降解能力都存在区别，在喷药之前，应弄清土壤类型，有条件的情况下可以测试土壤的酸碱度，而有针对性的施药。在使用土壤处理剂时，一般沙土要适量减少浓度，黏土也要适量增加浓度。土壤的平整性对农药的喷施也有影响，因此应平整土地后再喷药，使除草剂更加均匀地分布在土壤中。

(4)器械清洗。在使用农药前后，应及时清洗用药器械，药液黏稠时，应使用适量的洗衣粉或洗洁精对器械进行彻底的清洗，清洗干净后，再加入其他的农药，以防器械中存在农药残留而产生药害。

四、结语

除草剂在农业生产中发挥至关重要的作用，农户在使用除草剂时加强对除草剂的认识，掌握除草剂的喷施技巧，科学的使用除草剂，使除草剂充分发挥其作用，增加作物产量，从而提高经济水平。

博士团成员在镇康县调研除草剂使用情况

甘蔗产业的下一个春天在哪里

——镇康县甘蔗产业发展研究

宋志伟　中国农业大学农学院

一、镇康县甘蔗产业发展基本情况

镇康县的气候、海拔等条件非常适宜种植甘蔗，在全县七乡镇均有种植，占全县六大支柱产业之首。目前镇康县共有蔗园面积 30 万亩，其中县内蔗园面积 14 万亩，蔗农 14 500 余户，其中涉及建档立卡贫困户 1 000 余户。2017—2018 年榨季，甘蔗产量 118 万吨，农业产值 4.9 亿元，工业产值 7 亿元，人均增加收入约 3 000 元。镇康县发展甘蔗产业具体优势如下：

(1)植蔗条件得天独厚，地理位置优势突出。镇康县终年太阳辐射量大，光照时间较长，水热条件较好，年平均气温 18℃，非常适宜甘蔗光合作用，全年平均降雨量为 1 300 毫米，5～9 月份为雨季，降雨量占全年 80%以上。独特的自然条件使镇康县成为种植甘蔗的适宜区域。

(2)政府政策大力扶持，积极探索新模式。镇康县由政府主导，把小而分散的地块进行流转整合，积极探索“公司＋基地＋合作社＋种植大户”发展模式，通过招商引资企业、合作社等多种形式参与土地经营流转。除了流转土地，县里还及时对农户进行跟踪服务，把惠民政策真正地落到农户，采取政府无偿扶持蔗园建设、金融扶持贷款的方式，推进镇康县蔗糖产业发展，通过这一系列措施，最终实现企业带大户、大户带动散户的效果。这就是镇康县在产业发展过程中创新推出的“三扶两带一流转”机制。种蔗大户和甘蔗专业合作社种植实体都将享受这一机制。

二、镇康县甘蔗产业发展的综合效益

甘蔗产业发展的综合效益主要体现在经济、社会和生态效益上。从微观角度来看，有利于增加农民收入，从而改善农户生活质量；从宏观角度来看，有利于推动全县经济发展、改善生态环境等。其具体体现如下：

(1)农民增收，积极性大幅提高。甘蔗作为当地主要的经济作物，在农民的收入来源中占有较大比重，甘蔗产业的快速发展必然促进农民增收，改善农民生活水平。通过与当地农户沟通得知，坝地甘蔗产量每亩产量 8～9 吨，甘蔗地收入 3 250 元/亩左右。公司会以 420 元/吨的保护价收购农户的甘蔗原料，当甘蔗行情较好时，会将多余的差价补给农户。甘蔗最低保护价机制在一定程度上保护了蔗农的利益，让农民在种植成本增加的情况下仍然能提高收入，这对实现甘蔗产业目标有积极的影响，真正起到惠民作用。

(2)产业延伸，硕果累累。除了糖提取，甘蔗还有其他很多用途，比如甘蔗青叶可以用作饲料，甘蔗制完糖后的副产物可以综合利用，蔗渣可用来造纸、制水泥、发电、制酒精等，因此，甘蔗产业链的延伸可以充分利用甘蔗资源，不断增加甘蔗的附加值。当前，镇康县对于甘蔗利用率大大提高，甘蔗蔗汁除了制作白砂糖，产生的滤泥制作成肥料。蔗渣用于造纸和烧锅炉，烧锅炉产生的废渣又可以加工成肥料，其综合利用产值占甘蔗产业总产值的 20%左右，镇康的制糖企业由单一的榨蔗作坊变成了集制糖、化工、建材等为一体的综合性企业，为当地农民提供了很多就业机会，尤其是带动部分建档立卡户脱贫致富。镇康县一些加工企业已经意识到产业链延伸的重要意义，正在积极进行转型中。

(3)生态优化，好处多多。甘蔗不仅是经济作物，除了给蔗农增加收入，还对维持当地生态平衡有很大作用。大规模种植甘蔗在一定程度上利于保持水土，涵养水源。例如，甘蔗叶直接粉碎后作有机肥以增加土壤有机质含量，提升土壤肥力，间接提高甘蔗单产，符合生态发展的理念。

三、镇康县贫困地区甘蔗产业发展面临的困境

1. 甘蔗生产经营粗放，规模小

从调研情况来看，镇康县甘蔗生产经营方式仍比较粗放，具体表现为水平低、层次低、效益低。甘蔗生产仍然以家庭经营为主，生产过程中缺乏适宜的农业机械

和生产技术的支持，大部分蔗农种植面积规模较少，一般仅凭个人经验进行种植，缺乏科学的指导，无法达到科学种蔗，农户不按甘蔗生育规律管理生产的现象还比较普遍。除此之外，“公司＋基地(合作社)＋农户”“公司＋合作社＋农户”等的生产经营模式的推广力度不够，导致了甘蔗种植规模化程度、机械化应用程度和甘蔗加工精细化程度低，难以实现规模效益，这都在一定程度上阻碍了镇康县甘蔗产业的发展。

2. 生产成本过高，基础设施不完善

通过调研发现，由于受到土地规模和地势影响，农户收获甘蔗大多采用人工，成本在 450 元/亩左右。在农户走访过程中发现，农户对于化肥过度依赖，不注重施用有机质肥，养分配比不恰当，施肥时间不准确，忽视基肥的重要性，多次追肥，施肥前不开沟，施肥后未盖土，造成了肥料利用效率低。蔗农每亩地化肥投入 350 元左右。可靠的灌溉设施，占总面积不到 10%，基本靠天吃饭，特别是旱季缺乏灌溉，对于甘蔗的产量影响较大。这几方面的因素让甘蔗生产成本居高不下，农户种植甘蔗积极性不高，这都削弱了镇康县甘蔗产业的竞争力。

3. 甘蔗副产品利用效率低，带动效应不明显

镇康县每年产生将近 40 万吨蔗渣，但受到甘蔗渣转化和利用技术的限制，目前大多数甘蔗渣被直接燃烧或者废弃不用，导致利用率低和资源浪费，同时对环境造成污染。甘蔗叶、蔗梢都是优质饲料，解决冬、春两季青饲料供应不足的矛盾。甘蔗副产品利用率不足，导致整个甘蔗产业的综合效益差，带动作用不明显。

四、镇康县贫困地区甘蔗产业发展的对策建议

1. 改变生产经营模式，实现规模经济

针对当前镇康县粗放型的甘蔗生产经营模式，我们必须从实际出发，科学地进行规模化生产，逐步转变甘蔗原始的生产模式、经营模式和加工模式。在甘蔗生产上集中小户和散户，进行土地整合，联合引入中小型农业机械，集中种植和收获。建立甘蔗农民专业合作社，根据农户需求，紧密联系科研机构、农资企业和深加工企业等，做好农户与企业之间的信息沟通，保证农户的基本利益，不断拓宽甘蔗的销售渠道。

2. 整合资金，提高成效

资金有效整合利用事关甘蔗产业能否得到更好发展。一方面，我们要集中整合捆绑各种专项资金，吸引各方资金的注入，采用“政府＋企业＋农户”模式，即通

过政府财政支持、企业注资、农户自筹的方式来筹集资金，为产业奠定基础；另一方面，我们要灵活分配运用资金，提高对资金的利用率。

3.加大对甘蔗副产品的开发利用

在甘蔗加工上，引进企业逐步改变简单的“甘蔗原料—食糖—废弃物”的单一性状态，形成新的循环经济产业链，如“甘蔗—制糖—糖蜜—制酒精—酒精废液—复合肥”，“甘蔗—制糖—蔗渣—制浆、造纸—废液碱回收—再利用”等，使甘蔗产业效益得以延伸，与此同时可以为当地提供更多的就业岗位。

镇康县甘蔗产业想得到更好的发展，必须提升甘蔗产业的竞争力，加大对甘蔗副产品的利用，发展循环经济。

镇康县忙丙乡茶产业如何进行升级

——镇康忙丙乡茶产业的现状研究

邓静　中国农业大学资源与环境学院

在今年"百名博士老区行"暑期社会实践活动中，博士团一行人在时任镇康县副县长刘军老师的带领下对镇康县下辖的忙丙乡、木场乡、勐堆乡、军赛乡进行了分组调研，我们小组去忙丙乡实地考察。在忙丙乡政府农技工作人员的帮助下，我们参观了当地茶叶等特色产业生产基地和农业生产合作社，与技术服务人员、商户、农户交流座谈，结合自身专业知识对忙丙乡的茶叶种植、生产现状以及存在的问题有了比较深入的了解，并针对存在的问题提出了一些建议。

一、镇康县茶产业现状

镇康属亚热带温暖湿润季风气候，昼夜温差大，有利于茶树生长发育和有机物质的积累，有适宜于茶树栽培种植的气候环境和土壤资源优势，为发展高优品质茶叶创造了得天独厚的气候条件。

1. 茶叶种植现状

2014 年，全县茶园总面积 77 852 亩，高优生态茶园 19 089 亩，投产面积 73 238 亩，茶叶产量 5 002 吨(春茶产量 1 059.8 吨)，农业产值 1 亿元，亩产 68.2 千克，茶农人均收入 740 元，生产成品茶 1 103 吨，茶叶综合产值达 1.58 亿元。主要种植品种有云南大叶群体种，少量中小叶种云抗 10 号、14 号，清水 3 号，风 9

号，长叶白毫，杂交 8-8、12-8 等品种。其中：厚轴茶是镇康县特有茶种，茶区主要分布于忙丙乡、凤尾镇、勐捧镇、勐堆乡、木场乡、南伞镇、军赛乡，全县 15.6 万农业人口中，有 13.5 万人从事茶叶产业，2.65 万户农户都有茶地和茶叶收入，茶叶产业的发展直接影响着全县 87%农民的经济收入。镇康县是乔木茶主产区，也是优质普洱茶基地。

2015 年毛茶：滇工夫红毛茶产量 1.1 吨，产值 6.6 万元；滇红 CTC 毛茶产量 190 吨，产值 228 万元；晒青毛茶产量 5 468 吨，产值 14 529.09 万元；蒸烘青绿毛茶产量 13 吨，产值 26 万元。2015 年精制茶：滇红工夫茶产量 1 吨，产值 14 万元；滇红 CTC 茶产量 166 吨，产值 332 万元；普洱茶产量 862 吨，产值 7 054.31 万元；蒸烘青绿茶，产量 12 吨产值 80 万元。

2. 茶叶生产现状

2014 年，全县有茶叶生产加工企业 24 户，其中精制加工厂 6 户，初制加工(所)18 户年加工能力 3 000 吨。目前，已获“QS”质量生产安全许可认证 6 户，有 CTC 红碎茶加工生产线 1 条，主要生产产品有绿茶、红茶和普洱茶，可加工各种形状紧散生熟普洱茶 65 个花色品种，现已形成门类齐全的多茶类结构。

3. 茶叶销售现状

全县开办有茶叶销售点 7 户，茶叶营销人员 14 人，主要分布在广州、昆明、南伞新县城等地，重点以销售普洱茶为主，2014 年总计销售各类茶叶 1 000 吨，其中绿茶 15 吨，红茶 302 吨，普洱茶 683 吨，晒青毛茶、烘青毛茶、红条毛茶等 3 572 吨，全县制茶企业注册商标有“双燕”“玉鲜”“薄刀山”和“天益”等。其中，镇康县外贸公司“双燕”牌普洱茶商标 2008 年获“云南省著名商标”称号，镇康县外贸公司 2009 年获绿色食品证书；忙丙茶厂 2008 年获绿色食品证书、马驮子产品包装获国家专利；惠通茶厂 2009 年获绿色食品证书；帮海茶厂的“天益”牌普洱茶被国家质检总局确定为中国 2010 年上海世博会云南省唯一供博食品生产加工企业。所生产产品主要销往昆明、广东、北京、上海、西安等省市和缅甸、俄罗斯等国家和东南亚地区。目前，茶叶产业已成为镇康县农民增收致富的六大高原特色产业之一。

二、镇康县茶产业存在的主要问题

在调研过程中，小组一行人去到了忙丙茶厂参观，与茶厂彭总就企业文化培育、立体生态茶园建设、茶产品产销、区域茶品牌发展等进行了深入交流，并到全县茶产业核心区——马鞍山村茶园以及忙丙乡龙塘茶叶合作社进行实地考察。我们发现茶叶作为当地农业发展及农民增收的一大核心产业，其生产过程中的生态化、品牌化、内涵化等方面发展还较为薄弱，需要进一步巩固加强。

三、对镇康县茶叶生产的建议

针对镇康县茶叶生产存在的问题，我们经过实地走访调研，并结合所学专业和查阅资料以及与导师进行探讨，提出了以下建议：

(1)抓种植，强品质。镇康县地处高原，故需因地制宜，构建多元化的高原山地特色农业发展模式。比如建立以茶叶种植为主导，烟草、甘蔗、坚果、咖啡等为辅助经济作物的农业生产模式，拓宽农户收入来源，增加每户家庭抗风险能力。同时，建议各个乡镇应当成立联合合作社，对各个茶叶合作社种植和加工过程中的标准进行统一规范，强化茶叶品质。特别针对茶叶核心产区马鞍山，当地主要负责人不应局限于 300 亩的核心区，还要对剩余 4 000 亩茶园依据产茶品质继续进行分区、分档次、分示范区和辐射区等合理规划。

(2)借外力，促销售。以忙丙乡为代表，当地茶厂应当积极利用和对接好政府政策，如包装上可策划农业口、科技口的示范项目等。同时，政府也要考虑要引入社会资本和茶叶强企、大企，依托外来资金和人才等力量，在统一打造茶叶区域品牌基础上，提升企业品牌和产品品牌。在农户合作上茶厂也可以一边积极找寻农村能人，借助政府之力或资金，创新合作模式；一边培养和选用企业未来发展需要的人才，比如返乡大学生、退伍军人、挂职大学生等，做好人才储备工作。

针对春茶不愁卖、夏茶售不出等实际问题，则建议将春茶多用作中高端产品，增强茶叶性价比，而夏茶销售宜以量为目标，起到提高区域影响力的作用。

(3)重内涵，创品牌。以镇康县忙丙茶厂的主打品牌“玉鲜”为例，该品牌名已经具有一定的来历，因而要继续发挥企业的优势，做到有企业文化，讲企业故事，丰富企业内涵，才能在未来发展中立于不败之地。在企业生产管理上增立标准，控制成本投入，增加培训环节；在渠道开拓和品牌打造上，广撒网，借助社会资本和政府等外力，发展多种销售模式，利用区域品牌打造产品品牌和企业品牌。

四、镇康县茶产业发展展望

为了充分利用当地茶叶资源，全方位大力推动茶产业向科技化、产业化、标准化、品牌化方向转变，极力提高产业各个方面的综合生产能力，加快推进镇康县茶产业发展步伐，促进全县农业农村经济快速且健康发展、农民脱贫增收，实现全面建设小康社会，集中打造名优品牌，巩固发展特色产业，继续加大力度搞好镇康县茶叶资源的开发必然具有十分重要的意义。